바람 앞에 절명시를 쓰노라

인물로 읽는 한국사 7
바람 앞에 절명시를 쓰노라

저자_ 이이화

1판 1쇄 인쇄_ 2008. 11. 25.
1판 1쇄 발행_ 2008. 11. 28.

발행처_ 김영사
발행인_ 박은주

등록번호_ 제406-2003-036호
등록일자_ 1979. 5. 17.

경기도 파주시 교하읍 문발리 출판단지 515-1 우편번호 413-756
마케팅부 031)955-3100 편집부 031)955-3250 팩시밀리 031)955-3111

값은 뒤표지에 있습니다.
ISBN 978-89-349-3240-6 04900
978-89-349-2814-0 (세트)

독자의견 전화_ 031)955-3200
홈페이지_ http://www.gimmyoung.com
이메일_ bestbook@gimmyoung.com

좋은 독자가 좋은 책을 만듭니다.
김영사는 독자 여러분의 의견에 항상 귀 기울이고 있습니다.

바람 앞에 절명시를 쓰노라

| 이이화 지음 |

김영사

역사의 주역은 누구인가

역사인물의 발자취를 따라가는 일은 흥미롭고 재미있다. 그들을 통해 한 시대사의 흐름을 알 수 있고, 여러 유형의 인간이 어우러져 사는 모습도 들여다볼 수 있다. 그래서 인물로 읽는 역사책이 사건으로 이어진 역사책보다 더 흥미를 유발하는 것이다.

흔히 인물이 역사를 만들고 시대가 영웅을 낳는다고 한다. 어김없는 사실이다. 하지만 근대역사학에서는 이러한 생각을 비판적으로 본다. 역사의 주역을 어느 계층으로 보는가에 따라 평가가 달라지기도 하고, 누구를 위한 영웅인가에 따라 바라보는 눈이 달라질 수도 있다는 것이다. 또 시대 상황에 따라 객관적 평가의 잣대가 얼마든지 다를 수 있다.

필자는 한국사를 공부하면서 역사인물에 대한 탐구를 멈추지 않고 그들의 역할과 업적을 여러모로 따져보았다. 그리하여 역사 속 인물에 대한 평가에 절대적인 기준이 있는 것이 아니라는 점을 곱씹었다. 정말로 진실은 어디에도 없다. 어느 시대에는 아주 막돼먹은 인물로 치부되었더라도 시대적인 안목에 따라 평가기준이 달라지기도 한다.

우리 역사의 경우에도 예외는 아니다. 왕조시대에는 체제에 순응하여 충신으로 추앙받았던 인물이 오늘날에 와서는 그 이면

이 재조명되고 있는가 하면, 왕조시대에 역적으로 몰려 죽었으나 그런 인물의 저항이나 개혁의지가 오늘날에는 시대정신을 구현했다는 높은 평가를 받기도 한다. 충신으로 추앙받았던 성삼문, 역적으로 몰려 죽은 허균이 이 시대에도 여전히 충신, 역적일 수만은 없다는 뜻이다.

필자는 역사인물을 기술하면서 예전의 어떤 기준을 맹목적으로 따르지 않았다. 필자 나름의 가치판단에 따라 기술한 것이다. 그에 따라 김방경, 정여립, 광해군, 강홍립, 정인홍, 허균, 장혼, 이필제, 전봉준 등 재조명 작업이 필요한 인물과 이름이 별로 알려져 있지 않은 인물들의 이야기를 열심히 써왔다. 물론 그 중에는 긍정적인 인물도 있고, 부정적인 인물도 있다.

그러나 한편으로는 아무리 그 인물의 의식과 행동을 높이 평가하더라도 자료가 부족하거나 제한적이어서 약전略傳조차 제대로 쓰기가 어려운 인물도 많았다. 수나라와 맞서 나라를 지킨 을지문덕, 지도 제작에 일생을 바친 김정호가 그러하며, 신분사회 속에서 그 한계를 극복하고 의학, 과학, 예술 등 한 분야에서 뛰어난 업적을 남긴 허다한 인물들의 사례가 그러하다.

이렇게 모은 약전 형식의 역사인물 전기가 어느덧 한국사 전시대를 통틀어 260여 명을 헤아리게 되었다. 이 글들을 다시 수정하기도 하고 보충하기도 하여 집대성해보니 원고지 1만 매가 넘는 방대한 분량이 되었다. 원고를 주제별로 분류해보니 제왕, 위정자, 변혁을 꿈꾼 혁명가, 의학·과학자, 종교가, 사상가, 실학자, 개화기 지식인, 동학농민전쟁 지도자, 국내외 독립운동가, 한국사의 명장면을 연출한 라이벌과 동반자, 광복 이후 해방공간의 정치가와 현대사의 주역들 등 자연스럽게 '인물로 읽는 한국역사'가 되었다. 필자가 이미 펴낸『한국사이야기』와 더불어 짝을 이룬 셈이다.

' 이 시리즈의 7권은 격동의 개화기 인물 21인의 행적을 담았다. 19세기는 참으로 오랜 왕국이 침체기를 맞아 세찬 바람 앞의 등불처럼 외세에 흔들리고 있었다. 이럴 때 많은 지사들과 지식인들은 현실 타개를 두고 각기 나름의 주장을 펴기도 했고 행동 대열에 뛰어들기도 했다.
　이들 인물을 편의에 따라 4부로 나누어 수록했지만 엄격한 의미에서는 그 성분을 나눌 수 없을 정도로 비슷한 행적을 걸었다고 보아야 할 것이요 다른 면에서 보면 순수한 개화 지식인과 독립지사 그리고 친일파가 한 자리에 모여 있는 꼴이 되었다.

　이 시기에는 세 부류 또는 세 세력이 현실문제를 놓고 대립하고 있었다. 첫째는 외국의 선진문물을 받아들여 부구강병을 이룩해야 한다는 개화세력이 있었다. 둘째는 전통적 가치를 고수키 위해 서양세력과 일본세력을 철저하게 배격하자는 척사위정 계열이 있었다. 셋째는 기존 체제를 타파하고 새로운 국가를 수립키 위해 변혁운동을 벌인 농민군 집단이 있었다.

　여기에는 셋째의 집단을 6권에 별도로 묶어 펴낸 바 있기에 위의 두 세력을 대변하는 인물이 수록된 것이다. 또 대부분 개화 지식인이 다수를 차지하고 있는데 여기에도 두 부류로 나눌 수 있다. 곧 개화운동을 벌이면서 민족사상의 추구를 운동방향으로 잡은 주시경 등과 일제와 야합한 박영효 등으로 구분할 수 있다.

　이런 점에 유의해 읽어주기를 바란다.

임진강 가의 서실에서

이이화 쓰다

【 차례 】

1부

개화와 외세의
바람은 불어오는데

강위 / 김옥균 / 이기 / 황현 / 최익현 /

새와 짐승도 슬피 울고 강산도 찡그리니
무궁화 나라는 이미 사라졌구나.
가을 등불 아래 책 덮고 옛일 돌이켜보니
문자나 안다는 사람 인간되기 어렵구나.

(황현의 절명시)

강위
개화기의 선구적 지식인

시사에 불만을 품은 방랑객들

한 방랑객이 함경도 안변의 깊은 산골을 거닐다가 맑은 물이 물보라를 일으키며 쏟아지는 삼방폭포를 만났다. 방랑객은 짚신을 벗고 발을 씻더니 머리까지 감았다. 장년의 한 사나이가 폭포 옆에서 그 광경을 바라보고 웃었다. 곧이어 두 사람은 반갑게 인사를 나누었다. 그 뒤 사나이는 방랑객의 손을 이끌고 숲속의 떳집으로 인도했다.

주인: 여기가 내가 사는 곳이오.

방랑객: 두타頭陀(정처 없이 떠도는 사람)가 어찌 이런 곳을 정했소?

주인: 모두가 인연일 뿐이외다.

이 방랑객은 그 집에서 조반을 대접받으며 하룻밤을 지냈다. 그리고 이들은 고금의 일을 논하고 시사를 토론했다. 이때는 1870년 초로서 삼남지방에서는 농민봉기가 일어난 뒤였고, 황해와 남해에는 이양선이 출몰하고 있었다. 또 프랑스와 미국의 침입으로 양요가 일어날 무렵이었다. 두 사람은 이런 문제를 놓고 의기투합했다. 집주인은 방랑객에게 세상일을 뜯어고치는 방안을 적은 『삼정책三政策』을 외워주었다. 방랑객은 놀라움을 그치지 못했다. 이들의 기이한 만남은 이러했다.

청년 강위姜瑋(1820~84)는 스스로 풍구병風句病에 걸렸다고 하면서 명산대천을 유람하고 다녔다. 그러던 중 어느 때인가 백두산에 올라갔다가 앞에서 말한 방랑객을 만났다. 그러나 서로 흉금을 털어놓지 않았다. 두 사람은 금강산 영원동의 절에서 다시 만났다. 며칠을 함께 지냈지만 별말이 없었다. 그리고 청년은 혼자 말술을 마시며 남에게 권하지도 않았고, 때때로 좋은 경치를 보고 입속으로 중얼거릴 뿐이었다. 새 손님이 들어와도 잠자리에서 일어나지 않았고, 손님이 갈 때에도 잠을 자며 인사할 줄 몰랐다.

강위 강위는 전환기를 몸부림치며 산 인물로서, 역사적으로는 실학파와 개화파의 가교역할을 한 인물로 평가된다.

그런데 어떤 중이, 청년의 중얼거리는 소리를 엿듣고 그 시를 방랑객에게 전해주었다.

몇 번 중이 되려고 했지만,
중만 보면 마음이 게을러지네.

이에 방랑객은 그 청년이 범상하지 않음을 알았다. 또 방랑객이 어떤 젊은이와 이야기를 나누는데 옆에서 듣고 있다가 손뼉을 치면서, "좋다", "재미있다" 하고 맞장구를 쳤다. 그 뒤로 헤어졌다가 삼방폭포에서 20년 만에 다시 만난 것이다.

두 사람 다 떠돌이인 것은 말할 것도 없거니와 방랑객이 뒤에 강위가 지은 『삼정책』의 발문을 써준 것으로 보아, 그 뒤에도 두 사람은 교류했던 것으로 짐작된다. 하지만 방랑객은 장백산인長白山人 또는 세옹蛻翁이라고만 전해질 뿐, 이름이나 내력이 알려지지 않고 있다.

이 이야기는 장백산인이 쓴 『삼정책』 발문에서 뽑아낸 것이다. 이들이 어떤 행적을 일삼았는지 짐작할 만하다.

실사구시의 학문을 익히다

강위의 고향은 남한산성 서북쪽 기슭에 있는 광주군 중부면 복정리이다. 고려 말기부터 조상 대대로 그곳에 살며 꽤나 높은 벼슬을 지내는 집안으로 행세했다. 그러나 그의 12대조인 강희신姜熙臣이 기묘사화에 연루되어 벼슬자리에서 쫓겨난 뒤 초야에 묻혀 살았다. 그 뒤 그의 조상은 문과에는 들지 못하고 무관의 벼슬을 얻었다. 그의 아버지가 무과에 합격한 뒤 공주영장과 고원군수를 지냈으며, 그의 형도 무관벼슬인 선전관宣傳官과 경력經歷 등을 지낸 것으로 보아 이를 짐작할 수 있다.

그는 벼슬아치 집안의 둘째 아들로 태어났지만, 살림살이는 몹시 가난했다. 그는 어릴 적부터 병치레가 잦고 빼빼 말라 옷조차 주체하지 못했다고 한다. 이런 탓인지 그는 열한 살이 되어서야 겨우 글을 배우기 시작했는데, 어떤 까닭인지 서울 명문가의 아들인 정건조鄭健朝(1823~?)와 함께 수학하게 되었다.

열네 살 때 향시에 응시하여 합격하고, 이어 본격적으로 과거공부에 몰두하다가 갑자기 이를 중단했다. 무과출신의 집안에서 문과에 응시하려는 것도 무리이려니와, 문벌정치 아래에서 과거가 온통 부정으로 행해지는 마당에 자신이 이를 통해서 출세할 수 없음을 알았기 때문일 것이다.

그 뒤 성리학자로 이름을 떨치던 기원紀園 민노행閔魯行에게 가서 수학했다. 정건조와 함께 오전에는 민노행에게 가서 글을 배우고 오후에는 둘이 함께 글을 읽었다. 비가 오나 눈이 오나 하루도 빠짐없이 4년 동안 계속했다 한다.(정건조 『문집』 서문) 어느 날, 민노행이 『대학』 고본古本을 주면서 스스로 뜻을 풀어보라고 했다. 이에 한 달 동안 깊이 생각한 끝에 그 뜻을 모조리 풀어냈다. 민노행이 감탄해 마지않았다.

1년이 걸릴 일을 한 달 만에 해냈구나.

이중하『본전本傳』

　민노행이 죽으면서 그의 친구인 김정희에게 가서 공부하라고 일렀다. 민노행은 자신이 못다 가르친 것을 김정희에게 부탁했던 것이리라. 김정희는 저 유명한 추사가 아닌가? 그는 당시 제주도 대정현에서 귀양살이하고 있었다. 1840년에 아버지 김노경金魯敬이 사사되고, 자신도 귀양살이하게 되었던 것이다.

　스물다섯 살의 강위는 책을 짊어지고 제주도에 가서 김정희를 뒷바라지하면서 3년 동안 학문을 익혔다. 이미 이때부터 그는 명리의 학에는 조그만큼의 관심도 없었고, 오직 스승의 실사구시 학풍에만 젖어들고 있었다. 9년 만인 1848년에 김정희가 귀양살이에서 풀려나 서울에 올라오자 그도 스승의 뒤를 따랐다. 그 뒤 1851년 김정희가 또다시 북청으로 귀양살이를 가자 그도 북청에서 김정희를 모시고 1년 동안 지냈다. 다음 해 김정희가 귀양살이에서 풀려나자, 스승에게 전국의 명산대천을 돌아보고 세상인심을 알아보겠다고 간청해서 허락을 얻었다. 김정희는 온전히 학문을 전수했다고 생각했을 것이고, 강위는 세상 체험을 통해 그동안 배운 학문을 확인해보고 세상 물정도 알아보려 했던 것이리라. 어쨌든 그가 김정희에게 학문을 전수받았다는 것은 의심할 여지가 없다. 1856년에 김정희가 죽었을 적에 그는 이런 제문을 지어 올렸다.

세상에서 우리 스승은

소동파에 비기네.

신기神技는 그만 못하지만

품격은 훨씬 나으리.

과천果川(추사가 한때 살던 곳)의 눈과

청계淸溪(추사의 집이 있던 곳)의 언덕에서

세 번 부르고 가시니

호호탕탕 산하로다.

짧은 제문이지만 스승을 기리는 마음이 가없고, 스승의 한 점 부끄럼 없는 삶을 칭송했다. 김정희가 죽은 뒤 그는 충실한 김정희의 학문적 계승자가 되었고, 나라를 위해 실천적 삶을 살았다.

전국을 떠돌며 민심을 살피고

김정희가 북청에서 풀려난 뒤 4년 동안 서울 언저리에서 살다가 죽었을 때에도 그는 전국을 떠돌아다니고 있었다. 그의 발길이 닿지 않은 곳이 없었다. 남쪽으로는 지리산, 북쪽으로는 백두산, 그리고 동해와 금강산, 통도사와 대흥사 등 산과 바다와 들과 도회지와 절을 마구 쏘다녔다. 때로는 풀숲에서 자고, 때로는 길가에서 자며, 때로는 절간에서 잤다.

그뿐이 아니었다. 대나무 지팡이를 어느 부잣집 사랑채 마루에 걸쳐놓기 일쑤였다. 그가 시 한 수를 써주고 밥값을 대신하는 것은 나은 축에 속했다. 남의 대화를 엿들으며 흰소리 한 번 하는 것으로 주인을 웃겨주었고, 때로는 술을 사양하지 않고 퍼마셔 과객들의 눈총을 받기도 했다. 이렇게 몇 년을 떠돌며 지내다 보니 세상인심도 알 만큼 알았고, 전국의 방비와 군사·행정, 그리고 관리의 부정, 민생의 고통도 환히 파악하게 되었다. 뒷날 그의 목적이 단순한 방랑이나 유람이 아니었음이 드러났다.

이렇게 떠돌다 보니 아내와 자식들의 얼굴이 떠올랐던 모양이다. 무주 만산 아래에 터를 잡고 가족들을 데려왔다. 가족의 생계를 돌보려고 마음먹었던 것이다. 마흔 나이임에도 가족들에게 따뜻한 정 한 번 주지 못했으니 회한인들 없었으랴. 그는 만산 밑에서 농부들과 어울려 밭을 일구고 시를 지으며 세월을 보냈다. 그러나 세상은 그가 안정된 삶을 누리도록 내버려두지 않았다.

1862년, 진주를 시작으로 전라도, 충청도 그리고 경기도, 황해도 일대에서 농민봉기가 일어났다. 이 불길은 그가 살던 무주에까지 번졌다. 글 잘한다고 소문이 난 그에게 민란패가 몰려왔다. 관아를 때려 부수고 양반을 징계하기 위해 일어났다는 취지의 격문을 지어달라고 졸랐다. 그로서는 낭패였다. 만약 이 요구를 들어주면 그도 난민이 되는 것이다. 그러나 그는 어쩔 수 없이 선비였다. 목숨을 걸고 봉기에 가담할 정도의 용기는 없었던 모양이다. 끝내 이를 거절하자 난민은 그의 집에 불을 질렀다.(이중하 『본전』)

그는 이를 분해하지 않았다. 그의 어버이와 가족을 음죽에 옮겨놓고 서울로 발길을 돌리며 이런 시를 지었다.

뭇 성냄을 풀 길 없으나
외로운 회포 뉘 펴주랴.
무슨 큰 공덕을 지어
이 수많은 사람에게 사죄하랴.

『삼정책』 자서

그는 성내지도 않고 이런 심정을 읊조렸지만 나약한 선비라는 소리를 들을 수밖에 없었다. 먹물을 먹고 무관이나마 벼슬아치의 아들이요, 명문가 자제를 벗으로 두었으니 근본을 따지면 난민이 될 출신성분이 아니었던 것이다.

『삼정책』을 완성하다

서울로 올라오는 길에, 조정에서 삼정이정청三政釐正廳(국가재정의 기본이 되는 군정·전정·환곡의 부정을 바로잡으려고 설치한 기구)을 설치하고 그 의견을 묻는 '삼정책'을 널리 구한다는 소문을 들었다. 그는 농민봉기의 조짐을 익히 알고 있었으나 시기가 너무 늦었다고 생각했다. 그가 전국을 떠돌며 민심을 살펴본 결과, 조정에서는 백성들의 사정을 너무도 모르고 있다고 생각했던 것이다.

서울에 와서 며칠 머뭇거렸지만 무료하기만 했다. 그는 입을 다물고 숙맥처럼 지내는 것이 옳다고 생각했다. 당시 조정에서나 재야에서 삼정이 어떻고, 난민이 어떻고, 벼슬아치가 어떻고 하며 떠드는 의논들이 도무지 못마땅했다. 백성의 실정이나 농민의 참상과는 동떨어진 공허한 소리로만 들렸다. 그리하여 제주도로 들어갈까 생각하고, 옛 친구 정건조에게 이별의 인사를 나누러 찾아갔다. 정건조는 그를 반기며 말했다.

"그대를 생각한 지 오랠세. 자네의 고향 땅인 광주유수 남병철 상서께서 자네를 보고 싶어 하네. 자네가 만나보려는가?"

"싫네."

"남 상서께서 자네의 글을 보고 싶어 하는데 자네가 글을 지어 바치고 싶지 않은가? 조 상공(상공은 재상의 높임말. 조 상공은 양주조씨 세도가인 조두순을 말함)께서도 자네의 거처를 묻고 있으니 자네가 『삼정책』을 지을 수 있겠는가?"

"못하겠네."

정건조는 화를 벌컥 내고 그를 이끌고 후원 다락으로 갔다. 그리고 『삼정책』을 짓지 않고는 여기에서 빠져나갈 수 없다고 했다. 정건조가 나간 뒤 방 안을 둘러보니 문은 모두 빗장이 걸려 있고 지게문은 꽁꽁 닫혀 있었다. 꼼짝없이 갇힌 몸이 되었다.

그는 갇혀 있으면서 밤낮을 두고 좋은 방책을 생각해 보았지만 별 뾰족한 방안이 생각나지 않았다. 그리하여 정건조에게 거듭 사양했지만, "자네의 거짓말에 내가 속지 않네"라고 말하면서 끝내 짓기를 강요했다. 정창鄭昌이라는 필생筆生까지 붙여주었다. 그리고 여기를 빠져나가는 길은 아무렇게라도 빨리 쓰는 것이 상책이라고 생각했다.

강위는 국가를 구제할 근본적인 방책에 골몰하면서 써내려갔지만 영 마음에 들지 않았다. 그래서 내용을 종이에 썼다가 곧 내버렸다. 이렇게 하나의 단락을 지어놓으면 정건조가 거두어서 읽어보았다. 그리고 그는 기뻐하며 말했다.

"고무될 만하구나!"

이렇게 하여 1개월 동안 겨우 완성했는데, 무려 3천 자에 이르는 장문이었다. 이것이 완성되자 정건조는 자세히 읽어보고 말했다.

"군더더기가 많아서 남에게 보여줄 수가 없으니 조금 다듬는다면 더 좋겠네."

"그렇게 하지."

강위는 다시 이리저리 뜯어고치려 했지만 기진한 상태였다. 또 이런 방책이 과연 썩은 조정과 문벌정치와 유력자들에게 받아들여질까도 의심스러웠다.

어느 날, 그는 술 서너 사발을 한숨에 들이켰다. 그러고는 취기가 오르자 이 글을 한 번 읽어보고는 불 질러버렸다. 그는 "취기를 틈타 불 질렀다"고 했지만(『삼정책』 자서), 한 달 동안의 고심참담 끝에 이루어진 글을 불구덩이에 집어넣은 심정은 어땠을까? 불그레 취한 얼굴이 타오르는 종이 불에 비춰져 어떤 형상이었을까? 그는 이어 그곳을 몰래 빠져나왔고 이 일을 새까맣게 잊었다. 4년 뒤에 강위는 정건조를 찾아갔다. 이때 정건조는 한

권의 책을 그에게 내보이며 말했다.

"그대는 이것을 아는가?"

그는 책을 뒤적이다가 깜짝 놀랐다. 바로 그가 불태운 『삼정책』이었다. 바로 필생이었던 정창이 그가 적었다가 내버린 종이를 주워다가 잘 베껴 모아두었던 것이다. 강위가 자신이 쓴 글을 불태우고 사라진 뒤 이것을 대신 내놓았던 것이다. 그러니 이것은 전혀 다듬지도 않은 내용이었고 문장도 거칠었다. 그러나 그의 생각이 여실히 나타나 있고, 울울한 심정이 그대로 드러나 있었다. 정건조는 이를 수습하여 깊이 간수하면서도 무슨 생각인지 조정에 내놓지 않았다. 그리고 이를 다시 원래의 작자인 그에게 전해준 것이다.

강위는 앞에서 말한 안변 삼방폭포 옆에서 이 『삼정책』을 외우면서 "내 흉중에 쌓였던 것이 내 입에서 토로되었고, 내 손에서 벗어났다가 다시 읽게 되었지만, 내가 짓지 않은 것 같은 생각이 드는 것은 어떤 까닭인가? 예전과 지금의 사정이 다른 탓이리라"고 말했다. 이렇게 해서 『삼정책』이 오늘날 전해지게 되었다. 이 책을 통해 열정에 찬 그의 정치철학과 현실인식의 깊이를 엿볼 수 있다. 그 내용을 살펴보자.

사회현실을 날카롭게 파헤치다

첫째, 국가의 현실을 위기로 보았다.

오늘날 군정과 농정이 문드러져서 위아래가 모두 곤궁하다. 백성은 아침저녁의 끼니를 이을 수가 없고 나라에는 1년의 저축이 없어서 갑작스러운 흉년이나 전쟁이 일어난다면 무엇으로 막겠는가?

이렇게 지적하면서 그 원인을 국가와 벼슬아치들의 부정에 두고 있다. 그 부정을 크게 제도와 권력자의 두 부류로 나누어 보았다. 제도의 부정으로는 법의 폐단과 토지겸병 따위를 들었다.

법의 폐단으로 보면 그 갈래가 여러 가지이지만 무엇보다 귀천을 나누는 것이다. 양반들은 군역을 지지 않고 전세에도 온갖 특권을 누린다. 이들에게 모두 공평하게 조세를 매기고 군대의 의무를 지게 해야 한다는 것이다. 또 토지겸병을 한없이 허락하여 부의 편중은 물론 국가재정에 막대한 손실을 끼치고 있는 것을 지적했다. 실제로 양반들은 이런저런 구실을 붙여 군대에 나가지 않았고, 게다가 군대의 경비로 내는 군포도 물지 않았다. 그리하여 양반이 되기 위해 신분을 속이거나 벼슬을 사거나 족보를 위조하는 사례들이 비일비재했다.

또 가난한 자들은 먹을 것이 없어서 고향을 떠나거나 도망가거나 산적, 화적으로 전락하고 있었다. 있는 자들은 쌀 한 말 또는 닷 되, 석 되로도 논 한 마지기와 맞바꾸었다. 없는 처지로서는 기왕에 굶어죽을 바에야 닷 되, 석 되로 한 마지기의 논과 바꾸는 것이 나았던 것이다. 그리하여 '닷되배미', '서되배미'라는 이름이 생겨나는 실정이었다.

권력의 부정은 이러했다. 이른바 문벌정치로서 안동김씨와 풍양조씨의 발호는 사뭇 왕권을 흔들며 온갖 부정을 저질렀다. 게다가 이서吏胥들이 농간을 부리고 향품鄕品(수령의 행정을 돕는 좌수, 풍헌 등)들이 결탁하고, 호족들이 위세를 부리며, 수령들이 탐학하고, 장수들이 가렴주구를 일삼고 있으니 온갖 부정이 제도를 통하거나 구조적으로 이루어지고 있음을 지적하고 있다. 이리하여 실제 토지는 모두 농민의 손에서 떠나 '10만 석지기'니 '1만 석지기'니 하는 관리 출신 또는 이서 출신의 지주가 전국 어느 곳을 막론하고 횡행했다.

둘째, 이것을 뜯어고치기 위해서는 군주의 독단이 필요하다고 했다. 도대체 군주가 이리 흔들리고 저리 흔들려서는 왕권이 확립될 수 없을 뿐만 아니라, 조그마한 개혁도 이룩할 수 없다고 본 것이다. 오래된 낡은 법을 시의에 맞게 뜯어고치고 잘못된 제도를 근본적으로 바로잡기 위해서는 왕의 권한이 제대로 시행되어야 한다는 것이다. 그런데도 권력을 몇 사람이 쥐고 흔들어 왕을 나약하게 만들고, 법이나 제도를 고치려면 벌떼처럼 일어나 반대만 일삼고 있는 조정의 풍토로는 어떤 일도 해낼 수 없다고 본 것이다. 그러므로 수령은 왕의 명령을 무시하고, 이서는 수령을 농락하며, 백성은 이서를 무시하게 되는 것이다. 이래서는 상명하달이 되지 않고 위엄이 서지 않는다고 보았다.

이렇게 국가재정은 고갈 지경에 이르렀고, 군량미는 태반이 부족하며, 농민들은 끼니를 이을 수가 없는 현실에 놓여 있다고 했다. 그러면 살 터전을 잃은 농민들은 결국 어떻게 되고 있다고 보았는가? 그들은 대부분 유민으로 전락했다고 보았다. 이들 유민들은 또 대부분 도시로 밀려와 떠돌이생활을 한다고 했다. 그리하여 도성의 북한산 주변에는 팔도의 목소리들이 뒤섞여 있다고 지적했다. 이런 현실에서 삼남의 농민봉기가 일어나자 여기에 참여한 부류를 이렇게 분석했다.

향품은 여기에 참여하지 않았으며, 사족도 여기에 참여하지 않았으며, 이서도 여기에 참여하지 않았고, 평민으로 스스로 만족하는 자도 여기에 참여하지 않았다. 여기에 참여한 자들은 모두 유민, 부객浮客, 행상(등짐장수), 머슴들이요, 한둘의 역적무리가 있어 성세盛世에 다시 바랄 것이 없는 자들이 그 틈에 끼어 백성의 분노에 편승해서 앞장서기를 원하여 한 번 그 흉중에 쌓인 원한을 풀어보려고 할 뿐이라는 것이다.

그리고 한곳에 정착해 있는 농민들은 마지못해 따라갈 뿐, 정작 난을 이끄는 자들은 정처 없는 백성들이라고 했다. 그 중에서도 행상을 하는 보부상 가운데 가장 기초단위의 우두머리인 접장接長이 그 전위행동대가 된다고 보았다. 바로 접장과 유민을 이들 봉기의 주도세력으로 보고 있는 것이다. 이들 수만 명이 흰 두건을 쓰고 몽둥이를 들고 관아를 습격하면 수령이나 이서들은 물론 군사지휘권을 쥔 병사나 영장들이 목숨을 부지하기 위해 꽁지가 빠지게 달아나는 현실이라고 통탄했다. 참으로 조정에서도 까맣게 모르는 사회현실을 날카롭게 파헤쳤다고 할 수 있으리라.

강위는 『삼정책』을 쓰면서 1862년 삼남의 농민봉기에만 초점을 맞춘 것은 아니었다. 이전 시대의 잘못을 지적하고 새로운 전면적인 개혁이 없으면 앞으로 이런 일은 꼬리를 물고 일어날 것이라고 점쳤다. 그러면서 자신은 관중管仲, 상앙商鞅, 한비자韓非子를 공부한 바 있다고 전제하고, 유형원, 이익, 정약용의 글에 심취했다고 말했다. 그러고는 이들의 글을 필요할 때마다 인용하고 있다.

이것은 부국강병으로 나라를 일으켜야 한다는 그의 정치 철학을 나타낸 것이요, 현실개혁으로 국가·사회발전을 기할 수 있다는 현실인식을 보여주는 것이다. 전국을 떠돌며 사회 밑바닥의 실정을 꿰뚫어보고 그의 지식과 결부시켜 이런 방책을 제시한 것이다. 그가 백면서생이 아니었음은 『삼정책』을 통해 알 수가 있으며, 김정희의 실사구시의 실학만이 아닌 광범위한 현실개혁 이론에도 밝았음을 보여준다.

강위는 1860년부터 그의 지우 정건조의 소개로 서울의 많은 청년문사들과 알게 되었다. 처음에는 그의 시재詩才에 반해 모여 들었다가, 나중에는 그의 식견에 놀란 젊은 지식인들이 그를 스승으로 받들었다. 특히 중인신분의 청년들이 많이 모여들었다. 1873년 겨울에 그는 뜻하지 않은 제의를 받았다. 정건조가 청나라에 동지사로 사행길을 가면서 그에게 수행원으로 동행할 것을 청한 것이다. 아마 정건조로서는 그의 학식을 이용하여 청나라와의 외교에서 성과를 거두려 했을 것이다.

국제 조류에 눈을 뜨다

이에 그는 사양하다 못해 먼 길을 떠나게 되었다. 첫 외국 나들이였고, 앞으로 그의 외교 솜씨를 보여주는 첫걸음이 되었다. 그는 베이징에 가서 많은 문물을 접했다. 그는 '경탄'이라는 따위의 표현을 쓰지는 않았지만 모든 것이 새로웠다(『북유일기』). 그는 베이징의 성을 돌아본 뒤에 이런 기록을 남겼다.

> 서양 사람 두 남자와 두 여자가 성에 올라 다녔는데 참으로 그림과 같았다. 일찍이 본 바가 없는데 머리카락과 옷이 사람 같지 않아서 자연 놀라서 바라보았다.
>
> 『북유일기』

그는 천주교회도 돌아보고 몽골 사람도 만나보았다. 그리고 청나라가 어떻게 서양 문물을 받아들이고 있는지, 서양 각 나라가 중국과 일본에 어떻게 침투하여 강압하고 있는지, 서양세력이 얼마나 힘이 있는지를 여러 사람을 통해 알게 된 것이다. 그리고 정건조가 그곳 형부주사인 장세준張世準과 국제정세와 조선의 처지를 놓고 필담을 나눌 적에 이를 모두 정리했다. 그는 임무를 훌륭히 해내고 돌아왔다.

1874년에는 그의 제자 이건창이 서장관으로 베이징에 가게 되었다. 이때도 그는 수행원으로 이건창을 따라갔다. 이번에는 그 전과 달리 자신이 베이징의 지식인들과 직접 필담을 나누었다.

황옥黃鈺, 장세준 등과 조선의 외교 및 서방에 대한 대응문제에 관심을 기울이며 토론을 벌였다. 그는 이런 과정에서 하나의 결론을 얻었다. 조선의 힘으로는 도저히 서양의 여러 나라 및 러시아와 맞설 수 없다는 것이다. 그리고 중국과 일본이 서양의 문물을 받아들여 급속도로 발전하고 있음도 알았다.

그가 평소에 주장했던 부국강병책만으로는 급박한 국제정세에 대처할 수 없다고도 판단했던 것 같다. 이제 그는 세계로 눈을 돌리고 있었다. 귀국해서는 자연히 신진 개화파 인사들과 어울리는 일이 잦아졌다. 그러나 이를 공개적으로 내놓고 떠들기에는 반대하는 세력들이 너무 많았다. 이런 마당에 흥선대원군은 철저히 척화정책을 주장하고 있었고, 민씨들은 권력을 다지기에 골몰하고 있었다.

이때 일본은 함대에 군대를 싣고 와서 개항을 요구해왔다. 1876년 2월 강화도에서 조선과 일본 사이에 회담이 열렸다. 조선측 대표로 신헌申櫶이 나가게 되었는데 그 막후의 협조자로 강위를 지명했다. 이보다 앞서 강위는 1866년 병인양요가 일어났을 때 강화도로 뛰어가 그곳 지형과 방비책을 낱낱이 적어 신헌에게 일러준 적이 있었다.(이중하 『본전』)

이런 배경으로 하여 그가 강화도조약 체결의 실질적 막후인물이 된 것이다. 그는 신헌과 윤자승尹滋承을 도와 여러모로 힘을 썼다. 신헌은 무신이었다. 그러므로 그가 '전수戰守' 두 자만 안다는 뜻을 또 다른 막후의 인물인 박규수에게 전했다. 하지만 그런 식으로 해결될 수 없는 절박한 현실이었다. 형식적으로 강위는 신헌의 뜻을 받아 박규수에게 편지를 대필했지만, 강위의 의견이 주로 반영되었을 것임은 의심할 여지가 없을 것이다.

첫째, 일본의 강요를 물리치고 힘으로 대적할 수 없는 현실이었다.

둘째, 새로운 국제시대에 발맞추어 일본과 외교관계를 터야 한다는 것이 현실적 요구였다.

셋째, 일본과 개항을 하고, 이어 서양과도 문호를 개방해야 한다고 보았다.

이런 결과로, 비록 강요에 의해서였지만 이른바 병자수호조약이 맺어졌던 것이다. 그리하여 부산 외의 두 개의 항구를 지정하여 개방하고 일본 상인의 통상을 보장해주며, 또 개항장에서의 일본 상인의 주거지와 가옥 등을 마련해주기로 조약을 맺은 것이다. 물론 이것은 불평등조약이었지만 이를 물리치면 한바탕 전쟁이 일어날 판세였다.

한편 재야의 유림들은 통상의 불가론을 펴면서 주권론을 주장하고 나왔다. 이들은 상소로 임금의 결단을 요구하기도 하고, 때로는 개항주의자들을 매도하고 나섰다.

그러나 강위는 막후의 인물이었던 탓으로 직접적인 지탄의 대상이 되지는 않았다. 이런 소용돌이 속에서 세월을 보내는 동안, 일본과의 교류는 더욱 활발해졌다. 1880년에 김홍집이 수신사로 일본에 가게 되었는데 강위의 제자인 김옥균이 강위로 하여금 김홍집을 수행하도록 후원했다. 이에 김홍집은 서기書記라는 직함을 주어 그를 도쿄로 데리고 갔다. 이것이 그의 세 번째 해외

여행이자, 첫 번째 일본 여행이었다.

　그가 도쿄에 가서 한 일은 두 가지로 요약할 수 있다. 그는 도쿄에 있는 흥아회興亞會에 참석했다. 흥아회란 도쿄에 있는 중국 사람과 일본 사람이 모여, 동양 3국이 동맹해서 서양세력에 맞서 협력하자고 만든 단체였다. 겉으로는 사설단체라고 하지만, 실제로는 일본정부가 지원해주고 있었다.(이강린 『강위의 인물과 사상』) 그는 이 모임에 나가 일본의 분위기와 세계정세에 대한 지식을 넓혔다. 그리고 감격하여 이런 시를 남겼다.

　　　영웅호걸을 함께 만나보니
　　　조심스레 서로 친분이 나네.
　　　관동의 일을 대신 도모하노니
　　　6국(여섯 나라가 동맹하여 진나라에 맞선 고사)의 안위가
　　　진나라에 있지 않으리.

　동양 세 나라가 힘을 합하면 서양세력의 침투를 능히 막을 수 있다는 견해를 피력한 것이다. 그러나 이 여행에서 그는 미진함을 떨쳐버릴 수가 없었다. 일본의 문사를 만나보지 못한 것을 안타까워하기도 했다(『속동유초』). 그에게는 어쩔 수 없는 문사의 기질이 있었던 것이다.

　그런데 그때 김홍집은 중국인 황준헌黃遵憲이 쓴 『조선책략朝鮮策略』을 가져왔다. 이 책은 조선이 러시아의 남진정책에 대비하기 위해서는 친중국親中國, 결일본結日本, 연미국聯美國의 외교정책

을 펴야 한다는 내용이었다. 이 책을 김홍집이 왕에게 바쳤고 고종이 이에 관심을 갖자, 재야의 유생들이 또다시 들고 일어났다. 그리고 수신사 일행을 지탄하고 나섰다. 강위도 이제는 숨은 인물이 아니라 개화파로 지목되어 유생들의 공격 대상이 되기 시작했다. 비록 백의종사했지만 이런 지탄을 면할 수 없는 몸이 되었다.

문관 벼슬에 오르다

1882년에 들어 김옥균을 중심으로 한 개화파들은 더욱 활발히 움직였다. 강위는 첫 번째 일본 여행에서 돌아와 김옥균에게 일본 실정을 제대로 파악하지 못하고 돌아왔다고 한탄한 적이 있었다. 이때 김옥균은 뒷날을 기다려보자고 말했다.

강위는 1882년의 정초를 가평의 전사田숨에서 보내고 1월 7일에 서울로 올라왔다. 그때 김옥균은 일본에 가려고 준비하고 있었는데, 강릉에 있는 부모를 뵙고 곧바로 동래로 간다는 말을 들었다. 이 말을 들은 강위는 의아해 마지않았다. 김옥균, 서광범徐光範 등은 실제로는 비밀리에 일본 여행을 계획하고 있었던 것이다.

이에 강위는 이 일행과 함께 일본에 가기로 마음먹었다. 그러나 동래까지 갈 여비가 없어서 제자인 변수邊邃에게 그 비용을 마련해줄 것을 부탁했다. 이에 변수는 그의 친구인 우자중禹子重을 끌어들여 함께 대구까지 왔는데, 대구에서 마련하기로 한 여비가 조달되지 않아 어려운 처지에 놓였다. 이때 마침 강위의 제자인 정병은鄭秉殷을 만나 그에게서 여비를 빌려 부산까지 갔다.

이들 일행은 구면인 일본인을 만나 김옥균이 초량에 와 있다는 소식을 들었고, 또 그 일본인을 통해 일본 영사관의 문빙文憑(일본의 여권)을 얻었다. 이들은 초량의 김옥균 숙소로 달려갔으나 김옥균은 이미 선창으로 나간 뒤였다. 이들은 선창으로 달려가자 김옥균은 놀라 그들을 바라보았다. 강위가 뒤따라온 까닭을 말하자 김옥균은 흔쾌히 동행할 것을 허락했다. 그리하여 김옥균, 서광범, 김동억金東億, 정병하鄭秉夏와 강위 일행이 합류하게 된 것이다.(『속동유초』)

그들이 탄 배는 일본 나가사키로 향하고 있었다. 김옥균이 강위에게 아들 요선堯善의 편지를 전해주었다. 그 편지에 조정에서 강위에게 '선공감가감역繕工監假監役'이라는 벼슬이 내려졌다는 소식이 담겨 있었다. 이 벼슬은 비록 하찮기는 하지만 엄연한 문관의 자리였다.

우리 가문이 변고(기묘사화)를 당한 이래 무과에만 응해 왔었는데, 유문儒門의 벼슬자리는 꿈도 꾸지 못했었다. 지극히 감격스럽고 황송하여 눈물이 돌았다.

『속동유초』

그는 감격에 겨워 시 한 수를 읊었다. 서광범도 이를 치하했고, 김옥균은 그를 끌고 나가사키의 서산西山 마루에 올라 임금이 있는 북쪽을 향해 절을 네 번 하게 했다.

그는 이때 이름을 위緯로 바꾸었고 자를 위옥韋玉으로 삼았다. 원래 집에서 성호性滈라는 이름을 썼지만 이름과 자를 자주 바꾸었다. 제자인 이건창은 그의 묘지명에 "성품이 이름과 자를 바꾸기를 좋아하여 모두 다 기록할 수도 없다"고 썼다. 사람들은 그의 호를 추금秋琴, 자기慈屺, 고환古懽이라고 불렀고, 무주 사람들은 강 문장姜文章이라고 했다 한다.

국제사회에서 조선의 역할을 고민하다

일본에 간 그는 김옥균과 행동을 같이했다. 그리고 도쿄를 비롯해 고베, 오사카 등지를 유람했고 많은 일본 사람을 만났으며 융숭한 대접도 받았다. 그리고 앞에서 말한 흥아회의 간담회에 김옥균, 서광범과 함께 참석하여 국제정세와 서양 사정을 알아보았다. 이 간담회에는 당시 도쿄에 유학중인 유길준兪吉濬과 중국공사 여서창黎庶晶도 참석했다 한다.

이때 김옥균과 서광범은 또다시 서양 여행을 하려고 계획을 세우고 있었다. 이에 그도 따라갈 것을 요청했으나 그들은 거절했다. 그는 이렇게 쓰고 있다. "노옹老翁(자기를 가리킴)이 함께 가기를 빌었으나, 혹 어려움을 만나 후회할까 두려워서 허락하지 않았다. 이에 시를 지어 맹세하면서 진심으로 토로했다."(『속동유초』)

그러나 국내에서는 새로운 사건이 터졌다. 임오군란이 일어나고 대원군이 다시 집권하게 된 것이다. 일본세력과 개화파, 그리고 정권은 커다란 위험에 빠졌다. 강위, 정병하 등은 고국으로 돌아오려고 시모노세키에서 배를 기다리고 있다가 이 소식을 들었다. 김옥균과 서광범도 뒤따라왔다. 이들 일행은 근처의 절로 가서 통곡을 하고 소복으로 갈아입었다(민비의 국상소식을 듣고 하나의 의례로 상복을 입은 것 같다).

김옥균과 서광범은 일본 군함을 타고 인천으로 떠났으나, 그는 중국으로 갈 생각을 하고 그곳에 남아 있었다. 왜 그가 중국으로 가려고 했는지는 자세한 기록이 없다. 아마 중국으로 가서 새로운 임무를 수행하려고 했는지 모를 일이다.

그는 중국 사람들이 독일 배를 세내어 가는 것을 얻어 탔다. 중국 영사 여원미余元眉의 주선에 힘입은 것이다. 배에 탄 사람들은 대부분 중국 사람들이었지만, 스물다섯 살의 조선인 한창율韓昌律이 동행하고 있었다. 강위는 배가 한반도 남쪽을 돌 적에 남다른 감회를 느꼈던 것 같다. 작은 나라의 백성, 어떻게 하면 나라를 지킬까, 고심참담하지 않을 수 없었을 것이다.

상하이에 도착한 그는 융숭한 대접을 받았다. 그리고 한창율이 생활의 방편으로 우리말을 가르치자, 자신도 중국어와 외국어 학습을 시작했다. 그는 이에 대해 "다른 날 국가의 용도를 위해서였다"(『원유초遠遊草』)고 쓰고 있다. 그는 상하이의 기계국 총판總辦 이홍예李興銳를 소개받았고, 그로부터 생활의 여러 가지 편의를 제공받았다. 세월은 어느덧 1882년 겨울, 그는 다 해진 홑옷을 입고 있었다. 이를 본 이홍예가 말했다.

"중국옷을 입지 않으렵니까?"

"괜찮기는 합니다만, 입던 옷이 있으니 솜만 주시면 추위를 견딜 수 있겠습니다."

이리하여 솜과 옷감을 얻어 추위를 견뎌냈다고 한다. 이런 일화는 그의 소탈한 면모를 나타낸다. 그와 함께 고국으로 돌아온 김윤식은 다 해진 옷을 입고 난간에 기대선 그를 보고 이렇게 쓰고 있다. "조금도 꿀림이 없었고 기상이 늠름했다." 그는 평소에 젊은이들과 어울려 술잔을 나누기도 했으나, 예절을 중시하는 노인이나 거들먹거리는 고관들과는 어울리기를 좋아하지 않았다고 한다. 그래서 고관 중에서는 앞에서 말한 정건조, 신헌 등과만 사귀었다고 한다(「묘지명」).

그는 상하이에서 몇 달 머문 뒤 톈진으로 갔다. 그곳에는 영선사로 유학생을 거느리고 온 김윤식이 있었고, 무역을 상의하기 위해 온 어윤중도 있었다. 그가 톈진에 당도했을 때 어윤중은 마침 고국으로 돌아가 있었고, 김윤식만 임오군란에 대처하여 청군의 파병을 요청하기 위해 동분서주하고 있었다.

그때 마침 조선 주재 상무총판에 임명된 진수당陳樹棠 일행이 인천으로 가기 위해 타고 갈 배가 있었다. 이 배에는 조선의 재정고문이 된 독일인 묄렌도르프가 타고 있었고, 진주사 조영하趙寧夏, 영선사 김윤식도 타고 있었다. 그의 중국 여행은 이것이 세 번째였으나, 나라의 사정과 국제정세는 그때마다 달랐다. 당시 중국에서는 양무운동이 활발히 일어나고 있었다. 그는 이를 주도한 정관응鄭官應과 깊은 대화를 나누었고, 또 양무운동에 관계

되는 서적들을 한 아름 안고 온 것으로 알려졌다.

이제 그의 시각은 폭넓게 확대되었고, 조선이 국제사회의 일원으로 국제역학을 어떻게 이용해야 할 것인지에 대해 관심의 초점이 모아졌다. 그가 고국에 돌아올 즈음 임오군란의 여파도 가라앉았고 개화파가 더욱 활발히 움직이고 있었다. 그러나 그의 나이는 예순다섯을 바라보고 있었다. 그가 고국에 돌아오자 많은 제자들이 그를 맞이하여 먼 여행길의 괴로움을 위로했다. 이 자리에서 이건창이 말했다.

"선생님과 함께 세계를 돌아보고 싶습니다."

"그만두게. 힘이 다 빠졌다네. 억지로 끌고 가도 안 될 것이네."

이것이 어찌 된 연고인가? 불과 1년 전에 일본에 있을 적에는 김옥균에게 서양 여행을 함께 떠나자고 조르던 그가 이제 와서는 이를 거절하다니. 정열도 식고 기력도 빠지고, 어쩌면 세상 형편이 그를 의기소침하게 만들었는지도 모를 일이다. 그는 중국에서 돌아온 지 1년 뒤 세상을 떠났다. 그는 그의 추종자들이 벌인 갑신정변을 보지 못하고 세상을 하직한 것이다.

실학과 개화의 가교 역할을 하다

앞에서 강위의 생애와 활동을 더듬어보았다. 분명히 전환기의 인물이었다. 그 속에서 몸부림치며 살아왔다. 그의 생애는 두 시기로 나누어 살펴볼 수 있다.

첫 번째는 삼남의 농민봉기 이전의 생애이다. 이는 그의 청·장년기에 해당한다. 이때 그는 실학에 심취했고, 적극적으로 개혁을 통해 현실을 타개하려는 의지를 보였다. 그는 제도의 근본적 개혁을 주장하면서 부국강병에 초점을 맞추었다. 그는 경서 위주의 성리학적 사고에서 벗어나 병학兵學, 지리, 법률에 밝았다. 이것은 그가 국가현실에 깊은 관심이 있었음을 나타낸 것이다. 그리고 민중의 동향을 날카롭게 들여다보고 이에 대처하는 이론을 내놓은 것이 바로 『삼정책』이었다.

그러나 그는 근본적으로 체제의 변혁을 도모한 혁명가는 아니었다. 그가 난민이 요구하는 격문을 써주지 않은 것이 이를 잘 보여준다. 물론 그의 인간적인 면과 주위의 환경을 감안하면 이런 태도를 이해할 수 있으나, 실천적인 지식인으로서의 한계를 보이는 행동이었다는 점은 분명하다. 그가 빈민과 유민을 동정하는 것만으로는 행동하는 지식인의 참모습이라고 볼 수는 없을 것이다.

두 번째 시기는 장년기에서 노년기에 보여준 활동들이다. 그는 일본과 중국을 드나들며 많은 새로운 지식을 얻었다. 그리고 국제정세를 폭넓게 알고 그의 지론인 부국강병책을 수정하지 않을 수 없었다. 그리하여 개화를 이룩해야 한다고 보았고 서양문물을 받아들여 국력을 튼튼히 해야 한다고 보았다.

그러면서도 일본인이나 서양의 침략적 근성에는 별반 의견을 내지 않는 인식의 안존을 보여주고 있다. 물론 그때의 시대환경은 그들의 침략적 성격이 실제로 나타나지 않은 때였다(이런 문제는 그의 문집이 친일경향을 지닌 김윤식에 의해 교정 완성된 탓으로 삭제되었을 가능성도 배제할 수 없다). 또 그는 문관의 벼슬을 받고 감격해했다. 그가 진보적 지식인이었던 것은 의심할 여지가 없지만, 이는 봉건적 의식이 밑바탕에 깔려 있음을 보여주는 모습이기도 한 것이다.

그가 여러 차례 외국에 가서 물정을 살피고, 더욱이 서양까지 가서 그들의 실체를 알아보려 한 모습은 행동인의 정열을 보여준다. 이런 그의 애국적 정열은 고스란히 청년층으로 이루어진 제자들에게 전해졌다. 그의 제자는 김옥균, 이건창, 김윤식 등 19세기 말의 풍운아들이었다. 그리고 변수, 지운영池運永 등 중인 신분의 청년들, 또 시골출신의 김택영金澤榮, 황현黃玹 등의 문사들도 있었다.

한편 강위는 소론으로 정계에 줄을 이어준 동래정씨의 자제들, 곧 정건조를 비롯해 정만조鄭萬朝, 정병조鄭丙朝 등과 가깝게 지냈다. 그외에 그는 많은 제자들을 배출했다. 이들의 한 무리는 개화파로 크게 활약했고, 일부는 뒤에 친일파로 변신하기도 했다. 또 한 무리는 구한말의 한 시절을 주름잡았던 뛰어난 문인, 시인들이었다. 비록 비천한 신분으로 태어나서 높은 벼슬자리에 오르지 못한 일개 한사寒士였지만, 그가 이렇듯 청년들에게 크게 영향을 끼쳤다. 여기에는 몇 가지 조건이 있었다.

첫째, 그의 시 재주와 문장력이 한밑천이 되었다. 시와 문장을 배우기 위해 많은 사람들이 그의 문하로 몰려들었다.

둘째, 그의 학식에 심취하여 많은 사람들이 그와 가까이 지내며 이를 얻어들으려고 했다. 나라가 흔들릴 때 그의 풍부한 지식은 여러모로 유용하게 쓰였다.

셋째, 그의 애국적 열정에 감복하기도 했다. 그는 일신의 영화나 부귀에 마음을 쓰지 않고 혼신의 힘으로 나라를 구하려 했다.

마지막으로 그가 비록 어려운 생활에 고뇌한 흔적은 있으나, 이것은 어디까지나 인간적 면모에 지나지 않을 것이다. 그리하여 그를 두고 실학과 개화파의 가교 역할을 했다고 학자들은 평가한다. 이런 평가는 틀리지 않은 것이다. 그러나 그의 개화파 제자들 중에 일부가 친일파로 변신한 것을 그의 눈으로 목격했다면 그는 어떤 생각을 했을까? 후인으로서는 자못 궁금하다.

김옥균
바람에 흩날린 부르주아 혁명가의 꿈

개화와 개혁을 주장하다

고균古筠 김옥균金玉均(1851~94)을 두고 흔히 풍운아, 혁명가 또는 진보적 정치가, 개혁파의 지도자라고 부른다. 그의 삶과 행동을 두고 이렇게 다양하게 부르는 것은 그의 활동영역이 그만큼 폭넓었기 때문이다. 여기에서 그의 사상과 현실 인식을 살피기에 앞서 그의 삶과 주변의 정치세력을 먼저 살펴보는 것이 그를 이해하는 데에 도움이 될 것이다.

김옥균은 충남 공주 정안의 안동김씨 집안에서 태어났다. 그의 아버지 김병태金炳台는 시골의 양반 후예로 겨우 생활을 꾸려나가는 처지였다. 김옥균의 가계는 김상용金尙容을 중시조로 꼽는다. 김상용은 청나라와의 화의를 반대했고, 우의정으로 있을 적에 병자호란이 일어나자 강화도에서 순절했다. 김상용의 아우 김상헌金尚憲은 남한산성에서 끝까지 청나라와 싸우기를 주장한 척화파의 거두였다. 김상용의 아들 김광현金光炫은 이조참의를 지냈지만 그 후예는 겨우 양반의 명맥을 유지하는 수준으로 충청도 일대에서 살았다. 이와 달리 김상헌의 후예는 문벌세도정치를 주도하여 서울에서 큰 세력을 잡고 흔들었다.

김옥균은 여섯 살 적에 종숙인 김병기金炳基의 양자로 들어갔고, 이로 인해 서울에 와서 살았다. 김병태가 장자인 김옥균을 선뜻 양자로 내준 것은 살림이 쪼들리기도 해서였지만 김병기가 높은 벼슬자리에 있으므로 아들을 출세시켜보려는 생각이 있었기 때문이라고 전한다. 김옥균이 열한 살 때에 김병기가 강릉부사로 가게 되었는데, 이때 그도 강릉에 가서 살다가 열여섯 살에 돌아왔다.

김옥균은 스물둘에 문과에 장원급제했고, 이어 교리, 정언 등 청요직淸要職에 두루 등용되어 재질을 인정받고 명망을 얻었다. 그는 박규수의 제자로 입문하고 새로운 문물에 눈을 떴으며 개화파의 지도적 인물인 오경석, 유대치의 감화를 받기도 했다. 또 서른 살 이전에 중견 벼슬아치로 자리를 굳히고 조야에 명성을 떨쳤다. 그는 요직에 등용되면서 봉건제도의 모순과 외국세력의 침투에 눈을 떠서 개화의 필요성을 깊이 느끼고 『기화근사箕和近事』 등의 진보적·계몽적 내용을 담은 저술을 내놓기도 했다.

1881년 김옥균은 서른 살의 나이로 일본 시찰길을 떠났고, 이어 1882, 1883년 등 3차에 걸쳐 일본을 돌아보았다. 이때 그는 일본의 문물을 알아보기도 하고 그곳에 가 있는 신진인사들과 교유하기도 했으며 국가제도의 개선을 위해 차관을 끌어오기도 했다. 그동안 그는 교섭통상의 책임자, 동남아 제도의 개척사겸 포경사開拓使兼捕鯨使, 호조참의 등의 자리를 얻었다. 그는 나라의 부강을 위해 동해의 고래를 잡아야 한다고 역설하여 그 책임자가 되었던 것이다.

그 뒤 『한성순보』가 창간되자 「치도약론治道略論」을 발표해 도로의 개수, 위생시설과 제도의 개선을 주장했다. 이와 함께 치도국과 우정국의 설치, 농사시험장·농업학교·순경부巡警部 등의 설치를 추진하여 제도의 개혁을 통해 개화정책 또는 근대화정책을 추진하려는 주장을 줄기차게 폈다.

그러나 수구파의 반대가 거셌고 봉건잔재를 불식하기에는 이런 온건한 제도의 개혁만으로는 한계를 느끼고 있었다. 그리하여 갑신정변을 계획한 것이다. 이를 준비하기 위해 그는 많은 세력을 끌어들였고, 일본군대의 지원까지 얻었으나 끝내 실패로 끝나 일본으로 망명했다. 일본에서의 망명생활은 형극의 길이었다. 국내에서는 대역부도죄인인 그를 죽이려 자객을 보냈고, 일본과 청국에서는 그를 암살할 음모를 꾸몄다. 일본은 끝내 그의 활동을 꼬투리 잡아 도쿄에서 추방했고 이어 고도인 오가사와라 섬, 북해도 등지에 강제 이주되어 감시를 받으며 살았다. 일본의 배신에 치를 떨었으나 어찌할 수 없었다.

개혁세력의 지도자가 되다

이쯤에서 김옥균의 정치적 입지와 지향, 그리고 이론을 구체적으로 알아보기로 한다. 김옥균은 벼슬살이를 하면서 폭넓은 교제 또는 교우관계를 가졌다. 그는 문벌 중심이나 세도가 중심의 당파성을 벗어나 넓은 계층의 인사들과 접촉했다. 그들은 두 부류로 나눌 수 있다.

첫째는 그를 지도하고 이끈 스승과 선배들이 있었다. 이는 박규수와 강위, 그리고 유홍기, 오경석, 이동인이다.

박규수는 박지원의 손자였고 강위는 무관 집안에 태어난 시인으로 둘 다 개화사상에 심취해 있었다. 유홍기는 역관 집안에 태어나 의업에 종사하면서 불교에 조예가 있는 개화파였고, 오경석은 역관으로 청나라에 여러 차례 다녀와 그곳의 양무운동의 경향을 소개한 인사였으며, 이동인은 중인 출신의 중으로 일본어에 능통하고 일본의 문물을 소개한 인물이었다. 김옥균은 이들에게서 개화사상 또는 서양·중국·일본의 선진문물을 소개받았고, 수표교 근처의 유홍기 약방을 드나들며 이런 학문에 눈을 떴다.

둘째는 벼슬살이하면서 만난 인사 또는 선배들로부터 소개받은 인사로서, 그외 교우관계를 맺은 부류들이 있었다. 이들은 김홍집, 김윤식, 어윤중, 박영효, 박영교, 서광범, 홍영식, 유길준, 서재필, 서재창, 지석영 등이다. 이들은 종래의 당파나 신분으로 따지면 대부분 노론계열이었고 중인도 더러 섞여 있지만, 선진

관료 또는 '엘리트'의 성격을 강하게 풍기고 있었다.

이들은 뜻을 같이하여 개화사상을 섭렵하고 외국정세를 토의하며 국내 수구세력을 제거하기 위해 때로는 수표교 유홍기의 초가집, 때로는 오경석의 사랑채, 때로는 탑골승방의 비밀집회소에서 모였다. 그리고 내밀히 군대의 양성, 조직의 확대를 꾀했고 드러나게는 제도의 개선, 세도인사의 탄핵을 끊임없이 시도했다.

이들은 일본 수신사나 중국 영선사에 집단으로 따라다니며 선진문물을 국내에 소개하기에 열중했다. 그리고 하나의 집단 또는 정치세력으로 자리를 굳히며 새로운 기풍을 불러일으켰다.

이를 주도한 것이 김옥균이다. 김옥균이 이들의 지도자가 된 것은 벼슬자리가 높거나 나이가 많아서도 문중의 배경 때문도 아니었다. 어디까지나 학문의 깊이, 개화사상에 대한 열정, 추진력이 남달랐기 때문이다. 실제로 갑신정변을 비롯, 강위·변수와 같은 사람들을 일본에 데려가 시찰 또는 교육시키는 일, 조직을 확대하는 일을 김옥균이 거의 주도했다.

비밀결사를 조직하다

김옥균 일파는 일대 정변을 도모하기 위해 조직의 확대에 주력했다. 그 중에서도 주목되는 것이 비밀결사인 '충의계忠義契'의 조직이었다.

충의계는 물론 민간에 유행하는 계의 형식을 본받았지만, 종래의 비밀결사인 살주계殺主契, 살략계殺掠契 그리고 변혁세력의 결집체인 폐사군단廢四郡團(평양 중심), 후서강단後西江團(서울 중심), 채단彩團(광대 중심), 유단流團(유리민 중심)에서 빌려온 것이기도 했다.

그 조직의 규모와 인원은 알려져 있지 않지만 앞에 든 개화파 인사들을 중심으로 광범위한 계층을 묶은 것이다. 다시 말해서 무사, 중인, 천인, 보부상, 노비, 승려 들이 망라되어 있었다. 갑신정변이 실패로 돌아간 뒤 그 하수인들이 체포되었는데, 이들 중에 이희정李喜定, 오창모吳昌模 등이 충의계에 들었다고 했다. 또 서광범의 노복인 이윤상李允相은 이렇게 진술하고 있다.

9월부터(1884) 옥균, 영식, 영효, 광범, 재필들이 가끔 모임을 가졌는데 더러 유흥기의 집에서도 모였다. 그 뒤에 저를 불러 광범 집에 갔더니 승방僧房(탄골승방인 듯)에 갔다고 한다. 이틀 뒤에 광범이 집에 돌아왔다. 그 뒤 옥균의 집에 가는 길에 먼저 광범의 집에 갔더니, 광범이 저를 보고 우리가 세도世道를 뒤집어 엎겠다고 했다. 함께 옥균 집에 갔더니 재필, 영효가 여기에 있었다.

『추안급국안』

충의계원들은 일을 벌이면서 집회소를 옮겨 다녔고 또 여기에 많은 계층을 끌어넣었다. 하수인 이희정은 충의계에 들었지만 "그 규약이나 조직은 보지 못했고 나라를 위해 만들었다는 것만 들었다"고 진술하고 있다. 여기에는 부상負商 통령인 이창규李昌

圭, 화계사 승려인 차홍식車弘植, 노복인 이현돌李顯乭, 김봉균金奉均 등이 끼어 있었다.

이들은 김옥균 등이 일본에 드나들며 일본어 어학수업을 받게 하거나 사관학교에서 공부시킨 청년들이었다. 이들에게 김옥균은 개화사상을 고취시키고 나라의 자주독립을 이룩해야 한다고 가르쳤다. 그리고 더러는 신분에 관계없이 의형제를 맺어 동맹 결사를 다지기도 했다.

그러므로 종래 갑신정변 등 이들의 변혁운동이 지배 엘리트 중심으로 전개되었다고 지적한 것은 그 일면만을 본 견해일 것이다.

김옥균의 벗들과 충의계 계원들이 갑신정변을 주도했다. 그리고 그 계층은 앞에서 알아본 대로 아주 다양했다. 충의계야말로 하나의 비밀결사를 통해 정치세력으로 결속되어 있었다.

끝으로 김옥균의 교제인사로 일본인들을 빼놓을 수 없다. 일본에서 후쿠자와 유키치福澤諭吉의 문하에 드나들 때 김옥균은 개화사상을 익혔고, 고토 쇼지로後藤象次郞 등의 신진인사, 도쿄 진정사의 승려 데라다寺田福壽 등과 친교를 맺었다. 이들 일본인 모두 그를 후원했거나 추종했다. 일본인들이 그를 이용했는지 그가 일본인을 이용했는지, 이에 대한 평가는 좀 더 연구검토가 필요하다.

완전한 자주독립을 주장하다

김옥균을 두고 흔히 초기개화파 또는 급진개화파라고 부른다. 이는 뒤의 온건개화파와 구분해서 붙여진 것이다. 김옥균을 중심으로 한 급진개화파들은 꾸준히 정치개혁을 도모했고 끝내 혁명적 방법으로 정권을 잡으려 했다. 이들이 추진한 방향을 두고 부르주아 혁명이라 평가하기도 하고 급격한 정치개혁 노선을 지향했다고도 한다.

김옥균 등의 정치적 지향은 첫째로 자주독립을 꼽는다. 김옥균은 이에 대해 이렇게 말했다.

> 서양 각국은 모두 독립국이다. 어느 나라를 따질 것 없이 독립한
> 연후에야 화친할 수 있는데 조선이 홀로 중국의 속국이 되어 있으
> 니 심히 부끄럽다. 조선이 어느 때에 독립하여 서양 여러 나라와
> 동열同列에 서겠는가?
>
> 「신중환 공초」, 『추안급국안』

이 말은 곧 우리가 완전독립을 지향해야 한다는 것이다. 종래 전통적 외교노선인 사대교린정책을 불식하고 청나라와의 관계에서 사대명분을 없애야 한다는 것이다. 개항 이후 청나라는 조선과의 전통적 외교관계를 들어 마치 속국처럼 다루고, 외교·통상조약에서 먼저 자국과의 교섭 또는 허락이 선행되어야 한다는 것을 내세워 끊임없이 압력을 가해왔다.

이것이 바로 자주적으로 서양제국과 외교관계를 수립하는 데 장애요인이 되어왔다. 또 임오군란 이후 청국상인이 조선에 진출하고, 흥선대원군이 톈진에 구류되는가 하면 이홍장의 막하 오장경吳長慶이 서울에 주둔하면서 군문제독軍門提督이라는 이름으로 내정간섭을 직접적으로 진행시키는 상황이 벌어지고 있었다.

그리하여 개항 이후 일본, 미국을 비롯한 서양과의 교섭에서 조선은 완전한 자주권을 행사할 수 없었다. 김옥균은 전통적 외교노선을 비판하고 청국의 부당한 간섭을 배제하여 새로운 국제시대에 조선이 내정·외교에서 철저한 자주노선을 수립할 것을 역설했다. 이런 바탕 위에서 애국주의와 부국강병을 지향했다. 이것이 확립되지 않으면 외래 자본주의 침략으로부터 민족적 위

기를 극복할 수 없고 자주독립도 이룩할 수 없다는 것이다.

이어 김옥균이 지향한 정체政體는 『한성순보』의 논설 「구미입헌정체」에서 잘 나타나고 있다. 여기에서 3권 분립과 양원제를 주축으로 한 의회제도, 이를 토대로 한 입헌군주제 아래에서의 국왕의 위치와 정부의 역할 등을 소개했다. 이는 봉건적 전제군주제도를 폐지하고 근대적 입헌군주정치를 지향해야 할 필요성을 기저에 깔고 있다. 한편 황현은 김옥균 등이 갑신정변을 성공시키고 미국의 대통령제처럼 번갈아가며 그들이 군장이 되려 했다고 쓰고 있다. (황현 『오하기문梧下紀聞』)

한마디로 김옥균이 입헌군주제와 대통령제, 둘 중에서 어느 것을 채택하려 했는지 단정할 수는 없지만 적어도 봉건군주제도를 타파하려 했다는 것은 확실하다. 이런 기저 위에서 봉건제도의 개혁을 꾸준히 추진했다.

김옥균은 봉건신분제인 양반제의 폐지를 열렬히 주장했다. 궁극적으로 양반제가 존재하는 한 평등을 이룩할 수 없다는 논지였다. 이와 함께 초기개화파들은 문벌의 타파를 추진했다. 세도정치 또는 족벌정치의 온상인 문벌의 타파가 선행되어야 양반제도를 제거할 수 있다는 것이다.

그 다음 관료제도의 개혁을 추진했다. 이는 행정기구의 개폐로부터 시작되었다. 임오군란 뒤 그들이 만든 기무처機務處의 기구에 이런 내용이 잘 반영되어 있다. 여기에서 그들은 궁중예산제도를 확립하여, 왕궁에서 사사로이 무한정 쓰는 경비를 한정하게 했고, 국가재정수입을 호조의 단일 기구에서만 관장하도록 했으며 근대적 군사제도의 실시를 추진했다.

그밖에 그들은 풍속의 변화를 꾀했다. 그 중에서 복제의 개선, 색의色衣의 장려와 단발의 시행을 가장 중시했다. 이들은 벼슬아치들에게 도포나 장식이 많은 관복을 고쳐 두루마기로 통일시켰으며 일반 백성에게는 색의를 권장했다. 이는 실질 있는 풍속을 권장하기 위한 것이다.

그리고 서양의 근대문물 수입을 위해 학교의 설치, 통신제도의 개선, 기예의 장려 등을 도모했다. 그들은 종래의 역마제驛馬制(역을 기준으로 한 파발)를 바꾸어 우정국을 설치했고, 전보를 보급하기 위해 전선국을 설치했으며, 각지에 어학학교·기예학교 등을 두었다. 또 인재양성을 위해 유학생을 일본·중국에 파견하여 어학·기술을 익히게 했고, 근대적 출판·언론을 보급하기 위해 박문국을 설치하고 『한성순보』를 발행했다.

이러한 기구와 제도의 개혁과 풍속·문화운동은 단순한 개량의 수준이 아니었다. 비록 실학자의 주장을 수용한 면도 있고 선진문물의 영향을 입은 바도 있지만, 어디까지나 근대지향이라는 면이 짙게 깔려 있었다. 그들의 이런 근대지향성은 번번이 수구파에 의해, 특히 복제개선 등에서 제대로 실현해 보지 못하고 좌절하는 수가 흔했다. 1895년에 전면적으로 단행된 '단발의 실시'를 놓고 각지에서 의병이 일어난 사례를 보아도 이 점을 충분히 짐작할 수 있을 것이다.

위로부터의 혁명을 단행하다

이와 같은 개혁 외에 김옥균 등이 강하게 주장하고 추진한 것은 경제의 근대적 지향이었다. 이는 김옥균이 직접 쓴 『치도약론治道略論』과 「회사설會社說」에 잘 나타나 있다.

김옥균은 치도국이 설립되어 박영호가 책임자로 임명되었을 때에 그 중요성을 지적하고 17조를 적어 그 시행의 요체를 일러주었다. 박영효는 길을 닦는 이점에 대해 이렇게 말했다고 한다. "도로가 닦이면 우마를 이용할 것이다. 이에 열 장정이 짐을 지는 일을 한 장정이 해낼 것이다. 그 나머지 아홉 장정은 공작工作, 기예로 돌릴 수가 있다. 이렇게 되면 예전 놀고먹던 무리들이 각각 생업을 얻게 될 것이니 편국이민便國利民이 이보다 더 좋은 것이 있겠는가?" 그리고 도로의 개수는 위생, 농상, 도로라는 3가지 난제를 함께 해결하게 한다고 했다. 곧 도로에 널려 있는 분뇨 등을 치워 농사에 돌리면 역질을 막고 농업의 거름이 되며 운수의 확장으로 국가의 조세를 원활히 실어 나르고 유통구조의 개선으로 상업이 장려된다는 것이다. 이 글에서 ① 기술자의 동원 ② 하수구의 설치 ③ 분뇨의 매득買得과 저당 ④ 인력거의 보급 ⑤ 이를 감독하는 순검소의 설치 ⑥ 땔감 파는 곳 따위 통행에 방해되는 것을 막기 위해 빈곳을 마련해줄 것 등을 들었다. 그 뒤 실제로 치도국에서는 종로와 동대문 사이의 도로를 확장 정리했고 이후 위생문제가 많이 개선되었다.

「회사설」의 내용은 주식회사를 설립, 상업자본을 산업자본으로 전환하여 민족자본을 형성해야 한다는 것이다. 이를 통해 경제적 근대국가를 지향하고 또 이것이 부국강병의 한 방법이 된다는 것이다. 이 글은 『한성순보』에 발표되어 큰 호응과 반대를 동시에 불러일으켰다. 그리고 그 자신이 1883년 외무아무교섭통상사무의 참의라는 책임을 맡고는 서울 상인의 자본을 동원하여 장통상회長通商會, 평양 상인의 자본을 동원하여 대동상회大同商會를 설립하게 했다.

또 객주, 시전상인 등의 자본을 권련국券煙局(담배), 양춘국釀春局(술), 두병국豆餠局(떡) 등의 회사설립 자금으로 전환했다. 그는 보부상을 그의 하부조직으로 활용했는데, 이들을 근대 상인 또는 기업인으로 키우려는 의도도 있었다. 이것은 전용 시전을 근대적 자본가로 성장하게 하고 사상인 객주를 민족자본가로 키우려는 구도의 일환이었던 셈이다.

이 밖에 그는 광산개발로 금·은·석탄·철을 대량생산하고 윤선輪船을 이용하여 통상을 도모하고 공장·기계 등으로 산업을 개발해야 한다고도 했다.

이런 그의 경제적 지향점은 어디까지나 서양을 모델로 한 것이요, 이를 먼저 개발한 일본·중국의 예를 들어 많은 사람들의 공감과 지원을 얻으려 했다. 그러나 그 핵심은 어디까지나 근대적 자본주의의 도입으로 민족자본을 형성하고 부국강병을 이룩하는 것이었다.

　그렇다면 김옥균은 봉건사회에서 가장 큰 모순으로 지적되었던 농민문제를 어떻게 보았는가? 갑신정변이 일어난 뒤에 발표한 14개조의 개혁방안 중에 이 문제와 관련된 것은 두 가지였다. 하나는 온 나라의 지조地租의 법을 고쳐 간리奸吏를 막고 민곤民困을 구제하여 이와 함께 국가의 용도를 넉넉하게 할 것이요, 또 하나는 각도의 환상還上(환곡의 이자수입)을 영구히 탕감하는 일이었다.

　이는 봉건적 경제정책의 골간을 이루는 삼정 중 두 가지를 개혁하려는 것이었다. 토지에 대한 국가조세를 공평히 하고, 국가적 수탈의 한 방법 또는 고리대이자 부정의 온상이었던 환곡의 빚을 탕감한다는 것이다. 1862년 삼남농민봉기 이후, 삼정은 농민에게 가장 큰 고통이었고 봉기의 원인이 되어왔다. 위의 정령에서 구체적 실시방안은 밝혀지지 않았으나 이 문제에 대해 김옥균은 철저하지 못했던 것 같다.

　국가적 수탈로 변한 지조는 봉건제하의 근본적인 모순이었다. 그런데도 획기적 개혁을 하지 않고 '간리를 막는다'는 수준에 머물러 있다. 또 대지주에 의한 지대의 가중은 지세보다도 더 큰 고통을 농민에게 안겨주었다. 그런데도 이 문제에 대해서는 전혀 방안이 제시되지 않고 있다. 이것은 바로 김옥균도 개혁의 주체를 지배 엘리트 중심 또는 위로부터의 개혁에 맞추었다는 것을 의미한다.

　그는 봉건제 아래에서 가장 큰 모순의 담지자였던 농민문제에

김옥균 효수 사진 시대에 맞선 풍운아의 운명을 이 사진 한 장이 그대로 보여 준다.

크게 관심을 두지 않고 상공업을 통한 부국강병에 기조를 두었던 것이다. 이런 개혁방향은 후기개화파들에게 영향을 준 것으로 보인다. 곧 후기개화파의 개혁 내용을 보면 지주를 국가재정의 부담자로 지목하고 옹호했던 것이다.

이상이 김옥균이 주도했던 개혁의 요점이다. 이는 1884년 이전 김옥균의 활동기에 나타난 문제들이다. 그는 꾸준히 개혁을 도모한 끝에 갑신정변을 통해 부르주아 혁명을 단행하려 했다. 그리고 조선이라는 특수상황에서 어찌됐든 그는 꿈을 이루지 못한 채 젊은 나이에 이국땅에서 죽음을 맞고 말았다. 자주독립과 근대국가를 지향했다는 점 또한 선구적 혁명가의 모습을 보여주었다. 그러나 그 지향이 토지문제, 농민문제 등에서 일정한 한계를 보여주었다.

후기 개화파들이 친일파로 변신한 탓으로 그 비난이 김옥균에게 튄 점도 없지 않았다. 김옥균은 그런 꼴을 보지 않고 먼저 갔으니 이를 두고 행운이라 할 수 있을까?

김옥균의 삶과 행동은 파란만장했다. 그는 혁명가다운 삶을 살았다. 어쨌든 그의 생애 마지막은 너무나 허무하게 마무리되었다. 일본에서 푸대접을 받으면서 떠돌이 생활을 하던 그는 1894년 2월, '호랑이를 잡으려면 호랑이굴로 들어가야 한다'고 결심하고 상하이로 건너갔다. 당시 일본은 조선침략의 음모를 진행하고 청나라는 조선에서 일본보다 우월한 지위를 누리며 상권을 독점하고 있었다. 또 국내에는 민씨들이 더욱 세도를 부리는 속에 동학농민전쟁의 전초인 고부농민봉기가 일어나고 있었다. 이런 현실을 주시하며 김옥균은 10년 만에 일본을 떠나 접근해온 홍종우를 데리고 상하이에 도착했다. 민씨들이 보낸 자객 홍종우는 상하이 미국조계에 있는 여관인 동화양행의 객실에서 그에게 권총을 겨누고 쏘아 죽였다. 마흔네 살의 짧은 생애였다.

민씨 정부는 상하이에서 암살당한 그의 시체를 인수해서 양화진에서 효수하여 조리를 돌렸다. 역적의 응징을 민중에게 알리려는 전통적 방식에 따른 것이다. 그러고 나서 그의 시체는 양화진 언저리에 나뒹굴었다. 그를 추종하던 일인 가이甲斐 부부가 시신 일부를 거두어 도쿄 진정사에 매장했다(그의 묘는 아산군 영인면 아산리에 있다). 그는 일본의 지식인들에게 이처럼 우상으로 우러름

을 받았다. 그는 대역부도죄로 역적의 누명을 썼지만, 1895년 개
화정부에서 역적의 누명을 벗겨주었다. 이는 일본의 입김으로
복권된 것이었다. 역사의 아이러니이다.

이기
구국의 대열에 앞장선 행동주의자

목숨을 걸고 상소를 올리다

19세기 말 사람들은 나라가 기울어가는 것을 보고 제 나름대로 돌아가는 현실을 통탄했다. 그중에서도 시골 선비 출신으로 많은 역경을 겪으며 몸으로 부딪친 한 사람을 꼽을 수 있는데, 바로 해학海鶴 이기李沂(1848~1909)이다. 그는 을사조약이 맺어지기 직전에 나라가 망하게 된 여섯 가지 질문과 답을 임금에게 올렸으니 그 글에 이렇게 적어나갔다.

삼가 생각하옵건대 국가에는 사직과 종묘가 있습니다. 그러나 사직과 종묘는 폐하만을 위해 있는 것이 아니옵니다. 사직은 백성의 것이며, 종묘는 이씨의 것입니다.…… 종묘와 사직이 불행에 처해 있을 적에 폐하께서 임금이 되시었습니다. 온 땅덩어리가 잿더미로 사그라질 조짐이 바로 코앞에 닥쳐올 것 같은데도 폐하께서는 망연히 꿈속을 헤매고 계시니 어찌 된 일입니까?

신은 여러 가지 생각한 끝에야 겨우 그 까닭을 알아냈습니다. 이것은 아마도 폐하께서 어좌에 앉으신 지 40년이 지나도록 책 한 줄 제대로 읽지 않으셔서 옛날부터 오늘날까지 나라가 잘 다스려지는지, 또 나라가 어지러운지를 모르는 탓인가 합니다. 그리하여 신이 그것을 낱낱이 들추어볼까 합니다.

이렇게 시작된 그의 상소문은 임금이 갈수록 잘못을 저지르고 있다고 지적하고 왕과 왕실, 그리고 지배층의 부정과 사치, 방종과 안일 등 모든 정치·사회적 비리를 지적했다. 참으로 목숨을 건 내용이었고 용기에 찬 외침이었다.

토지문제에 많은 관심을 기울이다

그는 1848년 전라북도 만경(지금의 익산) 땅에서 태어났다. 그의 아버지는 농사를 짓는 한미한 선비로 이기에게 어릴 적부터 한문공부를 시켰다. 이기는 뛰어난 재주로 글을 익혀 집안의 촉망을 받았다. 그러나 과거를 보아 출세하기에는 세상이 너무 썩어 있었다. 그래서 그는 경서를 읽으며 성현의 학문에 빠져보기도 했지만 나이가 들수록 그것이 현실생활에 아무 쓸모가 없다는 것을 알았다.

특히 그가 살고 있는 곳은 농업의 중심지였고, 그만큼 그곳 농민들은 온갖 수탈로 견뎌내기 힘들 정도로 고통을 받고 있었다. 따라서 이러한 현실을 눈으로 보면서 자란 그는 무엇인가 새로운 개혁이 있어야 한다고 생각했다. 그래서 젊었을 때에는 유형원의 『반계수록』이나 정약용의 전제田制 개혁에 관한 글들을 골몰히 읽었다. 이 실학자들의 이론은 그의 생애를 크게 전환시켰고, 전통적인 성리학에서 그를 뛰쳐나오게 했다.

그 뒤 그는 특히 당면한 현실개혁으로 토지제도의 개선이 필요하다고 생각하여, 자신이 이제까지 보고 듣고 읽은 내용을 토대로 토지제도와 그에 따른 조세제도의 혁신방안을 저술했다. 이것이 바로 『전제망언田制妄言』(저술한 연대는 정확히 밝혀져 있지 않다)이다. 내용은 토지문제 전반에 걸쳐 모순을 지적하고 개선책을 제시한 것인데, 요지는 두 가지이다.

첫째는, 토지를 모두 국가의 공전公田으로 하라는 것이다. 곧 백성들이 팔려고 내놓은 토지를 사들이되, 토지를 살 돈이 없으면 후불로 사들였다가 나중에 그 조세와 지대로 갚게 하는 것이다. 그리고 이렇게 공전을 늘려나가면 국가재정이 튼튼해지고 결국 농토가 없는 농민에게 경작권을 주어 민생을 도모할 수 있다는 것이다.

둘째는, 사전賜田(왕자나 공주에게 내리는 궁방전 등)을 없애라는 것이다. 공전은 임금 개인의 토지가 아니므로 공전을 임금이 왕자나 공주 또는 나라에 공이 있는 신하에게 내려주어서는 안 된다는 것이었다. 또 공전을 계속 늘려야 하는데, 이런 사전의 관례나 제도는 근본적으로 국가경제를 침체시키는 요소라고 주장했다.

이 두 가지를 시행하면 지주와의 별다른 마찰 없이 20년 안에 토지가 모두 공전이 되어 고대의 정전법井田法(토지를 국유로 하여 조세를 공평히 하는 고대 중국의 제도)을 시행할 수 있다는 것이다. 그 방법으로 여러 가지를 동원했으나 그 궁극적인 목표는 토지의 공유화였다. 이 이론은 유형원이나 정약용의 토지개혁 정책보다 더 적극적인 것으로, 이 토지공유 이론이 개화파들에게 전달되었던 것으로 보인다.

이기가 30대가 되어서는 문명文名과 명망이 호남 일대만이 아니라 한양에까지 널리 알려졌다. 당시 한양에서는 김택영, 이건창, 황현이 마지막 한시 3대가로 꼽힐 정도로 유명했다. 그는 한양에 올라와서 이들과 어울렸고 또 이들 앞에서 글재주를 뽐내기도 했으며, 시세에 관한 글을 쓰기도 했다.

특히 이 무렵 동향인 황현과 친분이 두터웠다. 황현이 서울 생활을 버리고 구례의 만수동으로 가서 은거생활을 시작하자, 그도 따라 내려와 구례 북쪽에 천마산이 있고 산 아래 골짜기가 조용하고 넓은 곳에 밤나무와 감나무를 심으며 마지막 여생을 보낼 터를 잡았다. 이때 친구에게 보낸 편지 중에 곡식과 소금을 판돈 2~3백 냥을 마련할 수 있겠다고 한 것을 보면 살림이 그리 어렵지는 않았던 듯하다.

지사의 기개를 펼치다

어쨌든 그는 구례의 집을 두고 황현의 은거처에 자주 들락거렸는데, 얼마 있다가 동학농민전쟁이 터졌다. 이에 그는 분연히 옷깃을 떨치고 일어나 금구에 있는 전봉준을 찾아갔다. 두 사람이 나눈 대화는 이러했다.

"이 농민들을 몰아 서울로 쳐들어갑시다. 그리하여 썩은 민씨 정부를 몰아내고 간악한 무리를 베고서 임금을 받들고 국헌을 새롭게 하여 나라를 바로잡아 봅시다."

"그 말을 따르겠소만 남원에 김개남이 있으니 공께서 가서 의견을 맞추어 보시오."

전봉준으로부터 이렇게 동의를 얻은 그는 한걸음에 남원으로 가서 김개남을 만나려고 했다. 그러나 김개남은 그를 양반붙이로 여겨 함께 하려고 하기는커녕 오히려 해치려고 들었다. 그는 옷을 바꾸어 입고 도망쳐 나와서 겨우 목숨을 건졌다. 결국 그는 구례로 맥없이 돌아오고 말았다.

그 뒤 김개남의 농민군이 양반을 욕보이고 민가의 재물을 노략질하자, 군민 수백 명을 모아 동학농민군의 토벌에 나서기도 했다. 이듬해에 그는 동학농민군이 평정되고 개화파 정부에서 갑오개혁을 추진하자 서울로 올라왔다.

그리하여 자신이 젊을 적부터 구상한 토지제도에 대한 개선책을 적어 탁지부대신인 어윤중에게 올렸다. 그러나 어윤중 등 개화정권의 인사들은 갑오개혁을 추진하는 데 있어 신분제도와 조세 및 관리의 부패에 대해서는 개혁 또는 척결하는 정책을 펴면서도 토지제도에 대해서는 아예 손쓸 엄두를 내지 못하고 있었기에 그의 건의는 묵살될 수밖에 없었다. 그래도 그는 개화파에 더욱 밀착해 들어갔다.

한편, 당시 단발령 등으로 곳곳에서 의병이 일어나고 있었는데, 그와 가까운 서울의 명사 이남규가 영남의 관찰사가 되어 나갈 적에 그에게 함께 갈 것을 요청해 왔다. 양반들과 전통 유림이 일본세력과 개화정책에 반대하여 일어난 1차의병을 개화파들이 싫어했으므로 개화정부의 임명을 받은 이남규는 이 의병을 누르려고 그를 데려갔던 것이다. 아무튼 그는 경상도 지방에서 군사를 모아 훈련을 시키고 직접 의병 토벌에 공을 세우기도 했다(정인보가 쓴 그의 묘지명에 나옴). 얼마 뒤 그는 고향으로 돌아와 버렸다. 이율배반의 모순된 행동이었다.

앞의 몇 가지 행적은 약간 논란거리가 될 수 있을 것이다. 처음 동학농민전쟁에 가담하려고 했다가 그들을 토벌하는 데에 앞장섰고, 뒤이어 친일 개화파가 일본의 사주에 힘입어 개혁을 추진할 때에는 그들의 한계를 생각하지 않고 토지정책을 건의했으며, 그 다음에는 보수세력이 기득권과 기존질서를 지키겠다고 일어난 양반 유림의 1차의병을 탄압한 것이다.

이 3가지 일은 그의 열렬한 개혁 의지에서 발로된 것이긴 하지만 현실 정세를 옳게 판단하지 못한 감이 있다. 또 오늘날의 평가에서 볼 때에도 석연치 못한 점이 있다. 다만, 시골의 선비로서 지사적 면모가 두드러진 점은 음미해볼 만한 가치가 있다.

1899년에 이른바 광무개혁이 시행되면서 토지를 새로이 측량할 양지아문量地衙門이 설치될 때에 정부에서 그를 토지전문가로 인정해 양지위원으로 임명했다. 그는 이를 받아들여 충청남도 아산지방의 일을 맡아보았는데, 토지측량을 정확하게 하고 조세를 고르게 매겨 많은 칭송을 들었다. 그러나 이 일을 그의 뜻대로 추진하기에는 나라가 너무나 썩어 있었다. 이에 몇 달 뒤에는 이 일도 그만두고 친구들과 어울려 세월을 보냈다.

민중계몽운동에 큰 발자취를 남기다

그러나 그가 놀고만 있었던 것은 아니었다. 그는 충정 어린 필치로 정부대신들에게 나라를 일으키는 방책을 써서 보내기도 하고 때로는 잘못된 처사를 질책하기도 했다. 1905년에는 을사조약이 맺어져 우리의 외교권을 빼앗으려는 일본의 음모가 진행되자, 나인영羅寅永(뒤에 나철로 개명)과 함께 미국으로 건너가 일본의 침략 기도를 호소하려 했다. 그러나 일본의 방해로 여권을 얻지 못했다. 그래서 그는 나인영과 함께 일본에 건너가 대일침략을 규탄했고, 특히 이토 히로부미伊藤博文에게 "동양의 평화를 위해 한국 침략의 음모를 버리라"는 편지를 보내면서 그의 인품과 위선을 여지없이 공격했다.

그러다가 끝내 을사조약이 맺어졌다는 소문을 듣고는 서울로 맥없이 돌아와 한성사범학교의 교사가 되었다. 그 뒤 나인영, 오기호 등 지사들과 함께 이른바 을사오적을 암살할 준비를 서둘렀다. 이 일의 지휘자는 나인영이었지만 동맹서와 선언문, 참간장斬奸狀은 모두 이기가 썼다.

이 행동대원들은 골목에서 숨어 있다가 오적 중의 하나인 권중현에게 권총을 쏘았지만 빗나갔고, 폭탄을 넣은 선물상자를 보냈지만 미리 짐작한 그들이 이를 버리는 바람에 실패로 끝났다. 그리하여 행동대원들이 잡혀가자 서울에서는 이 암살단의 주모자를 잡으려고 일대 수색이 벌어졌다. 나인영은 부하의 희생을 막고자 주모자로 자수했고 이기도 이에 걸려 체포되었다. 그는 심한 문초를 받은 끝에 고종의 관용으로 진도에 유배되는 정도의 형을 받아 1년쯤 유배되었다가 풀려나온 뒤 서울로 다시 돌아왔다. 진도의 유배생활에서 돌아왔을 때에 나이 예순이었다.

그는 제야의 밤에 이렇게 읊었다.

가국家國의 경영은 모두 실패했구나. 돌아와 보니 외로운 등잔불도 부끄럽구나.

서울로 돌아온 그는 장지연 등과 함께 대한자강회大韓自彊會를 조직하여 민중운동을 계속했고, 「대한매일신보」 등에 논설을 쓰면서 민족정신을 깨우치기에 심혈을 기울였다. 또 『호남학보』를 발간하여 손수 글을 쓰면서 민중계몽에 앞장섰다. 이렇게 열렬히 민족민권운동에 참여하다가 1909년 서울의 한 모퉁이에서 객사하고 말았다. 그러나 그의 죽음은 결코 부끄럽지 않았다. 큰 키에 빼빼 마른 몸으로 나라를 위해 동분서주한 생애였다.

나쁜 잔재를 도끼로 깨부숴라

그가 남긴 많은 글 중에서 「일부벽파론—斧劈破論」(한 도끼로 깨어 부순다는 뜻)을 명문으로 꼽는다. 나쁜 잔재를 도끼로 장작을 패듯 깨부숴야 한다는 뜻이리라. 그는 이 글에서 첫 번째로 깨부숴야 할 것으로 사대주의를 들었다. 중국에 온 정신을 팔아 자주 독립심이 없어졌다는 것이다. 그러므로 이를 타파해야만 진정한 정신적 자주를 누릴 수 있다고 했다.

둘째로, 실질과 괴리된 한문 공부를 들었다. 평생 동안 글을 읽어도 실질은 모르고 또 글이 어려워 문맹자가 10분의 9를 넘는다고 했다. 그러므로 이런 글은 버리고 쉬운 국문을 써야 한다고 했으며, 골목마다 소학, 중학, 대학 등을 세워 실질의 교육을 해야 한다고 주장했다.

셋째로, 문호門戶의 구별을 들었다. 귀천과 양반·상놈을 따지고 문관·무관, 적자·서자를 가리고 당파를 가리는데, 이렇게 가리고 추리면 제대로 남는 자가 얼마 되지 않는다고 했다. 그는 이 글 결론을 이렇게 내렸다.

무릇 이 세 가지 폐단이 5백 년 동안 흘러오면서 풍속은 습관으로 굳어졌고 사람들은 아무렇지도 않게 생각한다. 그 이해와 시비의 소재를 알지 못해서 어리석기가 한자리에 앉아 함께 취하는 것과 같다. 다만 술을 마시고 깨는 정도의 차이만 있을 뿐이다.

그는 이토록 열렬한 개혁주의자였다. 나라가 망하게 된 것이 일본의 야욕에만 있는 것이 아니요, 우리의 해이한 정신과 실질을 모르는 허식과 나라를 좀먹게 한 사회의 모순 탓에 있다고 보았다. 철저한 자기반성인 것이다.

그가 평생의 동지로 사귄 사람은 둘이었다. 그 중 한 사람이 나인영이다. 나인영은 그와 함께 민족정신을 고취하려고 대종교를 창시한 뒤 뒷날 구월산에 들어가 나라를 위해 순국했다. 또 한 사람은 황현인데 그와는 글벗이었다. 황현은 뒷날 나라가 완전히 망한 뒤에 지리산 밑 한 자락에서 아편을 마시고 순국했다. 이 두 사람과 뜻을 통하면서 그의 생애는 몇 차례 고비를 이루었다. 황현과 함께 시를 읊으며 시세를 한탄하는 시인이 되기도 했고, 나인영과 함께 행동인으로 남을 죽이는 일에까지 가담한 것이다.

그는 한때 전통적 교육을 익혀 공맹의 학문에 몰두했지만, 끝내 시운을 바로잡으려고 개화파가 되었고, 때로는 개화파에 이용당하기도 했다. 그러나 그가 생각한 길은 오직 하나, 구국이었다. 그러기에 그나 나인영이나 황현이나 모두 나라를 위해 목숨을 바친 것이다.

황현

망국을 앞에 두고 죽음을 택하다

1910년 8월, 나라가 일제에게 완전히 넘어갔을 때에 지리산 구례 땅 월곡리에 은거하던 한 선비가 「절명시絕命詩」 네 수를 남기고 죽었다는 소문이 삽시간에 퍼졌다. 그리고 선비들은 그의 시를 너도나도 베껴 외웠다. 그 한 구절을 보면 이러하다.

새와 짐승도 슬피 울고 강산도 찡그리니
무궁화 나라는 이미 사라졌구나
가을 등불 아래 책 덮고 옛일 돌이켜보니
문자나 안다는 사람 인간되기 어렵구나

그는 죽으면서 거창한 뜻을 비치지도 않고 다만 지식인 또는 거사로서 망한 나라를 앞에 두고 죽음을 택한다고 읊었을 뿐이다.

이 선비가 매천梅泉 황현黃玹(1855~1910)이다. 그는 세종 때 정승을 지낸 명재상 황희의 후손이다. 그의 선조들은 황희 이후 그만그만한 벼슬을 지내며 살았으나, 그 한 갈래는 인조반정 이후 몰락하여 호남지방으로 낙향했다.

특히 황현의 아버지는 광양 땅 서석촌에 살면서 어렵사리 살림을 꾸려 상당한 재산을 모았다. 그런데 맏아들이 어릴 적부터 천재로 소문이 나자 벼슬을 시키려 온갖 노력을 기울였다. 그래서 순천, 광주 등지에서 보인 백일장이나 초시에 번번이 나가게 했다. 그뿐만이 아니라 서울로 가서 명문대가들과 어울려 출셋길을 찾게 했다.

황현은 20대에 서울로 나와 명사들과 어울렸다. 그가 서울로 와서 명사들과 어울리게 된 것은 이건창李建昌을 통해서였다. 당시 이건창은 강화도 출신이면서 그의 할아버지 이시원李是遠의 명망을 업고 이름이 중앙에 널리 알려져 있었다. 이시원은 철종이 강화도에 살았을 때에 친분이 있어 판서 벼슬을 지냈고, 또 병인양요 때에는 나라의 정기를 위해 양잿물을 먹고 죽어 큰 명망을 얻었다.

이건창은 서울에 살면서 당대 개화파의 우두머리요 시인이요 명망이 높은 강위, 개성 출신의 사학자요 문장가인 김택영 등과 함께 명사로 이름을 떨치고 있었다. 여기에 광양의 시골 선비가 한자리에 끼어든 것이다. 이건창을 처음 찾아갔을 때에 키가 작은 이건창을 보고 그가 말을 건넸다.

"주인이 누구요?"
"나요."
"아니오."
"아닌 것이 아니오."
"주인은 키가 8척 장신일 텐데 지금 당신은 6척도 못 되니 결코 아닐 것이오."

이에 이건창이 크게 웃고 황현을 즐겁게 맞이했다 한다. 이렇게 재치가 있었다. 황현의 시 재주와 명민함이 이들의 인정을 받은 것이다. 그야말로 촌닭이 하루아침에 등단한 격이었다. 그만한 또래의 이들은 늘 어울려 시를 짓고 시세를 한탄하며 나날을 보냈다.

은거해 명저들을 남기다

1883년에 고종 임금은 인재를 널리 구하기 위해 보거과保擧科를 보인다고 공포했다. 황현은 아버지의 뜻에 따라 이 과거시험에 응시했다. 시관이 그의 글 솜씨를 보고 1등으로 합격시켰다가 그가 호남의 촌 선비라는 것을 알고는 2등으로 바꾸어버렸다. 다시 임금 앞에서 마지막 시험을 보고 나서는 더욱 등급이 떨어지고 말았다.

당시에는 서울의 몇몇 문벌가 출신이 아니면 아무리 실력이 뛰어나도 과거에 합격시키지 않았다. 그 자신이 이런 비리를 모를 리 없었지만 인재를 널리 구한다고 실시한 보거과에까지 이런 작태가 그대로 통하고 있다는 사실을 보고 여간 낙망하지 않았다. 그는 서울생활을 뿌리치고 낙향했다. 거처를 광양에서 구례 만수동으로 옮기고 결코 벼슬자리에 나가지 않을 결심을 굳혔다.

이런 황현을 보고 이건창은 늘 마음을 썼다. 1887년에 박정양朴定陽이 미국을 시찰할 때나 이유원李惟遠이 울릉도 탐사에 나갈 때에 그를 수행원으로 천거했다. 그러나 그는 "나는 수행원이 되는 것에는 익숙하지 못하다"고 핑계를 대고 이를 거절했다.

그는 이처럼 정계에 끈을 대는 것을 거부했다. 그러나 그의 아버지는 집념을 버리지 않았다. 1888년에 다시 그에게 성균관의 생원시에 나갈 것을 권고했다. 이에 마지못해 생원시를 보았는데 1등급으로 합격했다. 그의 나이 서른세 살 때였다. 그는 결국 아버지의 소망을 이루어 성균관 생원이 된 것이다. 그런데 이 합격은 그를 알아보는 친구 정만조鄭萬朝의 힘 때문이었다. 마침 정만조의 형 정범조鄭範朝가 시관이었는데, 정만조가 "황현이 1등급에 끼지 못하면 이 시험은 시험이 아니다"고 말하여 뽑힌 것이다. 정만조는 강위의 친구였고 이건창, 김택영 등과 어울린 명사였다.

그러나 나라는 더욱 엉망이 되어갔다. 마침 그의 부모도 연달아 돌아가시자, 그는 다시 구례 땅 만수동으로 돌아와 다시는 서울에 발을 들여놓지 않기로 결심했다. 그리고 책을 읽으며 제자들을 가르치기로 작정했다. 서울의 친구들이 편지를 보내 은둔생활을 꾸짖기도 했다. 이에 그는 대답했다.

자네들은 어찌하여 귀신나라 미친놈 속에 나를 끌어들여 함께 귀신이나 미친놈으로 만들려 하는가?

그는 만수동에서 많은 책을 저술했다. 19세기 문벌정치 이후 흥선대원군의 정책, 민씨 척족세력의 등장, 개화파의 움직임 그리고 외세의 개입이 끊임없이 이어지는 역사적 현실을 보고 이를 글로 써서 남기려 한 것이다. 그는 많은 역사서적을 읽고 분석했다. 특히 당쟁관계의 책들을 읽었는데, 노론과 소론이 치열하게 싸운 신임사적辛壬事蹟에 대한 책을 제대로 입수하지 못한 것을 안타까워하기도 했다.

이때 그가 지은 책들이 『매천야록梅泉野錄』, 『오하기문梧下記聞』, 『동비기략東匪紀略』 등이다. 지금 전해지지 않는 『동비기략』을 빼고 이 책들은 모두 그가 죽을 때까지의 사실을 담았다. 그는 관보를 입수하기도 하고 서울에서 들은 이야기를 담기도 하며 주변에서 전해지는 내용을 적기도 했다. 결코 들은 대로 함부로 적지 않았다. 이를 분석·정리하여 기재했고, 강목체綱目體로 체계를 세워 제시했다.

그의 비판정신은 곳곳에서 번득인다. 어떤 사물을 보고 이를 기술하면서 중간에 자기 의견을 덧붙여 날카로운 비판을 가한 것이다. 따라서 민씨와 흥선대원군의 싸움, 왕의 나약함, 외세를 업은 개화파, 모든 선비의 비리를 남김없이 꾸짖었다. 그리고 동학농민전쟁을 일으킨 농민군 지도자들에게도 그 방법의 잘못을 꾸짖었다. 황현은 당시의 이런 정치현실 또는 사회현상이 모두 나라를 망친다고 본 것이다.

특히 1894년의 동학농민전쟁을 겪고 나서 이를 충실히 기술하여 오늘날 이 관계기록으로는 가장 충실한 내용을 전해주고 있다. 또 의병활동의 실상을 전하면서 그 의미를 특별하게 부각시켰다. 그의 시에도 우국충정을 읊은 것들이 많다. 단순히 음풍농

월만 일삼은 것이 아니었다.

역사학자들은 이런 그를 두고 전통적인 지사풍의 선비라거나 근왕적勤王的 척사위정 계열이라고 한다. 그러나 이것은 크게 잘못 본 것이다. 물론 젊었을 때에는 신채호와 같이 그와 같은 면이 없지 않았겠으나, 적어도 그가 서울에 와서 활동한 이후에는 그런 면모가 없었다. 그가 서울에서 사귄 강위나 박정양은 개화파였고, 이건창, 김택영은 진보적 선비들이었다. 특히 끝까지 절친한 사이였던 이기는 철저한 후기 개화파였다.

또 1894년 동학농민전쟁 이후 세상이 변하는 것을 생각해서 서양의 책을 읽기 시작했다고 전한다. 이에 대해 김택영은 「본전本傳」에서 "역대의 사적에서 나라가 다스려지고 어지러워진 것과 성한 시대와 쇠망한 시대의 자취와 군사·형벌·재정·조세에 대한 것을 읽기 좋아했고, 또 서양의 이용후생의 기술에 마음을 쏟아 나라의 어려움을 구하려는 생각을 가졌다"고 쓰고 있다. 또 그는 학교를 통해 신교육으로 인재를 양성해야 한다고 보고 학교설립에 직접 나서기도 했다. 그러므로 그는 결코 전통적 선비도 아니었고 보수유림 세력도 아니었다. 그렇다고 농민전쟁에 동조하는 변혁세력도 아니었다.

어쨌든 저술에 몰두할 즈음, 1898년 강화도에서 부음이 날아들었다. 이건창이 죽었다는 소식이었다. 이건창은 죽으면서 "황현을 한 번 보고 죽는다면 죽어도 여한이 없겠다"고 했다. 이 부음을 받고 그는 6백 리 길을 단숨에 달려갔다. 그리고 그는 통곡해 마지않았다. 이건창은 황현처럼 당쟁의 역사를 정리한 『당의 통략黨議通略』을 완성해 놓고 죽었다.

구례 만수동에 은거한 뒤 첫 바깥나들이를 친구의 조문으로 끝내고 다시 돌아왔다. 나라는 점점 기울어지고 있었다. 1905년 봄에 황현은 김택영으로부터 "중국으로 건너가 몸을 바친다면 섬아이의 노예가 되는 것보다 낫겠다"는 편지를 받았다. 그리고 동행할 것을 권고했다. 황현은 이에 병약한 몸을 걱정하면서도 아무도 몰래 노비를 마련하고 가을에 떠나기로 작정했다. 그러나 6월에 종가의 형이 작고하여 어린 조카를 돌보아야 하는 책임을 맡았다. 근친도 없는 과부 형수와 어린 조카를 돌보아야 한다는 것이 아버지의 유언이었던 것이다.

그리하여 그는 친구 김택영만 중국에 보내고 홀로 고국에 남게 되었다. 그 자신은 만수동에서 같은 고을 월곡리로 옮기고 마음가짐을 새로이 했다. 끝내 을사조약이 맺어져 외교권을 완전히 빼앗기자, 더욱 친구를 그리는 정에 사무쳤다. 을사조약의 소식을 듣고 며칠씩 밥을 굶으며 통곡했고, 여러 애국인사의 순절 소식을 듣고 시를 지어 기리며 새삼 자신을 돌아보았다. 그는 절의를 지키며 깨끗이 처세한 도잠, 고염무 등 열 사람의 시로 병풍을 만들어 그를 보며 처신의 거울로 삼았다. 그리고 더욱 울분 속에서 저술에 몰두하는 나날을 보냈다.

끝내 순국하다

1910년 8월, 고종황제는 조칙을 내려 정식으로 한일합방을 선 포했다. 이 조칙은 구례에도 전달되었다. 그가 그 과정이나 전말 을 모를리 없었다. 그는 죽을 결심을 굳혔다. 그의 동생 황원黃瑗 은 형의 뜻을 짐작하고 말했다.

오늘날 인망이 있는 사람으로 절개를 위해 죽을 사람이 누구겠 습니까?

그는 빙그레 웃으며 대답했다.

스스로 죽지 못하면서 남이 죽지 않는다고 꾸짖는 것이 어찌 옳 은 일인가? 종사가 망하는 날 사람마다 모두 죽어야 옳거늘 유난히 시망時望이 있는 사람만 죽어야 하겠는가?

나라 망한 소식을 들은 지 이틀 뒤 손님이 찾아와 밤늦도록 바 둑을 두다가 새로 배달된 「황성신문」의 보도를 보고 있었다. 마 침 이웃집 노인이 찾아오자, 술을 내오게 하여 석 잔씩 돌리고 말했다.

내 오늘 저녁 일이 있으니 내 아이의 처소에 가서 자 주시오.

이들이 나가자 문을 닫고 「절명시」 네 수를 써놓고, 장례를 간소히 할 것과 시문을 정리해두라는 따위의 유언을 썼다. 닭이 두 홰 울자, 그는 남은 소주에 아편을 타서 마셨다. 그리고 가물거리는 정신을 가누며 편안히 누워 있었다. 다음 날 아침 맏아들이 이 사실을 알고 숙부에게 알렸고, 황원이 달려와 그를 일으키려 하자 손을 내저으며 말했다.

네가 어찌 나를 일으키려 하느냐? 내 정신이 평상시와 같아 조금도 고통이 없다. 약이 효력이 없으면 어찌할꼬?

황원이 재빨리 어린아이 오줌과 생강즙을 가져와 먹이려 했지만 그는 이를 쏟아버렸다. 그리고 몇 마디를 당부하고 이렇게 말했다.

약을 먹을 적에 입에서 뗀 적이 세 번이었구나. 내가 이렇게 어리석은가?

죽을 약을 마시면서 주저했다는 말을 마지막 가는 길에 솔직히 털어놓았다. 한낮이 된 뒤 정신이 점점 혼미해졌다가 다음 날 새벽닭이 두 홰 운 뒤에 운명했다. 아편을 먹은 지 꼭 하루 만에 세상을 떠난 것이다. 그가 죽고 난 뒤, 그의 시문집과 저술들은 멀리 중국에 가 있는 김택영에게 전해져 상하이에서 간행되었다.

그는 분명히 지사요, 시인이요, 역사학자였다. 시대가 낳은 인

물이었으나 시대의 갈등을 여러모로 겪었다. 1962년에 건국훈장
국민장이 수여되었고 해마다 구례의 매천사와 광양의 묘소에서
그를 기리는 행사를 벌이고 있다.

최익현
반외세의 선봉에 선 유학자

통상은 곧 침략이다

면암勉菴 최익현崔益鉉(1833~1906)은 19세기 말 외세가 이 땅에 밀려올 때에 가장 줄기차게 저항운동을 벌인 대표적인 유림이었다. 그리고 끝내 그 과정에서 유폐된 땅인 대마도에서 죽었기 때문에 민족운동의 선봉으로 꼽혀왔다.

최익현은 경기도 포천 출신으로 한미한 집안에서 태어났다. 이런 가정적 배경 속에서 그의 아버지는 총명한 아들의 출세를 위해 이사를 다니며 아들의 교육에 남다른 노력을 기울였다. 최익현이 양평에서 많은 제자를 기르고 있던 화서華西 이항로李恒老의 문하에 들어간 것은 열네 살 때였다.

어린 그는 아버지의 돌봄에 힘입어 화서에게서 성리학의 깊은

최익현 그의 운구행렬이 부산에서 시작되었을 때 수많은 유림과 민중들이 뒤를 따르면서 애국심과 의기심이 충동되었다. 그는 민족모순을 해결하기 위해 목숨을 바쳤으며, 이로 인해 수구적 민족정신을 고취했던 것이다.

이치를 열심히 익혔다. 그리하여 김평묵金平默, 유중교柳重教의 뒤를 따라 고제高弟의 반열에 끼었다. 이렇게 해서 그는 아버지의 희망을 충족시켜 주었다.

화서의 문인 대부분은 세도정치라는 파행적 지배구조에 반감을 보여 벼슬길에 나서려 하지 않았다. 그러나 그는 이와 달리 과거공부에도 열중하여 1855년 문과에 급제했다. 그 뒤 그는 벼슬아치로서 순탄한 길을 걸어 사헌부 장령을 지냈고 정3품의 반열에까지 들었다. 그러나 그는 언관言官의 자리에 있으면서 홍선대원군이 벌인 경복궁의 중건과 이에 따른 당백전當百錢의 남발에 대해 격렬하게 실정을 지적한 상소를 올린 탓으로 한직으로 밀려났다. 이때부터 그는 흥선대원군의 눈 밖에 났으나 조야의 관심을 한 몸에 받게 되었다.

그 뒤 양주 직곡에 은거해 있었는데, 이미 친정을 단행한 고종은 그에게 동부승지와 공조참판 등의 벼슬을 내리며 조정에 나오게 했다. 그러나 그때마다 상소를 올려 흥선대원군의 서원철폐 등의 비정을 공격했다. 이 무렵 그는 민씨들과 연결하여 흥선대원군을 실각시키는 데에 앞장섰다. 그러나 고종은 그에게 형식상으로 제주에 유배시키는 조치를 내렸을 뿐이었다.

그는 개항 직전에 풀려났다. 그리고 곧 개항이 단행되자 다시 상소운동을 벌였다. 그는 척화의 입장에서 결단코 화의를 끊어야 한다는 주장을 폈다. 이때 화서의 문인들인 김평묵, 홍재학洪在鶴 등이 이른바 척사위정운동을 크게 벌이고 있었다. 다시 말해서 서양세력과 일본이 외교통상을 요구하는 것을 철저하게 막아야 한다는 운동을 편 것이다.

이때 최익현도 이단을 배격하고 정학을 높여야 한다는 논지를 계속 폈고 또 전통적 화이관華夷觀에 입각하여 소중화(우리나라를 뜻함)를 잘 보전해야 한다는 의식을 지니고 있었다. 그는 통상을 거부해야 할 현실적 조건으로, 첫째 우리의 물건은 한정이 있고 저들의 요구는 끝이 없을 것이요, 이를 만족시켜 주지 못하면 침략과 약탈을 일삼을 것이라는 점, 둘째 저들의 물건은 사치스럽고 기이한 노리개로 한없이 생산되는데 이것이 나라에 들어오면 백성들의 마음을 좀먹고 풍속을 해친다는 것, 셋째 왜는 양적洋賊과 같으니 그들과 함께 사학邪學인 천주교가 들어와 인류는 금수가 된다는 것 따위였다.

여기서 우리가 주목하는 것은 통상이 곧 침략과 연결되는 것이요, 또 왜양일체론倭洋一體論과 인수론人獸論이 제기된 것이다. 곧 일본과 서양을 동일선상에 놓고 본 것이요, 종래 중화와 오랑캐로 구분되는 화이관이 인간과 짐승의 갈림으로 변화한다는 세계관으로 바뀌어진 것이다.

군신의 의리는 끝났다

그는 이제부터 척사위정 세력의 중심인물이 되었다. 그러나 이 상소로 인해 그는 다시 흑산도로 유배되었다. 그 뒤 약 20년 동안 민씨정권에 대립되는 언행을 삼가며 오직 학문에만 열중했다. 러시아의 남하정책에 맞서 일본·미국·중국과 손을 잡아야 한다는 『조선책략』의 내용을 두고 논란을 벌일 적에도 여기에 참여하지 않았다. 또 우리의 전통적 관복을 간편하게 고쳐야 한다는 복제개혁의 논의에 대해 선비들이 반대에 나설 때에도 입을 다물었으며, 1894년에 동학농민전쟁이 일어나자 그 책임을 민씨에 묻는 여론이 들끓어도 아무런 반응을 보이지 않았다.

왜 그랬을까? 일부에서는 최익현과 민씨 사이에 어떤 풀 수 없는 수수께끼가 있다고들 지적하기도 한다. 그러나 민씨 문벌정치가 물러가고 개화정부에 의해 새로운 정책이 제시되자 최익현은 다시 이에 맞서 과감히 일어섰다. 1895년에 복제개정服制改

定이 단행되자 여기에 반대하는 상소를 올렸다. 그는 이 상소에서 일본에 망명한 박영효朴泳孝 일당의 논죄를 주장하면서 만국공법(국제법)과 조약의 준수를 촉구했다. 이전에는 이를 근본적으로 인정하지 않았는데, 이때에 와서 국제관계에 대한 새로운 인식의 변화를 보여준 것이다. 이제 전통적 화이론이나 인수론은 새로운 시대 상황에 맞게 변화·적응이 필요했던 것이리라.

이때부터 그는 다시 나라에 큰 일이 있을 때마다 붓을 멈추지 않고 글을 올려 항의하거나 중단을 요구했다. 특히 1904년과 1905년 일진회 등이 조직되고 을사조약이 추진될 적에 그의 활동은 참으로 눈부셨다. 그리고 단발령이 시행될 때에는 그의 격렬성이 더욱 드러났다. 그는 상투를 자르는 짓은 정신을 좀먹는 지름길이라 주장하여 목숨과도 바꿀 수 없는 것이라 외쳤다. 고종이 그의 건의를 제대로 들어주지 않자, "아아, 40년 군신의 의리는 여기서 끝났습니다"고 외쳤다. 평상시 같으면 죽음을 내릴 정도의 언사였다.

을사조약의 체결 때에도 그는 마지막 저항운동을 벌였다. 그는 이를 헛된 조약이라 규정하고 다음과 같이 주장했다.

우리에게 이웃 나라가 있어도 스스로 외교하지 못하고 타국을 시켜 외교하니 이것은 나라가 없는 것이요, 우리에게 토지와 국민이 있어도 스스로 주장하지 못하고 타국을 시켜 대신 감독하게 하니 이것은 군주가 없는 것이다. 나라가 없고 군주가 없으니 우리 3천리 국민은 모두 노예이며 신첩臣妾일 뿐이다. 남의 노예가 되고 남의 신첩이 된다면 살아도 죽는 것만 못하다.

그러나 어쩔 수 없이 조약을 인정하는 꼴이 되고 말았다. 이런 현실인식은 점차 뚜렷해져 철도, 광산, 어장, 삼포, 해관세, 통신 기관 등 이권을 빼앗기는 경제적 인식에까지 이르렀고, 이에 따라 일제의 침략을 분명하게 국권침탈로 파악하게 되었다.

의병 봉기로 맞서다

그래서 여기에 대응하는 방법으로 버리고 가는 것, 죽음을 맞이하는 것, 의거하여 적을 토벌하는 것 등 세 가지를 제시하고 자신은 그중에 의거하여 나라의 은혜에 보답하겠다고 강한 대일 항쟁 의지를 천명했다.

이에 첫 번째로 외교적 노력을 기울여야 한다고 주장했다. 그 주역인 이토 히로부미와 담판하여 조약 문서를 찢어버리고 이어 만국공법에 따라 주권을 찾아야 한다고 했다. 그리고 국제사회에 고발하여 이를 제지케 해야 한다고도 했다. 물론 이런 방법이 전혀 먹혀들 리가 없었다. 그는 다음 단계로 무력항쟁에 나섰다.

최익현은 먼저 김학진金鶴鎭, 이도재李道宰, 곽종석郭鍾錫, 전우田愚 등 각 지역 명망가들에게 편지를 보내 의병봉기를 제의했다. 그러나 별 반응이 없었다. 최익현은 의병을 모집하려 전라도 태인에 자리 잡고서 같은 화서계열인 충청도의 유인석柳麟錫에게 호응해줄 것을 요구했다. 이에 따라 북쪽에서는 유인석, 남쪽에서는 최익현이 봉기하기로 약속했다.

결국 최익현은 호남유생 임병찬林炳瓚 등과 손을 잡고 장성 유생 기우만奇宇萬의 협조를 얻어 태인 무성서원武城書院에서 의병을 모집했다. 그의 지휘를 받은 의병부대가 순창에 이르렀을 때에 진위대鎭衛隊의 공격을 받아 그는 체포되었다. 이렇게 싸움 한번 제대로 해보지 못하고 만 것은 그들의 동원능력도 문제였거니와 순전히 의기 하나로 뭉쳐져 전투능력이 모자랐기 때문이었다. 아무튼 최익현은 대의에 충실한 지사였고, 또 춘추대의 또는 존명사상의 대일통론大一統論에 입각한 명분론자였다. 비록 의병항쟁에는 실패했으나 그의 체포 소식은 커다란 반응을 불러일으켰다. 최익현은 대마도에 구금되는 몸이 되었다.

의병봉기의 본보기가 되다

처음 그는 대마도에서 일제가 주는 음식을 거절하다가 그 쌀이 조선에서 가져온 것임을 알고 절식을 중단했다. 그러나 풍토병에 걸려 끝내 죽고 말았다. 그의 이런 죽음은 극적이어서 많은 사람 입에 "굶어 죽었다"는 소문을 낳게 했다. 그리고 민중들은 항일의지를 담아 그를 의사, 열사로 추앙했다. 그의 운구행렬이 부산에서 시작되었을 때 수많은 유림과 민중들이 뒤를 따라 오면서 애국심과 의기심이 충동되었다.

그에 대해 필자는 이런 평가를 내린 적이 있다.

> 봉건체제의 변혁을 통한 정치적 자주, 경제적 자립을 획득하는 반봉건의 과제에 대해서는 보수반동이었고, 일제의 침략으로부터 국권을 지키고 민족의 주체성을 확립하는 반제의 과제에 대해서는 인식을 갖고 있었으나 반제투쟁의 동력과 필연성을 구체화시키지 못한 중세적 한계를 지닌 대응론이었다.
>
> 『조선후기 정치사상과 사회변동』

이런 한계에도 불구하고 그는 전통유림으로서 국권이 상실되었을 때 자기 몫을 다했던 것이요, 그 영향은 여러모로 크게 일어났다. 그리하여 후기 의병봉기에 그는 하나의 모델이 되었으며 또 박은식朴殷植 같은 민족사학자에 의해 민족의식을 고취하는 큰 소재를 제공해 주었다.

물론 최익현은 여러 단계를 거치면서 현실대응 논리를 폈는데, 마지막 단계에서 앞에 든 세 가지 출처관을 제시하고 의병항쟁의 대열에 나선 것은 커다란 역사적 의미를 던진 것이다.

민족모순의 해결을 위해 그는 결국 목숨을 바쳤으며, 이로 하여 민족정신을 고취했던 것이다.

2부

격변기에 이 나라를 어찌하리

유길준/　　박은식/　　장지연/　　주시경/　　신채호/　　정인보/

유길준은 국민계몽에 앞장섰다. 백성들이 개화하지 못하고 산업이 일어나지 못하며 교육이 보급되지 못한 데에 나라가 망한 1차원인이 있다고 판단했던 것이다.

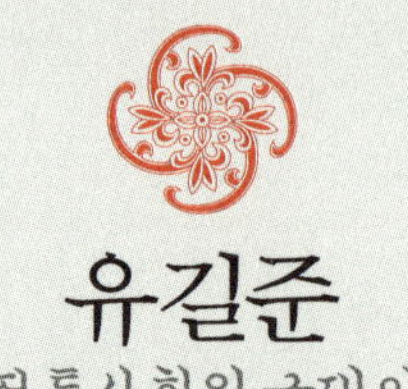

유길준
전통사회의 근대인

우리나라 최초의 유럽 기행문을 쓰다

1885년, 유럽의 도시들마다 행색이 초라한 조선 청년이 불쑥 나타나서 서툰 영어로 뭔가를 묻기도 하고 메모를 하면서 돌아다녔다. 그는 빠듯한 여비를 아껴 쓰면서 이곳저곳 기차를 갈아타며 분주하게 쏘다녔다. 그러니 단순한 관광이 아닌 기행을 다니고 있었던 것이다. 그가 바로 유길준兪吉濬(1856~1914)이었다. 유길준은 우리나라에서 몇 가지 '최초'를 기록한 사람이다. 그는 일어와 영어로 말하고 쓸 줄 아는 1세대였고 한문 지식이 해박했음에도 국한문 혼용의 문체로 저술을 남긴 지식인지만 무엇보다 유럽을 최초로 기행한 조선 사람이다.

이해 12월 유길준은 고국으로 돌아왔다. 당시 갑신정변의 실패로 개화파들이 속속 잡혀 죽임을 당하거나 감옥에 갇혔다. 그는 갑신정변에 직접 가담하지 않았으나 그의 동료들이 갑신정변에 연루된 개화파라고 하여 바로 연금을 당했다. 그가 연금 당한 장소는 처음에는 포도대장 한규설의 집, 다음에는 가회동 삼청공원 안에 있었던 취운정翠雲亭이었다. 그는 취운정에서 연금 당해 외부와의 연락이 끊긴 속에서, 미국과 유럽에서 적어온 메모지를 펼쳐놓고 견문록을 쓰기 시작했다. 예전에 적은 메모지가 많이 없어졌고 또 연금생활을 하며 참고할 책을 제대로 구할 수 없었으나 기억을 되살리고 일부의 서적을 참고해 집필을 서둘렀다.

연금생활 속에서 집필을 계속하여 6년 정도 걸려 방대한 『서유견문西遊見聞』을 완성했다. 이 책에서 그는 단순한 기행이 아니라 미국과 유럽의 문물제도를 자신이 보고 겪은 대로 소개했다. 그리하여 이 책은 우리나라 최초의 미국·유럽 기행문으로 꼽힌다. 더욱이 국문과 한문을 섞어 쉽게 썼다는 데에도 커다란 의의가 있다.

갑오개혁의 이론적 기초를 제공하다

그는 양반 가문에서 태어나 진사를 지낸 아버지 유진수俞鎭壽에게서 한문을 배웠다. 가학을 이어 양반행세나 할 수 있는 가정적 배경을 지니고 있었으나 여느 사람이 보면 엉뚱한 길로 빠져들었다. 그의 외가는 세도가의 마을인 한양의 북촌에 있었는데

유길준 유길준은 죽으면서 자식들에게 "이 애비는 아무 한 일이 없으니 묘비를 세우지 마라"는 유언을 남겼다고 한다. 격변기를 살아간 지식인의 고뇌를 엿볼 수 있다.(사진 속 뒷줄 왼쪽 세 번 째 인물)

여기에서 외조부 이경직에게서 한문을 익혔다. 그의 본가는 경기도 광주의 덕풍리였으나 그는 서울에서 태어나고 살아 서울의 양반자제들과 어울릴 수 있었다.

그는 1870년대, 곧 10대 소년시절부터 당시 개화파의 영수였던 박규수의 안국동 집을 드나들면서 김옥균, 박영효, 서광범, 김윤식 등과 어울려 청나라와 유럽에 대한 지식을 얻어들었다. 그래서 개화파의 한 청년이 됐다. 박규수가 죽은 뒤에는 수표교 옆에 사는 유대치劉大致에게 개화사상을 배웠으며 개화사상가요 유명한 시인인 강위에게서도 지도를 받았다. 특히 청나라에서 유행하는 양무운동에 관련된 책을 탐독했다.

　1881년 조정에서는 일본의 근대식 신무기의 시찰과 학습, 여러 신문물을 배우게 하려고 청년들을 골라 청나라와 일본으로 보냈다. 그 막후에는 개화승 이동인과 일본공사 하나부사 요시타다花房義質의 지원이 있었다. 이 시찰단은 12개조, 61명으로 구성되었는데 그는 어윤중의 수행원으로 끼어 일본으로 갔다. 당시 유람단은 여러 조로 나뉘어 역할을 맡았는데, 그와 함께 간 수행원으로는 윤치호, 이상재, 민건호 등이었다. 이들은 유망한 청년들이었다.

　다른 벼슬아치와 수행원들은 일본의 문물을 3개월 동안 돌아보고 귀국했다. 하지만 그는 3개월의 여행을 마치고 계속 남아 일본의 문물을 익히는 유학생이 됐다. 어윤중, 홍영식 등 개화파 지도자들이 그에게 근대지식과 일본의 여러 신문물을 배워오게 하려는 계획에 따라 그를 남게 한 것이다. 이렇게 해서 최초의 일본유학생 중의 한 사람이 되었다.

　유길준은 경응의숙慶應義塾(지금의 게이오대학교 전신)에 입학해 1년쯤 공부를 했다(입학이 아니라 사숙을 했다는 주장도 있음). 그는 경응의숙의 교수인 후쿠자와 유키치의 지도를 받았고, 후쿠자와가 지은 『서양사정』을 탐독해 유럽의 정세와 문화를 알게 되었다. 또 후쿠자와는 신문 「시사신보」를 발행하고 있었는데 여기에 「신문의 기능을 논함」이라는 논설을 썼다.

　마침 박영효가 수신사로 1882년 일본에 왔다. 그는 박영효의 통역으로 활동하고 박영효가 귀국할 때 따라왔다. 이때 조선에서는 임오군란이 일어났고 이어 개화파들이 조정에 많이 참여해

개혁정치를 단행하고 있었다. 박영효는 한성부윤이 되어 신문국을 설립하고 그에게 일을 맡겼다. 그는 일본에서 익힌 신문 지식을 바탕으로 신문 발간에 정열을 쏟았다. 그러나 신문에 대한 인식이 부족해 자금난을 겪었다. 일이 뜻대로 이루어지지 않아 실의에 빠져 있었는데, 새로운 임무가 주어졌다. 미국과 통상조약이 맺어져 조정에서 미국으로 보내는 친선사절인 보빙사報聘使 민영익閔泳翊의 수행원이 된 것이다.

보빙사 일행은 미국 대통령에게 국서를 전달하고 40여 일 동안 미국을 시찰한 뒤 귀국했다. 그런데 유길준은 다시 미국 유학생으로 남게 되었다. 최초의 미국 유학생이 된 것이다. 당시는 미국주재공사관이 설치되지 않았을 때였다. 그는 먼저 영어와 과학을 익히고 나서 대학 예비과정으로 매사추세츠주의 세일럼 시에 있는 고등학교에 입학했다. 그의 나이 20대 중반이었다. 이 때 고국에서 갑신정변이 일어났다는 소식을 듣자 그는 고국에서 해야 할 일이 많다고 생각하고 서둘러 귀국길에 오르면서 유럽 여행을 떠났던 것이다.

당시 미국에서 귀국하려면 두 가지 경로가 있었다. 하나는 하와이를 거쳐 알래스카 연안을 거슬러 일본 땅에 기착하고서 조선으로 오는 일본의 기선을 이용하는 항로이다. 미국의 증기선은 직항로로 일본으로 올 수 없었다. 게다가 일반 여객이 거의 없어서 정기여객선을 두지 않았다. 다른 하나는 미국에서 유럽으로 왕래하는 정기 여객선을 타고 유럽으로 갔다가 중국의 홍콩 또는 상하이로 오는 여객선을 이용하는 것이다. 아무튼 그의 미국생활은 1년 3개월, 유럽여행은 1년쯤 걸렸다. 그는 서울에 돌아오자 바로 연금 당했다.

그는 7년의 연금생활 끝에 풀려났다. 1894년 봄, 동학농민전쟁이 일어난 뒤에 이른바 갑오개혁이 단행되었다. 갑오개혁은 일제가 뒷전에서 개화파를 조종해 이루어졌다. 하지만 갑오개혁은 사법권의 독립, 양반의 특권 배제, 노비제도의 철폐, 조세의 금납 따위 근대적 개혁조치들을 내세웠다. 이에 유길준은 처음에는 일제와 협력하여 개혁의 내용을 만들고 이를 시행하는 여러 조치에 적극적으로 개입했다. 그는 이해 12월 개화파의 연립정권이 수립되자 처음에는 내무협판, 뒤에는 내무대신이 되어 종두법과 단발령의 시행 등 개화정책을 밀고 나갔다. 이런 급진개혁은 보수세력과 민중들의 심한 반발에 부딪혔다. 목숨을 버릴지언정 상투는 자를 수 없다고 항거하는 사태로 번졌던 것이다.

1896년 2월에는 고종이 일본세력을 꺾으려고 러시아공사관으로 몸을 피해갔고 내각의 총리대신 김홍집, 탁지부대신 어윤중 등이 거리에서 시민들에게 맞아죽는 사태까지 벌어졌다. 이제 친로파親露派의 세상이 되었다. 그는 일본으로 망명했다. 당시 일본에는 일본사관학교를 졸업한 조선 청년장교들이 일심회一心會를 조직하고 있었다. 유길준은 이들과 손을 잡고 쿠데타를 계획했는데 사전에 탄로가 나서 본국에 들어와 있던 장교들이 체포되었고 그 주모자의 한 사람이 유길준이라는 것도 발각되었다.

저술로 근대화에 기여하다

이리하여 외교 분쟁이 야기되자 일본정부도 그를 감싸고 돌수만은 없었다. 그래서 그는 일본 경찰에 구금되었고 이어 일본에서도 머나먼 섬인 오가사와라에 유폐되었다. 바로 김옥균이 갇혀 있던 섬이었다. 유배생활 4년을 포함해 11년에 걸친 망명생활은 가시밭길이었고 목숨을 부지한 것만도 다행이었다. 이 외딴섬에 살면서 그는 다른 생각을 했다. 곧 정치활동보다 사회운동으로 전환할 결심을 굳혔던 것이다. 더욱이 그는 망명생활을 하며 우리말 문법의 체계를 세운 『대한문전大韓文典』을 완성했다. 이 책은 그가 신문을 국한문으로 발행하고 「독립신문」의 문체를 익혀두기도 한 문법지식이 바탕이 되었다. 그는 서울로 돌아온 뒤에 이 책을 발간했다. 이 문법책은 외진 곳에서 누구의 조언도 받지 않고 혼자서 완성했다. 국어문법의 정리에도 선구자의 역할을 한 것이다.

일제는 러일전쟁을 일으켜 러시아세력을 한반도에서 몰아내고 이어서 이른바 보호조약을 체결하여 대한제국을 반식민지의 처지로 전락시켰다. 그리고 한국통감부를 설치하고 내정을 간섭했다. 이런 판국에 일본에 망명해 있던 개화파들은 통감인 이토 히로부미에게 귀국케 해달라고 교섭했고, 실권이 없이 껍데기만 남은 고종은 이를 한사코 거부했다. 개화파들이 반식민지 상태의 고국에 돌아와서 할 수 있는 일이 무엇이란 말인가? 유길준은 이를 잘 알고 있었다.

고종은 끝내 일제의 강요로 황제 자리에서 물러났고 이를 계기로 일본 망명객들이 고국으로 돌아왔다. 나라를 구하려던 정치가들이 나라가 망해가는 판국에 돌아온 아이러니한 상황이 빚어진 것이다. 유길준은 많은 사람들이 나라를 잃은 분노로 스스로 목숨을 끊기도 하고 만주나 상하이 등지로 망명할 때에, 가장 온건하고 안전한 노선을 추구했다. 그는 한국통감부가 '정미7조약'이라는 이름으로 대한제국의 내정을 박탈하자 반대운동을 활발하게 벌였다. 고종이 이를 알고 유길준을 가상하게 여겼다.

아무튼 그는 국민계몽에 앞장섰다. 백성들이 개화하지 못하고 산업이 일어나지 못하며 교육이 보급되지 못한 데에 나라가 망한 1차원인이 있다고 판단했다. 그는 미국에서 생물학을 배우고 난 뒤에 철저한 진화론자가 됐다. 미개사회는 생물이 진화하지 못하는 것과 같다고 믿었다. 한국사회를 진화시키자. 이것이 그의 사상이었다. 유럽 제국주의 이론을 비판 없이 받아들인 것이다.

그는 흥사단과 같은 수양 또는 사회단체의 결성에 참여했고, 학교의 설립, 농림강습소와 노동야학회의 설치 등 교육운동에 앞장섰다. 또 민족자립경제를 위해 국민경제회를 조직하고 철도를 우리 손으로 깔기 위해 호남철도회사 설립에 참여하기도 했다. 그는 무엇보다도 교과서를 스스로 편찬하여 보급했고, 『이태리 독립운동사』 등 유럽의 역사책 또는 멸망사를 써서 구국의 정신적 귀감으로 삼으려고 노력했다. 이런 계몽운동을 벌일 때 고종이 예전과는 달리 은밀하게 자금을 대주기도 했다. 나라가 망할 무렵, 그는 누구보다도 가장 많은 저술을 남겼을 것이다.

그는 일진회에서 한일합병을 주장했다는 소문을 듣고 일진회 사무실로 달려가서 간부들을 주먹으로 치는 정열을 보이기도 했다. 또 일제가, 조선이 일본의 식민지가 된 뒤에 그 공로를 인정하고 특권을 보장해주는 작위를 그에게 주자 이를 거절했다. 그는 기독교 신앙을 지키며 노량진에 은거했다. 그런 끝에 신장병이 도져 죽었다. 그는 죽으면서 자식들을 앉혀 놓고 "이 애비는 아무 한 일이 없으니 묘비를 세우지 마라"는 유언을 남겼다. 한 지식인의 고뇌를 엿볼 수 있다.

그는 친일파라는 더러운 이름을 뒤집어쓰고 죽지는 않았다. 더 살았다면 그의 동료 김윤식과 같이 친일파로 변신했을지 모를 일이지만, 유길준은 조국의 근대화를 이룩하려는 뜻이 좌절되자 울분으로 나날을 보내면서 숨어살았다. 하지만 동료인 김택영, 박은식, 신채호처럼 중국 등지로 망명하지 않았다. 그 대신 많은 저술을 남겨 민족정신 또는 근대의식의 형성에 공헌했다. 수많은 개화파들이 뒷날 친일로 전락했음에도 그는 나름대로 지조를 지켰으니 가상하게 여겨야 할 것이다.

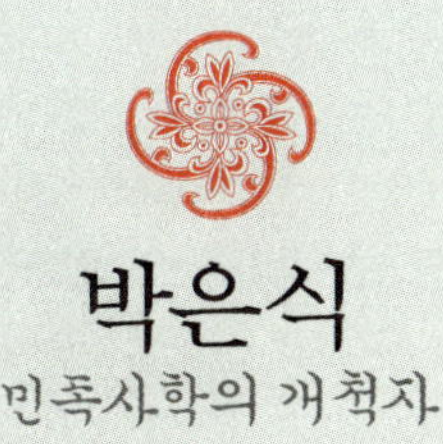

박은식

민족사학의 개척자

조선의 자주독립을 싹틔우자

백암白巖 박은식朴殷植(1859~1925)은 나라가 완전히 식민지가 된 이듬해인 1911년에 만주땅 환인으로 망명했다. 그는 그곳에서 '왜놈'에게 나라를 빼앗긴 분노를 삭였다. 개천절 행사에 참석하고 돌아온 그는 울분에 차서 한 편의 글을 썼다.

꿈에 무치생無恥生(부끄러움을 모르는 사람이라는 뜻으로 자신을 가리킴)이 금태조金太祖를 뵙고 대화를 나눈 형식을 빌렸다.

금태조: 너는 짐을 위하여 평일에 읽던 책의 한 대목을 외워 보아라.

무치생이 감히 사양할 수가 없어서 어릴 적에 처음 배웠던 『사

략』과 『통감』의 앞대가리를 뽑아 외우니 임금께서 말씀하셨다.

금태조 : 이것이 조선 고대의 역사인가?

무치생 : 아닙니다. 중국 고대의 역사로소이다.

금태조 : 온 나라 사람이 처음 배우는 교과목이 모두 이 글인가?

무치생 : 그러하옵니다.

금태조 : 그렇다면 조선 사람 정신에는 제 나라 역사는 없고 다른 나라의 역사만이 있으니 제 나라를 사랑치 아니하고 다른 나라를 사랑함이라. 이로 미루어보면 천 년이 넘는 동안 조선은 다만 형식상의 조선일 뿐이었고 정신상의 조선은 이미 없어진 지 오래되었도다. 처음 배우는 교과목이 이러하니 어린아이의 머릿속에 노예

정신이 뿌리를 박게 되어서 평생의 학문이 모두 노예의 사상이리라. 이런 비열한 사회에서 이른바 영웅이란 자는 누구이며, 이른바 선비란 자는 누구이며, 이른바 공신이란 자는 누구이며, 이른바 명유名儒란 자는 누구인가? 끝내는 이들은 노예의 지위나 차지하고 있었을 것이다. 이런 비열한 근성을 뽑아 버리지 않고는 조선민족의 자립정신이 싹틀 수 없을 것이다.

이 대목은 그의 저서 『몽견금태조전夢見金太祖傳』에 나온다. 박은식은 만주와 중국의 일부를 차지한 금태조를 함경도 회령에 발상지를 둔 우리 민족이라 했고 여진족은 발해족의 후예라고 했다. 스케일이 큰 금태조는 조선이 동쪽의 한구석을 차지하고서 '예의지국'이니 '소중화'라고 뽐내는 짓거리를 나무라며 선조들의 위업을 욕보이는 행동이라고 했다.

이 글을 통하여 그는 일대 독립정신과 자주정신을 고취했던 것이다. 이것이 백암 민족사학의 기본 흐름이다.

학자의 몸으로 왕릉지기 노릇을 하다

박은식은 황해도 황주 출신으로 평범한 가문에서 태어났다. 따라서 그는 서북지방의 평민출신으로 지역차별과 신분차별을 받아야 했다. 어쨌든 19세기 말 과거제도가 문란해진 현실에서 그의 부모는 장원급제하여 가문을 빛내주길 바랐다. 그러나 그는 이를 거역하고 10대 후반부터 지사志士로 변신해 갔다. 아버지가 작고하자 21살의 나이로 가장이 되어 집안의 생계를 꾸려 가야 했다. 그는 평안남도 삼등으로 이사를 갔다.

청년 박은식의 기개는 쉽게 좌절하지 않았다. 박은식은 경기도 일대를 두루 돌아다니다가 다산의 실학을 접하기도 했고, 임오군란을 목격하고는 당돌하게 그 수습방안을 적어 조정에 올리기도 했다. 그러나 조정에서는 그의 건의에 귀를 기울여주지 않았다. 서울에 올라와서는 새삼 세도정치의 비리가 더욱 판을 치는 것을 보았다. 그는 강개한 마음으로 영변 산속으로 들어가 더욱 학문에 정진했다. 그때 박은식은 실학과 양명학에 심취했던 것으로 보인다.

박은식은 어머니의 강권으로 과거시험에 응시해 향시에 뽑혔고, 3년 뒤인 30세 때에는 어찌어찌해서 숭인전 참봉이라는 말직을 맡아 4년 동안 봉직했다. 이 직책은 능지기나 다름없었다. 이럴 적에 평안도 관찰사로 온 민병석閔丙奭이 그의 학문을 알아보고 중화中和에 있는 동명성왕릉의 책임자로 삼았다. 한적한 곳에서 학문에 열중하라는 뜻이었다. 이곳에서 2년 동안 학문과 사색에 잠겨 있을 무렵, 1894년 청일전쟁과 곧이어 벌어진 의병 항쟁을 겪었다. 이즈음 피난하는 심정으로 원주 주천으로 들어가 고기 잡고 땔나무를 하며 조용하게 3~4년을 보냈다.

국혼을 지키는 역사가가 되다

1898년은 그에게 전환기였다. 박은식은 서울로 올라와 애국문화운동에 열렬히 참여했고, 교육이 구국의 요체임을 주장하고는 『학규신론學規新論』을 지어 정부에 냈다. 그리하여 그의 명성은 서울 거리에 울렸다. 이즈음 「황성신문」과 「대한매일신보」가 간행되자, 두 신문사에서 차례로 주필을 맡아 장지연, 남궁억 등과 언론활동을 전개했다.

박은식은 독립협회운동에서는 김윤식, 이승만 등과 사귀었고 언론운동에서는 장지연, 신채호 등과 어울렸으며 학술운동에서는 곽종석, 최남선 등과 뜻을 맞추었다. 이런 운동에도 불구하고 간교하고 간악한 침략의 마수는 끝내 나라를 집어 삼켰다. '한일병합' 뒤 일제가 독립을 고취하는 언론을 박멸하고 우리 역사서적을 찾아 불태우는 모습을 보고 "국체國體는 망하더라도 국혼이 불멸하면 부활이 가능한데 지금 국혼인 역사마저 없어지니 통탄을 금할 수 없다"고 외쳤다. 그리고 망명하여 평생 국혼을 지키는 우리나라 역사가가 되기를 맹세했다.

박은식은 만주 땅에 있을 때에 앞에 말한 『몽견금태조전』을 비롯, 『동명성왕실기』, 『발해태조실기』, 『연개소문전』 등을 써서 만주 일대에서 활약한 우리 민족의 웅대한 역사를 기술했다. 이 글들은 뒷날 이 지방의 자녀들에게 민족혼을 고취하는 교재가 되었다.

1912년에 박은식은 중국 대륙으로 발길을 돌려 상하이에 정착했다. 당시 상하이에는 교민이 몇십 명에 지나지 않았고 신규식, 홍명희 등이 동제사同濟社를 조직하여 청년운동을 벌이고 있었다. 박은식이 오자 그 총재로 추대했고 곧이어 교육기관으로 박달학원博達學院을 세워 교육운동을 벌였다.

그는 임시정부가 태동하기 전 상하이에서 청년교육언론 운동을 벌이면서 『안의사중근전』, 『이순신전』, 『이준전』 등을 저술했고, 흥선대원군의 집권에서부터 나라가 망할 때까지 우리의 근대사를 『한국통사韓國痛史』라는 이름으로 완성했다. 그가 망해가는 나라의 역사를 썼기에 '통곡의 역사'라는 뜻에서 '통사'라고 명명했던 것이다.

그리고 발해사와 금사金史를 우리나라 역사라는 의식으로 이를 한글로 저술하여 우리 동포 자녀들에게 읽혔다.

그의 나이 회갑이 되던 해에 3·1만세운동을 맞이했고 이어 임시정부가 태동했을 때에는 독립신문사 사장으로 묵묵히 봉직하면서 동학농민전쟁에서 3·1만세운동까지 철저하게 민족사관에 입각해서 엮은 『한국독립운동지혈사韓國獨立運動之血史』를 완성했다. 그의 회갑연이 베풀어졌을 때에 그는 이렇게 말했다. "내가 『한국통사』를 쓰고 『한국독립운동지혈사』를 썼거니와 내가 비록 늙었더라도 건국사를 쓰고야 죽겠다."

이 결의와는 달리 그는 끝내 우리나라의 건국사를 쓰지 못하고 이국땅에서 죽고 말았다.

독립쟁취를 위해 반드시 단결하라

　임시정부의 초대대통령 이승만이 분파적 행동을 벌이다가 미국으로 돌아갔고 이어 임시정부 내에 분란이 잦았다. 이에 1922년에 국민대표회의를 열 때에 명예회장에 추대되었고, 이 대회가 임시정부의 앞날을 두고 창조파와 개조파로 갈리어 날카롭게 대립할 때에, 창조파가 결성한 국민위원회의 고문으로 추대되었다. 1924년에는 국무총리와 대통령대리로 선임되었고 이듬해에는 정식으로 이승만의 뒤를 이어 제2대 대통령으로 선임되었다. 그리고 이승만이 주도하여, 임시정부와는 독자노선을 펴는 구미위원부歐美委員部를 폐지했고 독립지사들을 임시정부 중심으로 결속시키기 위해 대통령책임제를 국무위원제로 바꾸었다.

　박은식은 회갑을 지낸 뒤 현실운동에 깊이 연관을 맺은 탓으로 조용히 저술에 몰두하지 못했다. 그가 67세로 죽을 때까지 약 6년 사이에 나온 저술이 거의 없다. 당시 그는 독립운동이 극심한 분열과 대립을 겪는 것을 보았다. 그가 죽을 때에 우리 동포에게 다음과 같은 유언을 남겼다.

　첫째, 독립운동을 하려면 전민족적으로 통일이 되어야 하고, 둘째, 독립운동을 최고 운동으로 하여 독립운동을 위해서는 어떠한 수단과 방법이라도 쓸 수 있는 것이요, 독립운동은 우리 민족 전체에 관한 공공사업이니 운동 동지 간에는 사랑하고 미워하고 가깝고 먼 것의 구별이 없어야 한다.

이 말은 독립운동을 최고의 목표에 두되 단결을 강조하고 분열을 막으라는 것이었다. 노혁명가의 뼈아픈 충고였다.

박은식은 기관지염으로 이국 땅에서 한스러운 죽음을 맞았다. 임시정부에서는 최초로 국장을 치렀다. 국내에서는 일제의 차가운 눈을 의식하면서 추도회를 가졌고, 「동아일보」에서는 「곡백암박부자哭白巖朴夫子」라는 사설을 실었다.

민족사관을 확립하다

박은식은 처음에 국권을 지키기 위해 애국문화운동과 언론교육운동을 벌였고, 국권이 무너진 뒤에는 국혼을 지키기 위해 역사학자가 되었다. 한편 청년·교육·언론운동을 줄기차게 벌였고 마지막에는 독립운동의 통합전선을 위해 신명을 다했다.

이 과정에서 그는 국혼으로는 민족사관을 확립하여 신규식, 신채호, 정인보 등에게 영향을 끼쳤고, 청년운동의 이념으로는 양명학을 기초로 한 대동주의大同主義를 제창했으며, 반봉건운동으로는 재산 평등권을 제시하기도 했다.

때로 『한국통사』와 『한국독립운동지혈사』는 지나치게 역사를 독립정신의 고취와 독립운동의 수단으로 생각한 탓으로 사실이 과장되거나 오류가 많다는 지적을 받는다. 이것은 물론 사실이다. 그러나 그 시대성에 대한 이해를 결여해서는 안 될 것이다. 또 그의 민족사관의 방법론에도 지나치게 역사 영역의 확대에만

집착했다는 지적도 있다. 그러나 이런 부분적 결함에도 불구하
고 그의 민족사관은 계속 우리에게 빛을 던져줄 것이다.

장지연
깨끗하고 기백 있는 언론인

남의 노예가 된 동포여, 살 것인가 죽을 것인가

1905년 일본은 이른바 을사조약을 강제로 맺고 우리나라의 외교권을 접수했다. 우리나라의 주권은 껍데기만 남게 되었다. 그며칠 뒤 서울의 지식인들은 「황성신문」을 펴들고 눈물을 흘리고있었다. 이 신문에 실린 「오늘이여, 목 놓아 통곡하노라〔是日也放聲大哭〕」라는 글을 읽으며 함께 울고 있었던 것이다.

이 글은 「황성신문」의 주필 장지연張志淵(1864~1921)이 썼다. 그는 을사조약의 소식을 듣고 보신각 서쪽에 있는 황성신문사 안에서 연일 술을 마시며 깊은 시름에 잠겨 있었다. 그러다가 붓을들고 그 전말을 써내려갔다. 이 글은 을사조약의 기만성을 폭로하고 그 끝에 이렇게 썼다.

남의 노예가 된 우리 2천 만 동포여, 살 것인가? 죽을 것인가? 기자 이래의 4천 년 국민정신이 하룻밤 사이에 돌연 멸망하고 말 것인가? 원통하도다, 원통하도다. 동포여, 동포여.

그가 술에 취해 이 글을 쓰다가 붓을 들고 통곡하자 옆에 있던 유근柳瑾이 그 글을 마무리했다고도 전해진다. 그러면 장지연의 출생과 활동은 어떠했던가?

언론활동으로 자립정신 고취에 진력하다

장지연은 삼남지방에서 농민봉기가 한창 일어나던 해 겨울에 경상도 땅 상주군 내동면 동곽리에서 태어났다. 그의 집안은 유학자인 여헌旅軒 장현광張顯光의 후손으로 양반행세를 했지만 가난하기 이를 데 없었다. 그는 어릴 적부터 서당에 가서 공부를 했지만 가정에서는 계속 풍파가 일었다. 그가 아홉 살 적에 어머니가 돌아가시고 열두 살 적에는 할머니가 돌아가셨다. 그의 아버지 장용상張龍相은 이때 살

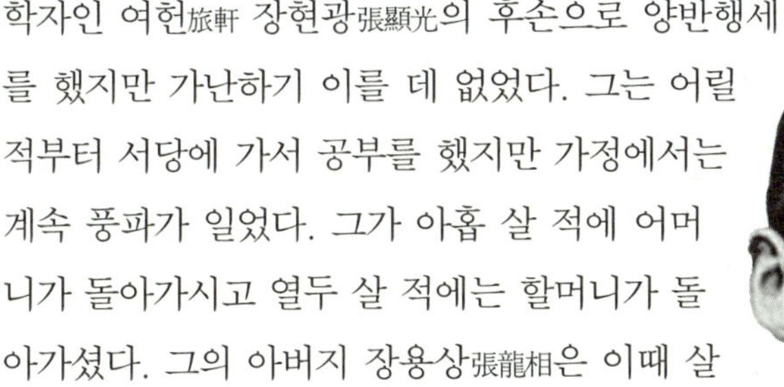

장지연 그는 술을 폭음했다. 나라 잃은 백성의 서러움을 달래려 했는지, 천성이 술을 좋아했는지 모르지만 술만 들어가면 그의 변설이 쏟아져 나왔다.

림을 꾸려갈 수가 없어서 외동아들인 그를 상주의 어느 절간에 맡기고 방랑의 길을 떠났다.

그는 절간에서 기식하면서 밤낮 책읽기에 골몰했다. 열네 살 때 그는 장티푸스로 앓아눕게 되었다. 절간에서는 무서운 장티푸스를 앓는 그를 내쫓았다. 전염이 무섭기도 했지만 절에 오려는 사람들이 이 소식을 듣고 발길을 끊을 것이 두려웠던 것이다.

그는 길가에 쓰러져 죽을 고비를 넘겼다. 그 뒤 아버지를 찾아 나섰으나 찾지 못했다. 구미 오산 밑에 사는 친척 할아버지인 장석봉張錫鳳에게 가서 기식하며 글을 익혔다. 그는 이곳에서 5년 간 수학했다. 장석봉이 죽자 당시 영남에서 선비로 이름을 떨치던 허훈許薰에게서 글을 배우기도 했다. 이때 그의 문재를 인정받아 유명한 독립운동가 안효제安孝濟의 상소문을 대필해주기도 했다.

그러는 사이에 그는 장가도 들었고 남의 도움을 받아 과거공부에 열중하기도 했다. 그러나 과거에 번번이 떨어진 것은 말할 나위도 없다. 온통 부정으로 행해지는 과거였으니, 그가 합격하는 것이 도리어 정상이 아닐지도 몰랐다. 1894년에 동학농민전쟁이 일어나던 여름, 대대적인 과거시험이 있었다. 이때 과거합격자 수천 명을 냈는데 어찌 된 연고인지는 모르나 일단 여기에 합격했다. 그러나 정작 그에게 벼슬이 내려지지는 않았다.

그는 새로운 활동을 벌여나갔다. 의병들의 격문을 지어주기도 하고 만인소萬人疏 운동에 참여하기도 했다. 곧 1897년에 고종이 아관파천俄館播遷(아관은 러시아공사관이요 파천은 임금이 옮겨가는 왕조식 용어)을 해서 러시아공사관에 머물고 있었는데, 이의 환궁을 요청하는 만인소에 참여하여 글을 짓고 앞장서 올리기도 했다. 그리하여 그의 이름은 중앙에 널리 알려지기 시작했다. 이런 탓인지 그에게 벼슬이 내려졌다. 역사를 편찬하는 사례소史禮所의 직원直員 벼슬이 그에게 내려졌고, 이어 내부주사를 겸임했다. 몇 달 동안 이런 벼슬자리에 있어보았지만 나라의 주권이 흔들리는 판에 벼슬살이는 한가롭기 짝이 없었다.

마침 「황성신문」이 창간되자 이에 참여했고, 이어 이 신문의 주필, 사장 등을 역임하면서 1905년의 을사조약을 맞이했다. 그동안 그는 열렬한 언론인으로 필봉을 휘둘렀으며 애국계몽가로 만민공동회에 참여하기도 하고 출판사업을 벌이기도 했다.

옥고를 치르고 해외로

그는 「황성신문」의 논설로 인해 일본 경찰에 잡혀가 70여 일 동안 옥고를 치르고 나왔다. 그때 사장직에서도 물러나와야 했었다. 그 뒤 그는 국채보상운동이 벌어지자 자연인의 몸으로 나라 빚 갚기에 발 벗고 나섰고, 대한자강회의 회원으로 지방을 돌며 대중강연에 나서기도 했다. 그는 기울어가는 나라를 다시 살리기 위해 온 힘을 기울였지만 모든 것이 허사였다.

일제의 침략마수는 점점 그 도를 더해갔다. 일제는 고종의 양위와 군대의 해산을 강요했다. 뒤이어 모든 사회단체를 해산시켰는데, 그가 몸담고 있던 대한자강회도 포함되었다. 그는 국내에서 더 이상 독립운동이나 계몽운동을 벌일 수 없다고 판단하여 망명을 결심했다. 그때 그의 아들 장재팔은 상해로 가서 유학하고 있었다. 그는 일제통치 아래에서 감히 못할 말들을 온 세계에 알려주어야 한다고 생각했다. 이것이 자신의 할 일이라 생각하고 문을 걸어 잠그고 그 내용을 정리했다. 몇 달 동안 이 일을 마친 뒤 종이를 잘게 찢어 옷 속에 넣어 기웠다.

그는 두툼한 옷을 입고 배편으로 부산을 떠나 성진에 이르렀고 성진에서 다시 러시아 배를 빌려 타고 블라디보스토크에 도착했다. 차가운 겨울 북국에 도착한 그의 모습과 심정을 어떻게 헤아리랴. 1908년 1월, 그가 마흔다섯 살 때의 일이다.

그는 그곳에 도착하여 동포들의 후원으로 간행되던 「해조신문海潮新聞」의 주필이 되었다. 그는 이 신문을 통해 일제의 침략만행을 규탄하기도 하고 이곳에 사는 성주 출신의 선비 이승희李承熙와 함께 독립방안을 논의하기도 했다. 그러나 이국땅에서 발행되는 이 신문은 심각한 경영난에 빠져 문을 닫게 되었다. 그가 봉직한 지 5개월 정도 된 때였다.

그는 발길을 상하이로 돌렸다. 가는 도중 몇 차례 습격을 받았지만 상처만 입고 용케 살아서 상하이에 도착했다. 상하이에는 그가 몸 붙일 곳이 없었다. 당시 그의 선배인 김택영이 이곳에 자리 잡고 있었지만 별다른 활동을 벌이지 못하는 처지였다. 그는 상처 입은 몸으로 다시 고국에 돌아와야 했다. 약 7개월 동안 나라를 잃은 백성의 서러움이 어떤 것인지를 몸으로 겪은 것이다.

나라 잃은 삶을 기백 있게 살다가다

그는 다시 서울로 와서 줄기찬 활동을 벌였다. 정부에 글을 올리거나 책을 쓰기도 하고 지방을 돌며 연설에 나서기도 했다. 이어서 1909년 진주에서 우리나라 최초의 지방지인 「경남일보」가 창간되었는데, 그는 이 신문의 주필로 초빙되어 다시 언론활동을 벌였다.

1910년 8월, 끝내 껍데기만 남은 이 나라는 이름마저 없어지고 완전한 일제 식민지가 되었다. 그는 술을 통음하고 통곡했지만 무슨 효력이 있으랴. 이해 10월 11일자에, 그는 「경남일보」에 매천 황현이 순국하며 지은 「절명시」를 해설을 곁들여서 게재했다. 이로 인해 통감부의 결정에 따라 「경남일보」는 정간되는 파란을 겪었다. 이 신문은 그 뒤 1912년에 새로 허가를 받아 1914년까지 발행을 계속했다.

어쨌든 그는 몇 년 동안 이 신문의 주필 노릇을 했다. 그는 한때 서울로 올라오기도 하고 서울에서 발간되는 「매일신보」 등에 글을 연재하기도 했지만 이 무렵 가족을 이끌고 마산에 터를 잡고 살았다. 이 생애 마지막 부분이 '역사인 장지연'을 곤혹스럽게 만들었다. 조선총독부의 기관지에 글을 싣는 것도 석연치 않았다. 비록 그 글이 유교를 진흥해서 사회교화를 이룩해야 한다는 등의 내용을 담았지만, 깐깐한 지조를 지닌 그의 의식에는 금이 가고 있는 모습이었다. 간접적으로 일제에 영합하는 결과를 빚은 것이다.

더욱이 정간이란 뜨거운 맛을 본 탓인지, 「경남일보」에는 일본천왕의 탄신을 기리는 천장절에 찬시讚詩를 늘어놓기도 했고 친일적 기사가 실리기도 했다. 이 글들이 비록 기명이 되지는 않았으나 박식을 늘어놓은 문투로 보아 장지연의 손에서 나온 것으로 보이기 때문이다. 이런 기사들은 조선총독부의 식민통치에 협조하는 꼴이었다.

쉰여덟 살이 되던 해 분노와 무절제로 점철된 그의 몸에 병이 찾아들었다. 그리하여 평생 즐기던 술을 끊을 수밖에 없었다. 이 해 가을이 깊어질 무렵 그는 유언을 남겼다

내가 죽거든 묘비에 다른 직함을 쓰지 말고 오직 숭양산인嵩陽山人이라고만 쓰라.

이것은 나라 잃은 사람이 무슨 직함이 있을 수 있으며 다만 그의 고향에 있는 숭산嵩山을 딴 별호만을 쓰라는 뜻이다. 어찌 보면 만년 굴절의 생애를 회한했는지도 모른다. 그는 이렇게 하여 파란 많은 일생을 마감했다. 그의 성품은 곧고 굽힐 줄 몰랐다고들 평가했는데, 그를 아끼는 몇몇 지인들은 연민을 금할 수 없었다.

그는 술을 대단히 즐겼는데, 초상화에 자찬自贊의 글을 이렇게 썼다. 첫머리에 "너의 뼈대는 모나고 너의 얼굴은 밝구나"라고 썼고, 끝 구절에는 "바로 글에는 백치요, 술에는 미치광이구나"라고 썼다.

'글에는 백치'란 무엇을 의미할까? 한편 '술에는 미치광이' 라

고 했으리만큼 그는 술을 폭음했다. 나라 잃은 백성의 서러움을 달래려 했는지, 천성이 술을 좋아했는지 모르지만 술만 들어가면 그의 변설이 쏟아져 나왔다 한다. 그리고 술자리에서는 아무리 고관대작이라도 질타를 서슴지 않아 그와 함께 자리하기를 꺼렸다 한다.

비록 '글에는 백치'라고 했지만 그는 실학의 대가인 성호 이익과 다산 정약용을 존경해 마지않았다. 그리하여 많은 저술을 남겼는데 실용위주의 학문에 관심을 기울였다. 그의 많은 저서 중에는 농상에 관한 것이 많다. 『농정전서農政全書』를 썼고 『소채재배전서蔬菜栽培全書』를 썼으며 『농학신서農學新書』를 남겼다. 이는 나라의 부흥을 위한 그의 관심 탓이었다.

그도 처음에는 다른 사람의 경우처럼 전통적 선비였다가 뒤에 개신 유학자 또는 계몽사상가로 변신하여 실질적인 학문을 추구했다. 그의 성품은 곧고 급했지만 가정에서는 유난히 부드러웠던 것으로 전해진다. 그는 때로 아들과 며느리로 패를 갈라 윷놀이판을 벌여주고 말은 그가 맡아 썼다. 그런데 언제나 며느리편을 들어 며느리 쪽의 말을 한 발씩 더 가게 하여 말싸움이 벌어지곤 했다고 한다. 그는 가족을 여러모로 돌본 것으로 알려져 있다. 물질로 넉넉하게 해주었다는 뜻이 아니라 남달리 애정을 기울였다는 것이다. 아마 그의 아버지가 가족을 버리고 방랑의 길을 떠난 사실이 그의 머릿속에 굳게 자리 잡았는지도 모른다.

근래 들어 그의 글을 모은 『위암전서韋庵全書』가 간행되고 또 깨끗하고 기백 있는 언론인으로 추앙을 받고 있다. 하지만 한편에서는 마지막 그의 굴절된 삶을 두고 친일적 행각이라 하여 논란을 벌이기도 한다. 한 역사인의 평가는 엄정해야 하지만 혹시라도 이해의 폭이 좁아서는 안 될 것이다.

주시경
국어학 중흥의 선구자

개화 청년으로 성장하다

주시경周時經(1876~1914)은 이름을 순수한 우리말인 '한힌샘'으로 지어 부른 것으로 유명했다. 우리는 그를 국문법의 창시자로 받들고 있으나 여느 사람들은 정작 그의 내력과 사상에 대해서는 잘 모르고 있다. 한글학자 주시경은 어느 정치가보다도 큰 공적을 쌓아 우리 겨레의 문자생활에 이바지했다.

주시경의 부모는 본디 황해도 평산군 인산면 차돌개에서 살았다. 그의 아버지 주면석周冕錫은 가난하여 이곳저곳을 옮겨 다니면서 훈장노릇을 한 것으로 보인다. 그는 비록 중인 출신이었으나 문필가여서 시문집인 『구암집龜岩集』을 남겼다 하니 농촌 지식인이었던 모양이다.

그가 한때 봉산군 쌍산면 무릉골로 가서 훈장노릇을 했는데, 주시경은 바로 봉산 땅 무릉골에서 둘째 아들로 태어났다. 그가 태어나던 해는 조선이 일본의 강요에 따라 개항을 한 때였다. 그의 집안은 워낙 가난한데다가 6남매가 줄줄이 태어나서 나물죽도 제대로 못 얻어먹을 처지였다. 이렇게 어린 시절을 보내다가 열세 살 때 서울에서 처가살이하던 큰아버지의 양자로 들어갔다. 그가 시골 소년으로 서울에 왔으나 신분이 중인에 속했고, 또 큰아버지는 물산객주物産客主 노릇을 했으나 자식들을 잃고 실의에 빠져 술로 세월을 지새느라 가난하기는 본가와 마찬가지였다.

서울 양반 자제들의 푸대접과 따돌림이 이만저만 심하지 않았다. 예민한 소년 주시경으로서는 감내하기 어려웠을 것이다.

그는 중인 자제들만 다니는 글방에 나가 글을 배웠는데 훈장의 학식이 영 신통치 않았다. 그런데 중인 글방에 오가는 곳에 양반 자제들이 다니는 글방이 있었다. 이 글방에는 이회종이라는 진사가 글을 가르쳤다. 그가 열다섯 살 되던 때에 중인 글방에 올 때마다 양반 자제들이 다니는 글방 앞에서 서성거리기를 반복하자 이 진사라고 불리는 그곳 훈장이 그 사정을 물어보았다. 이에 주시경이 용기를 내서 말했다.

이 서당에서 글을 배우고 싶어요.

이 진사는 그 소년의 처지를 물어보아 신분이 중인인 것을 알고는 혹여 자기 집에 드나드는 양반들이 물어보면 "우리 아버지

주시경 "말이 오르면 나라도 오르고 말이 내리면 나라도 내리나리라" 오늘날 그를 어문민족주의자로 부르는데, 이는 평생 한글 보급을 사명으로 삼았기 때문일 것이다. 그러나 그의 신계몽주의적 신민족주의적 사상과 운동을 소홀히 할 수는 없을 것이다.

는 훈장의 친구로 평산에 사는 주○○이다"라고 대답하라고 이르고 글방에 받아들였다. 이곳에서 그는 3년 동안 한문을 익히며 서울의 내로라하는 양반들과 안면을 넓혔다. 더욱이 이 진사가 어느 때 죽고 난 뒤에는 그의 부인에게서 글을 배웠다 하니 두터운 신임을 받은 것으로 보인다.

1894년 9월에 그는 머리를 깎고 배재학당에 입학했다. 이 무렵 중인신분의 인사들이 개화파로 많이 바뀌어갔는데 이들의 영향을 받은 듯하다. 주시경은 이때 어엿한 개화 청년으로 성장했다. 그런 탓으로 양반의 청년들은 설령 학교에 다닐지라도 상투를 틀고 그 위에 교모를 눌러쓰고 다녔는데 주시경은 완전 삭발을 했다. 그는 집이 가난해 배재학교 인쇄소에서 잡일을 해주고 학자금을 벌었다. 그는 스물셋의 나이로 배재학당 만국지지과萬國地誌科를 졸업하고 2년 뒤 다시 배재학당 보통과를 졸업했다. 이어 인천 이운학교利運學校 등에서 항해술, 측량술 그리고 영어와 의학을 배우는 등 신문물에 깊이 몰두했다.

한글연구에 몰두하다

배재학당 보통과에서는 서재필이 지지학을 가르쳤다. 그는 서재필의 눈에 띄어 서재필이 발행하는 「독립신문」의 회계를 보기도 하고 신문을 발행하는 인쇄소의 교보원校補員(교정보는 일)으로 일하기로 했다. 이 과정에서 그는 미국 선교사들과 접촉하면서 영어를 익혔고 인쇄소에서 일을 보면서 한글로 발행하는 신문의 교정을 보았다. 그래서 그가 평소에 관심을 가졌던 한글연구에 깊이 빠져들었고 자기 나름대로 한글의 우수성을 알고 이를 체계화할 뜻을 굳혔다. 따라서 그의 20대 후반기와 30대 초반기는 활발한 사회활동을 전개한 시기였다.

1896년에는 우리나라 최초의 학생조직인 협성회協成會가 발족되었는데 그는 여기에 배제학당의 동료인 이승만, 신흥우 등과 함께 참여했다. 이어 독립협회 중심의 만민공동회운동이 크게 일어나자 여기에도 적극 참여했다. 그들은 강연과 집회를 통해 부패한 정부 대신의 축출, 자주독립사상의 고취, 입헌군주제 주장 등의 운동을 줄기차게 벌였다. 주시경은 조직의 일을 보면서 각 학교와 강습소의 강사로 초빙되었고 외국인에게 한국어를 가르치는 교사로도 활동했다.

이 무렵인 1897년 한 해 동안 잡은 토론 문제를 보면, '아내와 자매, 딸들을 교육함에 대하여', '학생들이 매일 운동함에 대하여', '길을 닦음에 대하여', '예수교를 국교로 함에 대하여', '종을 속량贖良(양민으로 만들어줌)함에 대하여', '우리나라의 철도를 놓음에 대하여', '20세 전에 혼인하지 않음에 대하여', '산소 쓸 데 미신에 미혹하지 않음에 대하여', '모든 글씨를 왼쪽에서 가로 씀에 대하여', '구령을 우리말로 씀에 대하여' 등 32메목을 내걸었다.(김윤경, 『인물 한국사의 역사』 주시경편 참고) 실로 한두 문제를 제외하고는 근대화 의식을 고취시키는 주제였다.

그에게도 감시의 눈이 따라붙어 잠시도 멈추지 않았다. 상동교회(남대문시장의 남창동 안에 있었음) 청년회 중심의 인사들이 주목의 대상이 되었다. 그는 몸을 피해 봉산에 있는 자형의 집에 석 달 동안 도피하기도 했다. 서울의 동지들이 국면이 조금 안정되었다는 소식을 전해주어 다시 서울로 와서 활동을 벌였다. 이 무렵 대한제국에서는 독립협회의 이상재 등 17명을 체포하여 감옥에 가두었다. 이들 중에서 급진적인 주장을 편 청년 이승만이 가장 미움을 받아 곧 사형에 처해질 것이라는 소문이 나돌았다. 이때 주시경은 체포를 면하고 있으면서 감리교파인 상동교회의 목사 전덕기全德基와 함께 권총 한 자루를 구했다. 두 사람은 서대문감옥의 간수들에게 뇌물을 써서 이승만을 면회했다. 그리고 권총을 건네주며, 이렇게 당부했다.

> 내일 오전 아홉 시쯤 우리들이 감옥 밖에서 기다리고 있다가 위험할 때에 도와줄 터이니 그대는 아침밥을 먹고 운동할 적에 도망쳐 나오라. 뒤쫓는 자가 있을 것이나, 그때 권총으로 위협하고 문 밖으로 나오면 우리가 형세를 보아 도와줄 터이니 곧바로 배재학당 안으로만 들어오면 살 수 있다.
>
> 윤효정 『한말비사』

다음 날 두 사람이 약속시간에 나갔으나 열 시가 넘어도 이승만이 나오지 않자, 일이 잘못된 줄 알고 배재학당으로 들어왔다. 그리고 담 위에 올라 상황을 살피고 있었다. 뒤늦게 이승만이 쫓기며 달려오는 것이 보여 미리 준비한 줄을 담 아래로 내리니 이승만이 줄을 잡았다. 두 사람이 힘껏 줄을 당겼으나 워낙 약골이어서 쉽게 딸려오지 않자, 옥졸 두 사람이 달려와 이승만의 다리를 낚아챘다. 이렇게 해서 이승만의 구출은 실패로 돌아갔다.(윤효정 『한말비사』)

이 이야기를 통해 주시경의 당시 활약상을 짐작할 수 있다. 그 뒤 그의 활약은 더욱 눈부셨다. 여기저기 분주하게 다니면서 때로는 한글 강연, 때로는 독립심 고취로 쉴 틈이 없었다. 이때 그는 한글연구에 골몰한 나머지 길을 가다가도 곧잘 전봇대나 사람들과 부딪쳤음에도 아랑곳하지 않았다 한다.

한글운동과 구국운동에 신명을 바치다

1905년 7월, 그는 국어연구와 사전편찬을 서둘러야 한다고 정부에 건의했다. 당시 지석영이 「신정국문新訂國文」 6개조를 실시할 것을 청원하여 고종의 재가를 받아 실시케 되었는데, 세종 시기의 정음청과 같은 기관을 두어 국문에 대해 좀 더 실질적 연구가 이루어지도록 하자는 의도였다.

그 결과 학부 안에 국문연구소가 정식 발족되어 그는 한글운동에 뜻을 같이하는 어윤적, 이능화, 지석영 등과 함께 위원으로 활동했다. 위원들은 각기 일정기간 내에 연구보고서를 내게 되었는데, 주시경은 이때의 연구를 토대로 『국어문전음학國語文典音學』, 『국어문법』, 『말의 소리』 등의 연구결과를 내놓았다. 이들 책에 수록된 소리의 분석, 낱말의 분류는 한글의 문법 및 분석에 과학적 토대가 되고 있다.

한편 그는 박동에 있던 보성학교 안에 일요강습소를 만들어 많은 국어학자와 국어교육자를 길러냈다. 그러면서 그는 각 학교를 돌아다니며 강의했다. 당시 그는 등사판에 박은 교재를 보따리에 싸서 들고 다닌 탓으로 '주보따리'로 불리기도 했다. 또 그는 자신은 물론, 동생과 친구를 시켜 고향 등지에 학교를 설립하는 운동도 벌였다.

또 구국운동도 활기차게 벌였다. 중국의 양계초梁啓超가 베트남 망국의 역사를 써서 중국 사람들을 일깨운 『안남망국사』를 순 한글로 번역해 박문서관에서 발행해 널리 보급했다. 그리고

1906년 최익현이 대마도에서 순국하자 이상재, 이갑李甲, 주시경 등이 일제의 눈을 피해 그 추도식을 비밀리에 탑골승방에서 가졌다. 이 자리에서 70여 명이 모여 구국운동을 펼칠 것을 다짐했다. 그가 추도식에 참여하고 돌아올 때 전덕기 목사와 동행했는데 그는 전덕기 목사에게 오랜 고민을 털어 놓으면서 이렇게 말했다.

> 주시경 : 무력침략과 종교적 정신침략 중 어느 것이 더 무섭습니까?
> 전덕기 : 정신침략이 더 무섭지.
> 주시경 : 그러면 선생이나 나는 벌써 정신침략을 당한 사람이니 그냥 있을 수 없지 않습니까?
> 전덕기 : 종교의 진리만 받아들일 것이지 정책은 받아들이지 않으면 될 것이오.

그는 기독교적 정신을 거부한 셈이다. 그래서 그는 나철이 주장한 단군교(뒤에 대종교)로 개종했다. 그리고 단군교도가 되어 여러 인사들과 힘을 합해 단군교 확장에 나섰다. 그리하여 기독교도들은 이런 뜻을 가진 기독교도 출신의 인사들에게 비난과 욕설을 퍼부어댔다. '주시경 보따리, 윤치호 미투리, 최남선 패랭이, 조만식 행전'이라 별명을 지어 불렀다 한다.(김윤경 『인물 한국사의 역사』)

또 주시경은 서북학교와 휘문학숙의 설립에도 한 역할을 했다. 민영준은 평안감사 노릇을 하면서 온갖 부정을 저질러 축재를 했다. 이갑의 아버지는 평안도 일대에서 많은 재산을 가지고 있었는데 민영준에게 불법으로 빼앗겼다. 이갑은 일본의 사관학교를 나와 서울에 와서 무관학교에서 교관 노릇을 했다. 이후 이갑이 권총을 들고 민영준을 찾아가 자기 아버지의 빚을 갚으라고 위협했다. 주시경, 유길준 등 이갑의 동지들은 민영준을 찾아가 그 빚을 개인에게 갚지 말고 학교를 세워 갚으라고 설득했다. 민영준은 이에 동의하지 않을 수 없었다.

그리하여 먼저 서북학교 설립에 나섰다. 곧 이름부터가 서북지방의 인사들에 대한 배려였다. 서북학교는 오성학교, 협성학교로 발전했고, 뒤에 정치대학을 거쳐 건국대학교로 변천했다. 또 종로구 계동에 휘문의숙을 세워 오늘날의 휘문고등학교로 발전했으나 건국대학교와는 달리 민씨들이 재단에 관여했다.

그 뒤에도 정주의 오산학교와 평양의 대성학교, 김구가 재령에 설립한 서숙 등에 왕래하면서 민족운동, 한글보급, 학교설립의 주선 등으로 나날을 보냈다. 이 무렵 지석영의 애매한 태도와 극히 대조가 되는 활동을 했던 것이다.

망명의 뜻을 이루지 못하고 급사하다

그가 몹시 가난하게 사는 것을 보고 경상도의 어느 유지가 내수동에 30칸이 되는 집을 마련해주어 편안하게 살게 했다. 그리하여 그는 넓은 집에 많은 장서를 쌓아놓을 수 있었다. 이 시기 그는 교정을 돕는 노인 비서를 두고 도움을 받았으며 그 많은 강연을 소화하기 위해 인력거를 이용해 다녔다. 그러면서도 집 안에 있을 때에는 말모이(사전)작업을 잠시도 쉬지 않았다. 주시경과 김두봉, 권덕규 등 세 사람은 머리를 맞대고 사전편찬 준비를 계속했다.

그의 이런 활동은 1910년 나라가 완전히 망하자 좌절할 수밖에 없었다. 더욱이 일제는 한글 말살정책을 단계적으로 펴나가고 있었다. 1914년, 몇 년을 버티던 그는 해외로 망명하기로 작정했다. 그리하여 고향으로 내려가 부모 형제에게 작별을 고하고 이어 친구들에게도 떠날 결심을 밝힌 뒤 서울 내수동 집으로 왔다. 그런데 갑자기 체증에 걸려 급사하고 말았다. 그의 나이 서른아홉이었다. 그가 중국으로 망명해서 활동을 벌였더라면 신채호, 박은식, 김두봉과 같이 더 많은 업적을 남겼을 것이다.

그가 죽은 뒤 그의 내수동 집은 가족의 생계를 위해 팔렸고, 그의 장서들은 최남선의 손으로 넘어갔다. 오늘날 그의 흔적은 몇 권 남긴 한글 관련 책에서나 찾아볼 수 있다. 하지만 그의 말모이 작업은 조선어학회로 넘어가 해방 뒤 한글학회의 『큰사전』 편찬의 기본자료가 되었으며, 그의 한글문법과 맞춤법은 오늘날 우리의 문자생활의 기초를 다져 주었다.

여기에서 그의 한글 저술의 수준이나 이론 등을 모두 소개하기는 어렵다. 그는 음학音學, 자분학字分學, 격분학格分學, 도해학圖解學, 변체학變體學 등 창의적 한글 이론을 제시했고 그의 제자로는 김두봉, 최현배, 김윤경, 권덕주, 장지영, 이윤재, 이병기, 김두종 등 우리나라 한글연구의 주류를 이룬 학자들이 있었다. 오늘날 그를 어문민족주의자로 부르는데 이는 한글 보급을 중심에 두었기 때문일 것이다. 하지만 그렇다고 그의 신계몽주의적 신민족주의적 사상과 운동을 소홀하게 다루는 것은 아닐 것이다.

신채호
민중혁명을 재창한 민족사학의 기수

곡하고 노래하기마저도 어려워라

1936년 2월 21일, 북풍이 몰아치는 여순 감옥에서 단재丹齋 신채호申采浩(1880~1936)는 고난에 찬 독립투쟁가의 일생을 마쳤다. 당시 그의 나이 쉰일곱 살로 일제에 대한 새로운 투쟁을 준비하던 중 체포되어 10년의 실형을 선고받고 8년째 복역하다 옥중에서 순국한 것이다. 조국광복의 꿈을 안고 중국에 망명한 지 26년, 상하이와 베이징 그리고 만주와 연해주 등지를 오가며 잃어버린 우리 역사의 흔적을 더듬고 민족혼을 깨우치던 사학자요, 언론인이며 혁명가인 신채호는 결국 해방 조국의 땅을 밟아보지 못하고 생을 마감했다.

그는 생전에 "내가 죽으면 시체가 왜놈들의 발끝에 채이지 않

신채호 그는 예전의 우리 역사가 결코 퇴영적이 아니요, 고조선·고구려 등이 강대한 중국에 맞서 영토를 확장하거나 지키며 살아온 역사적 사실을 통해 민족사관을 정립하는 데 온 힘을 기울였다.

도록 화장하여 재를 바다에 뿌려 달라"고 했으나 유족들은 후손들을 생각하여 국내에 묘소를 쓰기로 하고 여순에서 화장하여 유골을 고국으로 옮겨 봉안해왔다. 그러나 정작 그는 민적民籍(식민지시대의 호적)이 없어서 매장허가를 얻지 못해 암장할 수밖에 없는 기막힌 처지였다. 그는 살아서 "곡하고 노래하기 그마저도 어려워라"고 한탄했지만 죽어서도 정작 묻힐 곳이 없는 형편이었다.

그의 묘소는 청원군 낭성면 귀래리에 자리를 잡았다.

1970년대부터 신채호의 생애와 사상에 대한 연구가 활발하고 그의 저작도 전집으로 출간되는 등 관심이 높아졌다. 변절과 투항으로 얼룩진 일제하 이 땅의 지식인들의 행적을 뒤돌아볼 때

비타협적 투쟁으로 일관해온 신채호의 생애는 우리에게 민족과 독립의 의미를 다시 새겨보게 한다.

역사연구를 통해 구국운동을 벌이다

신채호는 충청남도 대덕군 산내면 도림리(현재 대전광역시 중구 어남동)에서 태어났다. 그의 할아버지 신성우申星雨는 언관인 정언 벼슬을 지냈으나 그의 아버지 신광식申光植은 벼슬살이는 하지 않았다. 집이 가난하여 어려운 살림을 꾸리느라 고생이 많았던 것으로 알려졌다. 신채호는 어릴 적에 학식이 넓은 할아버지에게서 한문을 배웠는데 신동으로 소문이 자자했다 한다.

한편 문의현(지금 청원군) 일대에는 고령신씨인 신숙주의 후손 수백 호가 집단마을을 이루며 살았다. 이들은 조선조의 토반土班으로서 재산으로나 신분으로나 행세깨나 하는 명문이었다. 조선 중기에 대제학과 좌우정을 지낸 신용개申用漑 등 많은 인물이 배출되었다.

신채호가 자랄 무렵, 고령신씨의 집안에는 그만한 또래의 재동들이 많았다. 뒤에 독립투사로 활약한 신규식申圭植(상해 임시정부 국무총리대리), 신건식申健植(주중한국대사) 형제, 신석우申錫雨(조선일보사 사장), 신백우申伯雨(서로군정서 참모) 등이 각기 꿈을 안고 배움에 열중했던 것이다. 신석우는 신채호의 일가 할아버지뻘, 신규식은 신채호의 일가 아저씨뻘이 된다.

그는 집안의 촉망을 한 몸에 받으며 한학공부에 열중하면서 과거시험을 준비했다. 열여덟 살 때 할아버지의 소개로 학부대신을 지낸 신기선申箕善의 사저를 드나들면서 많은 장서를 읽어 지식을 넓혔다. 그가 새로운 세계를 볼 수 있었던 중요한 계기가 되었다.

신채호는 스물의 나이에 신기선의 소개로 성균관에 입학했다. 이곳에서 그는 변영만, 유인식 등 유망한 청년들과 어울릴 수 있었다. 또 독립협회운동에도 뛰어들었다. 그 뒤에 20대 초반의 나이에는 향리에서 신백우, 신규식 등과 함께 신교육운동을 벌였다.

그는 스물여섯 살 때 성균관 박사로 임명되었는데 이를테면 오늘날의 국립대학 교수가 된 셈이다. 그러나 그가 학생들을 가르칠 당시에는 나라 사정이 말이 아니었다. 그리하여 그는 이 벼슬을 버리고 구국운동에 나서기로 결심하고 황성신문사에 들어갔다. 당시 「황성신문」은 「독립신문」의 후신으로, 장지연, 박은식 등의 지사가 일제침략에 항거하는 논설과 친일파를 매도하는 논설을 피를 토하듯 토해내고 있었다. 곧이어 「황성신문」이 폐간되고 「대한매일신보」가 창간되자 양기탁의 소개로 다시 이곳으로 옮겨왔다. 그는 이 두 신문에서 일반논설 외에 한국의 역사에 관한 글들을 썼다.

그는 이때부터 우리나라의 역사연구를 통해 민족구국운동을 벌이려는 목표를 삼은 것으로 보인다. 그는 역사논문에서 민족의 주체를 강조하고 봉건질서의 타파를 외쳤다. 그는 우리 역사에서 자주성을 찾고 주체적인 활약을 부각시키면서 사대주의와 양반의식을 철저하게 배격했다. 이때 발표한 글로는 「일본의 3대 충노」를 비롯해 『독사신론讀史新論』과 이순신, 최영, 을지문덕의 전기를 발표했다. 그는 웅혼한 문장과 힘찬 기상을 담은 글로 청년 문사의 이름을 떨쳤다.

또 그 자신이 양반 출신이었고 명문가에서 태어났으나, 양반들을 죽이려는 19세기의 검계劍契, 살주계殺主契와 같은 비밀결사 활동을 사회변혁세력으로 보아 높이 평가하기도 했다. 곧 나라를 이 지경으로 몰아넣은 것을 지배세력인 양반계층으로 보았고, 사대주의를 몰주체沒主體에서 나온 자기비하적 의식에서 태동한 것으로 보았다. 그의 민족사학자로서의 참모습은 「황성신문」과 「대한매일신보」의 논설에서부터 강하게 나타나기 시작했다. 그는 신민회 조직과 국채보상운동과 청년학우회 등의 단체에서 맹렬하게 활동했다.

무력투쟁의 길을 가다

1910년, 나라가 완전히 무너지자 그는 감연히 블라디보스토크로 망명했다. 신채호는 그곳에서 독립지사들과 협력하여 민족혼을 일깨우기 위해 「해조신문」의 후신인 「대동공보」를 간행하는 일에 관여했다. 이어 동포들이 권업회勸業會를 조직하고 기관지인 「권업신문」을 발행하자 그 주필로 활동했다. 그러나 재정사정이 어렵고 또 언론에 대한 동포의 인식이 제대로 잡혀지지 않아 신문발행은 여러 차례 결간을 거듭했다. 한 호마다 겨우 발행하는 처지였다.

이런 때인 1913년에 상하이에 먼저 자리 잡은 신규식, 박은식으로부터 상하이에 와서 활동할 것을 권고하는 편지를 받았다. 그는 상하이로 가서 신한청년단과 박달학원 등 여러 교민단체 또는 운동단체에서 청년들에게 우리 역사를 가르쳐 애국심을 고취하는 한편, 우리나라 상고사의 연구에도 열중했다.

이듬해 만주 봉천성 회인현으로 가서 동창학교 교사로 재직하면서 백두산을 등정하고 광개토대왕비를 답사하며 고구려와 발해 유적지를 돌아보았다. 그 뒤 베이징으로 가서 새로운 활동을 벌였다. 더욱이 베이징 보타암에 주거지를 정하고 「북경일보」 등에 논설을 쓰기도 하고 대한독립청년단을 조직해 단장을 맡아 보기도 했다.

이 시기에 그는 예전의 우리의 역사가 결코 퇴영적이 아니요, 고조선·고구려 등이 강대한 중국에 맞서 영토를 확장하거나 지키며 살아온 역사적 사실을 통해 민족사관을 정립하는 데에 온 정열을 쏟았다. 특히 그는 고대사 정리에 심혈을 기울였다. 그는 독립투쟁과 학문연구를 병행하면서 이국땅에서 10년쯤의 세월을 보내면서 하루도 편할 날 없이 동분서주했다. 이럴 즈음, 국내에서는 3·1운동이 일어났고 곧이어 망명지사들이 상하이에서 임시정부를 수립했다. 그는 임시정부 수립에 앞장서 임시정부창건위원회의 요인으로 활약했고, 임시정부가 수립되자 의정원 전원위원장에 추대되었다.

  그러나 독립투쟁의 구심체로 발족된 상하이 임시정부의 활동은 그리 순탄하지만은 않았다. 서로 망명정부의 주도권을 놓고 다툼질이 벌어졌고, 심지어 임시정부의 정체政體를 놓고 공화파와 복벽파復辟派로 나뉘기도 했다. 게다가 기호파, 서북파 따위의 파벌이 일어났고, 몇몇이 모이면 예전 조상의 줄을 대 당색을 따지거나 양반·상놈을 가리는 일 따위로 입씨름을 벌였다. 신채호는 감연히 이런 행동에 성토를 벌였다. 특히 독선적이요 주도권 잡기에만 열중하는 임시정부의 대통령 이승만을 규탄하고 나섰다. 그가 이승만을 규탄할 적에는 어찌나 격렬했던지 이승만에 반대하는 세력도 과하다고 평할 정도였다고 한다.

  임시정부가 제대로 단결되지 않자 그는 전원위원장 자리를 내던지고 언론활동을 다시 벌였다. 단재는 순한글 신문인 「천고天鼓」를 손수 발행하기도 하고, 임시정부에서 간행하는 「독립신문」과 중국의 신문인 「중화일보」에 많은 논설을 써서 독립투쟁을 전개했다. 그러나 임시정부와 관련된 직책을 던지고는 「신대한」을 창간하여 주필을 맡아 「독립신문」의 온건노선에 맞서 격렬한 논조를 폈다.

  그의 독립투쟁노선은 철저하게 폭력투쟁이었다. 그는 강한 일본침략세력과 맞서려면 파괴·암살 등의 방법을 통해 항쟁해야지, 외교 또는 문화운동이나 그들의 이성에 호소하는 따위의 온건한 방법으로는 결코 아무런 성과도 거둘 수 없다고 보았다. 그의 이런 투쟁노선 또는 독립혁명사상은 「조선혁명선언」에서 잘 나타난다.

「조선혁명선언」 무력항쟁의 의지를 밝히다

1923년에 들어 청년들을 중심으로 한 독립지사들은 독립투쟁에 새로운 전기를 마련하고자 했다. 곧 일제의 고위 관리나 친일파들을 제거하는 폭력투쟁을 전개하여 독립투쟁에 활력을 불어넣기 위해 무장 독립운동 단체인 의열단義烈團을 조직했다. 이들은 임시정부와는 별도로 의열단을 만들어 톈진에 본부를 두고 중국에 널려 있는 한국인 일본 밀정은 물론 도쿄의 침략의 원흉, 조선에 있는 총독부 관리 및 친일파에 대한 테러·암살을 행동목표로 설정했다.

의열단은 그들의 강령과 행동목표의 취지 및 단원의 정신무장을 위해 「조선혁명선언」을 발표하기로 하고 그 선언서를 베이징에 있는 신채호에게 부탁했다. 신채호는 흔쾌히 이를 받아들였을 뿐만 아니라 그의 혁명사상을 발표할 계기로 여겨 일대 대일선언서를 작성했다. 이것이 유명한 「조선혁명선언」이다. 그는 이 글에서 일본의 침략마수를 낱낱이 파헤쳤는데 그 시작은 이렇다.

강도 일본이 우리의 국토를 없앴으며 우리의 정권을 빼앗았으며 우리의 생존적 필요조건을 깡그리 빼앗아갔다.……대다수 인민 곧 일반 농민들은 피땀을 흘리어 토지를 갈아 그 해 소득으로 한 몸과 처자의 입에 풀칠할 거리도 남기지 못하고 우리를 잡아먹으려는 일본 강도에게 바쳐 그 살을 찌워주는 영원한 마소가 될 뿐이요, 끝내는 그 마소의 생활도 못하게 일본 이민들의 유입이 해마다 빠른 속도로 증가하여 '딸깍발이' 등쌀에 우리 민족은 발 디딜 땅이 없어 산으로 들로, 서간도로 북간도로, 시베리아의 황야로 몰리어가 아귀부터 유귀流鬼가 될 뿐이며……. (현대어로 고쳤음)

그는 이어 일본의 침략수법과 압제의 실상을 낱낱이 지적하고 동양평화의 허구성을 파헤쳤다. 또 일본 식민통치의 굴레를 벗어나려는 일련의 미온적 방법을 비판했다.

첫째는 국제연맹의 도움 따위에 기대는 외교론으로 독립을 쟁취하려는 방법의 한계를 말하고, 둘째는 민족자본의 육성, 교육을 통한 민족의식의 고취, 신문 등을 통한 문화수준의 향상 따위의 방법으로 민족독립을 이룩해야 한다는 준비론에 비판을 가했다. 그는 신문 한두 개, 학교 몇 개, 군대 얼마로 대일항쟁을 벌이겠다는 것은 막연하고도 기다릴 수 없는 세월이 될지 모르는 계획이라고 일갈했다. 그리하여 혁명의 수단을 통해서만 소기의 목적이 이루어진다고 강조했다.

조선 민족의 생존을 유지하자면 강도 일본을 몰아낼 지며, 강도 일본을 몰아내자면 오직 혁명으로써 할 뿐이니 혁명이 아니고는 강도 일본을 몰아낼 방법이 없는 바이라.……혁명의 길은 파괴부터 계획할지니라. 그러나 파괴만 하려고 파괴하는 것이 아니라 건설하려고 파괴하는 것이니 만일 건설할 줄을 모르면 파괴할 줄도 모를 지며 파괴할 줄을 모르면 건설할 줄도 모를지니라. 건설과 파괴가 다만 형식상에서 보아 구분될 뿐이요, 정신상에서는 파괴가 곧 건설이니 이를테면 우리가 일본세력을 파괴하려는 것이, 제일은 이족통치를 파괴하자 함이라…….(현대어로 고쳤음).

이 행동목표에는 일본 천왕의 암살도 포함되어 있었다. 이 글을 읽는 일본 침략자들의 간담이 서늘할 정도로, 격렬하고 조리 정연한 문장으로 일본에 대한 혁명이론을 전개했다. 이 글은 의열단 단원들에게 큰 용기를 주었고, 따라서 1920년대 의열단의 무력항쟁이 눈부시게 전개될 수 있었다.

그는 이후 베이징대학 도서관에 출입하면서 고대사 연구에 더욱 열중했다. 그의 논설들은 조선총독부의 유화정책에 따라 국내의「동아일보」와「조선일보」를 통해 발표되어 독자들의 열렬한 반응을 불러 일으켰다.

1926년경 그는 동방무정부주의자연맹에 가입했다. 이것은 물론 그의 아나키스트로서의 의지보다도 독립투쟁의 일환으로 이 활동에 가담했던 것이다. 특히 그의 평론에는 자유, 평등, 폭력, 혁명을 찬양하는 논조들이 자주 나타났는데, 이는 아나키즘의 영향을 받은 탓일 것이다.

이런 활동이 끝내 일본 경찰에 발각되었고 그의 이름도 일본 수사기관에 포착되어 체포자 명단에 올랐다. 일제 경찰은 그를 일급 불온 인물로 낙인찍고 혈안이 되어 체포하려 했다.

불귀객이 된 영원한 망명자

그는 1928년 무정부주의 동방연맹대회에 참석하는 등 아나키즘 활동을 활발하게 전개했다. 이해 타이완에서 일경에게 잡히는 몸이 되었다. 이때 그는 외국위체위조사건外國爲替僞造事件의 연루자로 지목되었다. 어음이나 화폐를 위조하여 사용하려 했다는 혐의를 쓴 것이다. 그의 신병은 다롄으로 이송되었다.

이어 모진 심문을 받은 끝에 그의 독립투쟁 경력이 모두 드러났고, 특히 「조선혁명선언」의 작성자임도 밝혀졌다. 그는 10년 형을 선고받아 여순감옥에 갇히는 몸이 되었다. 옥중에서도 우리나라의 역사연구에 몰두했던 그는 1936년 뇌일혈로 쓰러져 죽고 말았다.

조국의 독립을 끝내 보지 못한 한 많은 생애였다. 오늘날 우리는 그를 민족사학의 태두, 근대사학의 비조로 일컫는다. 적어도 그는 실학자들의 역사의식을 계승하고 근대사학을 접목시켜 철저한 민족사관에 입각하여 주체의 역사를 서술하기에 불같은 정열을 기울였다. 망명지의 차가운 여관방에서도 그는 역사책을 놓지 않았으며 감옥에서도 그의 연구열은 멈출 줄 몰랐다. 그의 역사서술은 기백이 넘쳤고, 압제를 일삼는 세력에 대해서는 칼보다 예리한 필치로 매도했다.

그에 대한 이런 일화가 있다. 그는 평생 동안 고개를 쳐들고 얼굴을 씻었다고 한다. 세숫물이 가슴을 적셔도 아랑곳없이 평생 이를 어긴 적이 없다고 한다. "남자가 어찌 땅을 보고 세면을 하느냐"고 말했다고 한다. 또 나라 잃은 백성이 무슨 호적이 있느냐면서 호적을 아예 없애버렸다. 이런 기백이 바로 독립투쟁에서나 역사서술에 그대로 나타났던 것이다.

오늘날 그가 뛰놀던 고향 땅은 비록 대청댐으로 일부 물에 잠겨 있지만, 그의 민족정신과 역사정신은 우리의 혼 속에 그대로 전해지고 있다. 또 후학들은 그의 역사정신을 본받아 민족사관의 정립에 열중하기도 한다. 민족의 역사는 바로 나라를 유지·발전시키는 데에 정신적 원동력이 되기 때문이다.

1970년대부터 신채호의 생애와 사상에 대한 연구가 활발하고 그의 저작도 전집으로 출간되는 등 관심이 높아졌다. 이어 그를 기리는 많은 전기가 출간되기도 하고 단재상을 제정하여 민족사를 연구하거나 도움을 준 학자에게 수여하기도 하고(한길사) 그의 기념관을 묘소 밑에 지어 유물을 전시하여 일반인의 발길을 끌기도 한다.

그는 망명지의 감옥에서 죽었으나 그의 정신은 고국에서 우러름을 받은 것이다. 변절과 투항으로 얼룩진 일제하 이 땅의 지식인들의 행적을 뒤돌아볼 때, 비타협적 투쟁으로 일관해온 신채호의 생애는 우리에게 민족과 독립의 의미를 다시 새겨보게 한다.

정인보
대쪽같이 꼿꼿한 선비기질

명문의 가문에 태어났으나

위당爲堂 정인보鄭寅普(1892~납북). 우리는 그의 이름을 들으면 암울한 시대에 대쪽 같은 절개로, 모순이 판치는 세태 속에서 꿋꿋한 삶을 산 사람의 모습을 떠올리게 된다. 그는 꿋꿋한 지사요 국학자인 동시에 정직한 관리였다.

그의 탄생설화도 조금 특이하다. 그의 어머니는 나이 마흔이 되어서 그의 본가가 있는 장흥방 회동(지금의 회현동 일대)에서 종현(지금의 명동성당 부근)에 있는 친정으로 가서 아들을 낳았다. 그의 아버지 정은조가 서른여덟에 본 귀한 외동아들이었다. 그러나 그는 본가로 돌아오자마자, 곧 강보에 싸인 채 생모 달성서씨의 품을 떠나 큰어머니 경주이씨의 방으로 옮겨져야 했다. 돌아가

신 큰아버지 정묵조가 손이 없었기 때문에 양자가 된 것이다.

그의 집안은 조선 왕조의 열일곱 임금 밑에서 대대로 높은 벼슬아치를 낸 동래정씨인 명문가였다. 그의 증조부 정원용鄭元容은 조선 후기 격동기에 다섯 임금 아래에서 온건한 처신으로 난국에 대처해 고종 때까지 30년 동안 정승을 지낸 인물이다. 그의 가계를 보면 정원용 이하 줄줄이 판서, 부사 같은 벼슬자리를 누렸다. 하지만 안동김씨나 여흥민씨의 문벌정치 아래에서 실권을 잡은 처지는 아니었다.

그런데 그의 할아버지 정기년은 고관의 아버지를 둔 탓으로 부사 같은 벼슬을 지냈지만 술만 취하면 언제나 벼슬살이에 정신이 없는 형 정기세鄭基世(판서를 지냄)를 찾아가 투정을 부렸을 만큼 도통 시세에 맞지 않은 인물이었다. 그리하여 비록 정기년은 벼슬살이를 하기는 했지만 가난하기 짝이 없었다.

정기년은 늘 "우리 문중의 인물은 당숙밖에 없다"고 말했는데, 그 당숙이 곧 정윤용鄭允容이다. 정윤용은 낮은 벼슬을 지내고 난 뒤 조정을 떠나 시세의 모순에 울분을 삼키며 저술에 몰두한 인물이다. 당시 사람들이 '회동의 정씨 아홉 집'이라 하여 떵떵거리는 회동의 정씨들을 꼽을 적에 가장 낮은

정인보 그는 어려운 살림에도 가난한 학생들이 오면 침식은 물론, 겨레의 얼을 불어넣고, 글을 가르치기도 했다. 이처럼 그는 젊은이와 학생을 사랑했다. 그가 평생 추구한 것은 국학 진흥을 통해, 겨레의 얼을 살리고 키우며 살찌우는 일이었다.

지체에 든 이가 정윤용이었다. 그런데도 정기년이 자기 아버지나 형을 제쳐놓고 정윤용을 높이 산 까닭이 어디에 있을까? 여기서 우리는 훗날 정인보의 대쪽 같은 선비기질이 나타나게 된 배경을 보게 된다.

정인보의 할아버지가 죽고 나서 정인보의 큰아버지와 작은아버지도 곧 세상을 떠났는데, 이때 정인보의 아버지는 겨우 열한 살이었다. 그러니 정인보의 아버지는 그야말로 고아가 되어 과부 형수들을 모시고 집안을 일으켜야 했다. 고관의 후손인 정은조가 비록 부사 같은 벼슬을 한때 지냈으나 그의 부인은 벼슬아치의 관복 짓는 삯바느질로 생계를 도와야만 했다. 그만큼 그의 가난한 삶은 태어날 적부터 시작된 것으로 보인다.(민영규, 『담원정인보전집』의 행장과 부록)

국학진흥에 힘쓰다

1900년대에 들어 그의 집은 자주 이사를 해야 했다. 나라가 기울어진 탓도 있었거니와 그의 가정 사정으로도 어쩔 수 없이 이곳저곳에 옮겨 살아야 했다. 이 잦은 이사 또한 그의 생애에 나타난 하나의 특징이다. 이를테면 정인보는 스무 살을 전후해서 중국에 왕래했는데, 확실하지는 않지만 어떤 사명을 띠고 만주 일대의 연락을 맡은 적도 있고, 어머니를 모시고 만주와 상하이에서 망명생활을 한 적도 있었다.

그러는 사이 그는 강화도에 머물러 있는 난곡蘭谷 이건방李建芳의 제자가 되었다. 이건방은 이른바 강화학파의 마지막 보루였다. 강화학파는 조정에서 떠나 이곳에서 주로 양명학 등을 가르친 정제두나 이시원의 학통이었는데, 정인보가 그의 제자가 된 것은 한국사상사에 한 계기를 이루었다고 할 수 있다.

또 상하이를 오가면서 홍명희, 이광수 등을 만나기도 하고, 신규식, 박은식 등을 찾아보기도 했다. 그러면서 상하이에서 결성한 동제사同濟社운동에 참여하기도 했는데, 어느새 그는 학식과 재주가 세상에 알려져 명사로 부각되었다. 그가 어떤 동기에서 상하이 생활을 1년 만에 청산하고 귀국했는지는 모르나 3·1운동 때에는 충청도 목천에서 살았고, 스물여덟 살 때인 1920년에는 다시 서울로 올라와 살게 된다. 이때부터 그에게는 학자다운 면모가 나타나고 형극의 삶이 연이어진다.

1922년 봄, 정인보는 새 학기를 맞이하여 연희전문학교의 강사가 되었다. 그뿐만 아니라 협성학교와 중앙불교학림(뒤에 불교전문으로 개칭. 지금의 '동국대학교' 전신)에도 출강하게 되었다. 정인보는 이 학교에서 국학을 가르쳤다. 경성제국대학에서 일제의 식민사학자들이 한국 역사를 가르치며 한국사를 왜곡할 무렵이었다.

다음해에 정인보는 연희전문의 전임이 되었다. 서양 선교사들이 운영하는 학교에 그가 어찌해서 발을 들여놓게 되었는지는 자세히 알려져 있지 않다. 국학자로서의 그의 명성 탓이었을 것이다. 이 학교에서 그는 백낙준과 최현배를 만난다. 이들이야말로 당시 식민지 한국의 국학을 이끌어간 두 거두였다.

그 뒤 그의 국학에 대한 연구는 체계 있는 모습으로 나타나게 된다. 그는 실학사상을 천명했고, 한국 양명학에 대한 체계를 세워나갔다. 그러면서 월남 이상재의 묘비문 등 많은 글을 썼고, 많은 한글 시조도 발표했다. 또 남은 토지를 팔아 「시대일보」를 샀다가 다른 사람에게 넘겨주기도 하고 「동아일보」의 객원으로 많은 논설도 썼다. 이 모든 작업은 국학진흥을 위한 것이었고, 겨레의 얼을 진작시키기 위한 것이었다.

이런 바쁜 생활 속에서 나날을 보냈지만 집 한 칸을 마련하지 못했다. 이곳저곳으로 사글세나 전세를 얻어 떠돌았다. 받은 월급이나 원고료는 으레 가난한 학생들에게 나누어주었다 한다. 그의 제자 민영규는 이렇게 쓰고 있다.

> 위당에겐 부평 땅에 선대로부터 받은 4~5백 석지기 전답이 있었다. 그 대부분이 이러는 동안에(상하이 등지의 왕래를 말함) 돈으로 바뀌어 서간도로 보내졌다는 이야기를 들었다.……목천서 양삿골로 이사 오고 다음에 홍파동, 미근동, 효자동, 숭이동 등으로 이사가 빈번했지만, 모두 사글세 아니면 전세로 든 집이었다. 숭이동 다음으로 이사 온 내수동 집은 위당 일가가 처음으로 소유한 집이었다. 그러나 그것은 처음이자 마지막이 될 집이었다.
>
> 「위당 정인보 선생의 행장에 나타난 몇가지 문제」,『담원 정인보전집』

그러다 보니 그는 셋방과 셋집을 전전하면서 가난한 삶을 꾸려나가지 않을 수 없었다. 그가 그처럼 가난한 것은 씀씀이가 헤

퍼서도 아니요, 식구가 많아서도 아니었다. 부정한 돈을 받지 않고, 생기는 돈은 다 국학운동에 썼기 때문이다. 그의 자녀들은 늘 수업료를 못내 학교를 결석하기 일쑤였고, 밥을 굶는 것도 다 반사였다.

후학에게 겨레의 얼을 불어넣다

더욱이 그는 친일파와는 왕래를 끊고 지냈기에 그의 집안의 친일세력들로부터 따돌림을 받았다. 그래도 그는 어려운 제자들이 있으면 학비를 대주고 함께 생활했다. 그러니 그의 살림은 말이 아니었다. 그는 평생 동안 비단옷을 입지 않았고 집 안에는 은수저 한 벌 없었다고 한다.

그의 아저씨뻘인 정만조가 일제가 만든 친일단체인 경학원經學院의 대제학이 되어서 늘 "동래정씨에서 대제학이 된 것은 내가 두 번째이다"고 자랑하자 그는 "나는 그런 대제학 열 개 주어도 안 한다"고 면박을 주었다 한다. 또 아저씨뻘인 중추원 참의 정병조가 동래에 있는 시조묘의 부지를 일제에 국립공원으로 팔려고 공작을 꾸며 문중회의에서 통과시켰으나, 정인보가 문중 인사를 설득하여 이를 끝까지 막았다. 그리하여 이들이 그를 눈엣가시처럼 생각했으니 생계를 도와줄 리가 없었다.

마흔일곱 살이 되어서 그는 내수동에 그럴듯한 집을 마련했다. 이때는 연희전문 교수직도 떨어져 있을 때이므로 이것저것

남은 가산을 팔아 집을 마련했던 것으로 보인다. 그런데 그의 부인은 집을 마련했다는 기쁨도 잠시, 많은 식객들에 시달리며 그 뒷바라지에 넋을 잃어야 했다. 많은 학생들이 사랑채에 버티고서 아예 잠을 자고 밥을 얻어먹었던 것이다. 당시 민태식(성균관대 교수, 충남대 총장을 지냄), 성낙서(충남도 도지사를 지냄) 같은 여러 학생들은 아예 이 집 사랑채에서 기거를 했다.

정인보는 이때 일정한 벌이도 없이 남의 비문을 지어주고 신문, 잡지에 글을 써서 원고료를 받아 생계를 꾸렸다. 그런데도 그는 가난한 학생들이 오면 침식은 물론, 겨레의 얼을 불어넣고, 글을 가르치기도 했다. 이처럼 젊은이와 학생들을 사랑했다. 이런 정인보였으니 그가 평생 추구한 것은 국학 진흥을 통해, 겨레의 얼을 살리고 키우며 살찌우는 일이었다.

서울을 벗어나 지조를 지키다

이 내수동 생활도 일제가 태평양전쟁을 벌인 지 1년여 만에 막을 내려야 했다. 그의 일가는 양주군 창동(지금의 서울 도봉구 창동)으로 소개疎開했던 것이다. 이 무렵 그가 만일 서울에 살고 있으면 명사를 끌어내서 벌인 여성정신대 동원, 학도지원병 권유 등을 거부하기 어려웠던 것이다. 이를 벗어나기 위해 아예 서울을 떠난 것이다.

1940년대에 들어서 일제는 더욱더 전쟁준비를 서두르면서 애국지사들을 못살게 굴었다. 견디다 못한 많은 인사들이 친일파로 돌아서는 판이었다. 특히 그의 문우요 절친한 친구인 육당 최남선이 노골적으로 친일행각을 벌이는 것을 보고 정인보는 "내 친구 육당이 죽었다"고 상복을 차려 입고 최남선의 집을 찾아가 통곡했다(이 이야기는 한용운에게도 있다). 한번은 최남선이 반성하는 모습으로 정인보의 집을 찾아오자 정인보는 이를 축하하여 설렁탕을 사서 대접했다. 최남선이 그 뒤 다시 친일행각을 벌일 적에 또 그의 집으로 찾아와 냉수 한 그릇만 달라고 졸랐으나 정인보는 문도 열어주지 않았고, 최남선이 방 안으로 들어와 인사를 하는데도 팔짱만 끼고 대꾸도 하지 않았다.

어쨌든 1940년 초기에는 그의 창동생활이 시작되었다. 그는 일제의 협력 요구는 물론 일반의 강연 요청도 일체 거절하고 신장염이 도졌다고 핑계 대고 두문불출했다. 여기에서도 청년 학생들의 출입이 끊이지 않았음은 물론이다. 그러면서도 그는 집을 찾아드는 김병로, 홍명희, 방종현, 문일평 등과 담소를 나누며 시국담도 주고받았다.

이곳에서 또 그는 때때로 비문 같은 글을 써주고 사례로 받은 돈으로 생계를 도왔다. 한번은 마음에 들지 않는 인사의 비문을 써달라는 부탁을 받았다. 부탁하러 온 사람이 꿀 한 병을 놓고 가자 위당은 꿀병을 대문간에 달아매놓고 자녀들에게 손을 대지 말라고 엄명을 내렸다. 그 뒤 부탁한 사람이 비문을 찾으러 오자 "자네 꿀은 저기 걸려 있네. 가져가게"하고 말했다고 한다. 이렇게 부당한 글은 개인에게도 써주지 않았다. 그는 문필가로서 물질이나 체면에 못 이겨 곡필하거나 과장하지 않았던 것이다.

1942~43년이 되자 일제는 더욱더 극성을 부렸다. 창씨개명을 강요하고, 징병제를 실시하고, 쌀의 공출을 실시하고 쇠붙이나 동전 따위의 물품을 강탈해갔다. 이에 정인보는 가족을 거느리고 제자 윤석오 등 윤씨의 농장이 있는 익산 황화산 아래로 낙향해 윤씨들의 도움으로 생계를 꾸려갔다. 그가 낙향할 때에 딸 정양완은 경기여중에 다니고 있었는데, 영어 교사 김원규(뒤에 서울고 교장을 지냄)가 정양완만은 서울에 남겨두어 자기 집에서 학교에 계속 다니게 하라고 했으나 그는 "왜놈 없을 때 우리 교장, 우리 선생 밑에서 학교에 다니라"고 타이르며 끝내 데리고 갔다 한다.

해방과 함께 교육에 심혈을 기울이다

익산에서 격동의 세월을 조용히 겪고 8·15광복 이듬해 2월에 서울로 올라왔다. 그가 서울로 올라오자, 일제시대에 깨끗한 삶을 산 그에게 남조선민주의원을 맡기기도 했고, 전조선문필가협회장에 추대하기도 했다. 일제시대에 한 점 굽힘도 없이 산 그를 많은 인사들은 지사로 떠받들었다. 그의 친구 최남선이나 최인이 변절하여 윤택한 생활을 하고 있을 때에, 죽으로 연명하며 살아온 대가라면 대가였다. 그리고 언제나 일제 형사들로부터 가택수색을 당하고 늘 미행을 당한 데 대한 보상이었다.

이 무렵 그의 일가인 정 모 씨가 자신의 재산을 털어 학교를 설립하려 했다. 정인보에게 학교 설립을 상의했다. 정인보는 여러모로 학교 설립을 조언했고 학교 이름을 '국학國學'이라 지어주었다. 이렇게 하여 국학전문학교가 설립되어 그 학장으로는 교육자 출신의 정열모가 취임했다.

국학전문학교는 서대문형무소 건너편 현저동에 건물(지금의 현저초등학교 자리)을 마련했고, 국문과와 사학과를 두었다. 설립자 정 씨가 설립 직후 세상을 뜨자 부인 고대복이 이사장에 취임했다.

그리고 고대복이 2대 학장으로 정인보를 초빙했다. 이 학교의 학장으로 취임한 정인보는 한국사를 특강하는 한편, 학교의 기초를 다지는 일에 몰두했다. 이때 그는 모든 공직을 사임하고 학교일에만 전념했다. 교육을 통해 겨레의 얼을 살리고 키우며 살찌우고, 그 얼의 바탕 위에 국가의 백년대계를 설계해야 할 것으로 믿었기 때문일 것이다.

전문학교를 대학으로 변경하여 '국학대학'의 인가를 얻고, 이어 법과와 경제과를 증설하여 네 개의 학과를 두었다(이상 국학대학 관계는 국학대학에서 정인보의 강의를 들었던 민속학자 임동권의 증언에 따랐음). 당시 학교에서 차를 마련해주었으나, 정인보는 결코 그 차편을 이용하지 않았다. 언제나 흑석동에서 전차를 이용했고 때로 짐을 실은 스리쿼터를 타기도 했다. 공과 사를 엄격히 구분하는 생활태도였음을 엿볼 수 있다.

1년 남짓 정인보는 학교의 기반을 다지기 위해 동분서주했다. 그리고 한국사 특강을 하면서 학교 이름에 걸맞게 민족정신을 고취하는 열강을 했다. 이때도 서울대 문리대에 다니는 자녀들의 학비를 대지 못할 정도로 빈한하여 손진태 문리대 학장이 기성회비를 면제해줄 정도였다. 깨끗하고 참다운 교육자의 모습이라 하겠다. 평생을 모진 가난과 압제 속에서 살았으니 이제 영화를 누릴 만도 했으나 성품이 강직하고 청렴한 그는 뇌물은 물론 제자들의 선물 꾸러미조차 결코 집 안에 들여놓지 않았다.

1948년 8월, 정부수립과 함께 그에게 감찰위원장의 직책이 주어졌다. 걸맞지는 않았으나 이승만이 그의 강직한 성품을 높이 산 것이 아니겠는가? 감찰위원장 시절, 그의 둘째 아들 결혼식이 있었다. 그는 감찰위원인 김법린에게 결혼식에 임박하여 어디 갈 데가 있다고 끌고나가 조선일보사 강당에서 주례를 보게 했다. 그러니 친척들도 제대로 결혼식에 참석하지 못했다.

그는 결코 불의를 보고 그냥 넘어가지 않았다. 임영신이 국회의원에 출마했을 때에도 관용차를 타고 부정을 저지른다고 하여 각계의 압력을 뿌리치고 기어코 법에 걸어 넣었다. 한편, 일제시대에 당당히 살았다고 거들먹거리지도 않았다.

최남선이 반민특위에 걸리자 증인으로 나서서 "내가 일제 헌병에 쫓겨 그의 집에 숨어들었을 적에 육당은 나를 기꺼이 숨겨주었소이다"하고 친구로서 변호는 해주었으나 최남선이 세상에 나왔을 때에는 결코 친일파 최남선을 잊지 않아 끝내 상종하지 않았다고 한다. 최남선이 죽으면서 그의 이런 태도를 생각하여 "그 아비에 그 자식"이라고 했다 한다.

결코 타협하지 않는 민족지사로 남다

그 뒤 정인보는 감찰위원장을 사직하고 서울 남산동 집에서 국학연구에 마지막 힘을 쏟았다. 그러다 6·25가 터졌다. 요인들이 모두 남쪽으로 도망갔을 때에 부통령 이시영이 그에게 피난할 것을 권유했지만 그는 "민중들과 고락을 함께하겠다"고 거절했다. 그는 적치하赤治下의 서울에 남아 있다가 북으로 끌려갔다 (이상의 이야기는 딸 정양완의 증언을 주로 참고했음).

그의 제자 윤석오는 그의 학문 경향을 두고 이렇게 말했다.

위당은 한문학, 국문학, 국사학 등 국학 전반적인 면에서 광범위한 연구를 거듭했다. 위당은 전형적인 조선조 명문거족에서 성장했지만, 수백 년간 이른바 유학의 고질인 존주모화尊周慕華에 전도된 사상과 공소무계空疎無稽하고 지리멸렬한 성리학파들이 나라를 병들게 하고 백성을 좀먹어왔음을 몹시 매도하여 그 여폐를 바로잡고자 경종·영조 이후 불우한 실학파의 유저遺著를 수집, 간행하는 데에 심혈을 기울였다.

『한국근대인물백인선』

이 말은 정인보가 그만큼 고루하지 않고 진취적이며 민족사의 토대에서 사대사관 또는 식민사관을 깨기에 심혈을 기울이고 실질적인 학문을 숭상했음을 말한 것이다. 또 그는 자녀들에게 이렇게 말했다고 한다.

나라가 나에게 어떻게 했는가는 따지지 말고 나라를 사랑해야
한다.

이토록 투철한 애국심을 지니고 있었기에 그는 그 어려운 시
기에 온갖 유혹을 물리칠 수 있었다. 또 그는 할아버지의 꿋꿋한
정신을 이어받았기에 불의에 타협하지 않고 가난한 삶을 담담하
게 살았으리라. 그리하여 집안에서 물려준 얼마 안 되는 토지를
팔아 민족운동에 보탰고, 그가 비록 문인기질대로 무력항쟁으로
독립쟁취와 민족해방투쟁에 나선 것은 아니었지만 결코 타협하
지 않은 민족지사로 남게 된 것이다.

일제시대에 지식인 대부분이 민족주의 우파를 표방하여 자치
제, 참정권 요구 등 일제와 타협적 노선을 걷기도 하고 야합하기
도 한 속에서 그는 끝내 여기에 발을 들이지 않았다. 8·15광복
뒤, 많은 민족주의 인사들이 권력에 아부하기도 하고 정권다툼
을 벌이는 속에서도 그는 몸에 때를 묻히지 않았다. 그러면서 그
는 국학의 진흥을 통해 민족자주를 추구했다. 불타협의 노선으
로 일제에 항거했고 깨끗한 삶으로 지조를 지켰다.

난세에 지사가 나는 법이요, 탁세에 지조가 빛나는 법이다. 오
늘날 우리가 이런 그를 되새겨보는 뜻이 여기에 있다고 하겠다.

3부

개화기에 남겨진 친일의 흔적

박규수 / 김윤식 / 김홍집 / 어윤중 / 민영준 /

한일병합을 앞두고 어전회의가 열려서 각기 의견을 냈는데, 김윤식은 "불가불가不可不可"라고 말했다고 한다. 이 말 뜻은 하나는 "옳지 않소, 옳지 않소不可 不可"라는 뜻이요, 또 하나는 "어쩔 수 없이 찬성하오不可不 可"라는 뜻이다. 이처럼 문자를 희롱하면서 후세의 기록을 의식한 교활함이 그의 다른 행적에서도 여지없이 드러난다.

박규수
시세의 한계에 고뇌한 개화의 선구자

철갑선이 황주 앞바다에 나타나다

1856년(고종 3) 7월에 들어 이양선들이 황해안 일대에 자주 출몰했다. 마침 흥선대원군이 천주교에 일대 박해를 가한 뒤끝이라 세상인심은 더욱 흉흉했다. 이때 박규수朴珪壽(1807~76)가 평안감사로 있었는데 부임한 지 5개월째 되던 때이다.

7월 8일, 미국·영국·프랑스·덴마크 사람들이 탄 시커먼 철갑선이 황해도 황주 앞바다에 나타났다. 이에 관리들이 접근하여 이곳에 정박한 까닭을 묻자 통상을 요구하러 왔다고 했다. 이 배에 청국 사람들도 타고 있어서 중국말로 의사를 교환했다. 이 배는 산둥성을 출발하여 백령도를 거쳐 왔는데 평양으로 들어갈 계획이라고 했다.

그리고 통상의 조건은 자기네들의 양포洋布와 기명器皿 따위 물건을 우리의 종이·발·금·삼 등과 교환하자고 했다. 그런데 상선이라는 이 배는 양쪽에 대포를 걸어놓았고, 꼬나든 장총 세 자루에는 칼을 꽂았고, 네 사람은 큰 환도를 들고 있었으며, 그 밖에 총은 셀 수도 없이 많았다. 또 배 뒤에는 보트도 여러 척 달고 있었다. 그뿐이 아니라 이들 관리들 앞에서 대포를 세 번 쏘아 보이며 위협적인 태도를 취했다.

관리들은 원칙에 따라 경고했다.

"외양에 정박하는 것은 어쩔 수 없지만, 내양으로 들어오는 것은 나라에서 금하는 것이니 더 전진할 수 없소."

"누가 감히 우리의 길을 막는가?"

서양인들은 관리의 이런저런 질문에 대답조차 하지 않았다. 다만 양식이 떨어졌으니 양식을 보내주면 옷감을 사례로 주겠다고 했다. 이에 관리들은 표류선 구조의 예에 따라 쌀 1섬, 쇠고기 30근, 계란 50개, 채소 20묶음, 땔나무 따위를 보내주었다. 이 배는 아랑곳하지 않고 다음 날 평양으로 뱃길을 돌렸다. 이 소식은 신속히 조정에 전달됐고, 평양에서는 프랑스 함대가 쳐들어올 것이라는 소문이 파다하게 퍼져 있었다.

제너럴셔먼호 사건의 전말

이 배는 11일 밤 대동강 입구 신장 포구에 정박했다. 이에 지방 담당관은 표류선으로 생각하고 그 배에 올라 사정을 묻자, 배의 책임자는 대화도 나누지 않고 눈을 감은 채 누워 있으면서 담당관에게 모욕적 태도를 취했다. 담당관이 간곡하게 묻자, 그들은 통상하러 왔다고만 대답했다. 이에 담당관은 말했다.

"통상은 나라에서 금하는 것이니 일개 지방관이 마음대로 허락할 수 없다."

"귀지貴地는 무슨 까닭으로 천주교인을 죽이고 쫓아내느냐? 우리 예수 성교聖敎는 천도를 본받고 인심을 바로잡는다."

"천주교도 나라에서 금하기 때문에 인민들이 마음대로 믿을 수 없다."

"프랑스의 큰 배가 이미 서울에 가 있다. 엄청나게 큰 배다."

"큰 배가 서울에 왜 갔는지 모르겠다. 언제 철수하느냐?"

이 말에 그들은 대답을 않고, 황주에서 얻은 양식이 떨어졌으니 이를 보내달라고 요구했다. 그리하여 관례에 따라 곧바로 쌀, 고기, 계란, 땔나무 따위를 보내주었다.

이날 저녁 무렵에 여섯 명이 보트를 타고 대동강 상류에 올라와 수심을 재보고 돌아갔다. 그리고 13일 새벽에는 평양시가가 바라보이는 만경대 밑에까지 와서 정박했다. 이에 평양 순영에서는 중군인 이현익李玄益을 작은 배에 태워 이들의 동태를 감시했다. 그러자 이들은 보트를 타고 와서 이현익을 잡아다가 자기네 배에 강제로 태웠다. 그리고 더욱 거슬러 올라오면서 연안에 대포와 총을 쏘아댔다. 그리고 대동강 상류인 황강정 앞에 정박했다.

이때 평양의 백성들이 강변으로 몰려들어 붙잡힌 중군을 놓아달라고 소리쳤으나 그들은 입성한 뒤 새벽에 놓아주겠다고 했다. 이리하여 백성들은 돌멩이를 던지고, 교졸校卒들은 활과 총을 쏘아댔다. 그제야 그들은 대동강 하류인 양각도로 퇴각했다. 저녁 무렵 퇴교退校인 박춘권이 이양선에 용감하게 뛰어들어 이현익을 구해왔다. 이양선은 조수가 빠지자 꼼짝달싹할 수가 없어 그대로 양각도 아래에 멈춰 있었다.

강변에는 백성들이 더욱 들끓었고 그들은 겁이 났던지 총과 대포를 마구 쏘아댔다. 그리고 지나가는 민간인 배에 포를 쏘아 부수고 물건을 빼앗고 사람들을 죽였다. 백성들은 일제히 이양선에 올라 불을 질렀다. 이 불길이 이양선의 화약에 붙어 배가 전소되었다. 그들 중 몇 사람이 살려달라고 애원하자, 백성들은 이들을 강 언덕에 잡아놓고 타살했다. 이 배에 탄 사람은 한 사람도 살아남지 못했다.(『일성록』 ; 『고종실록』 ; 박규수가 쓴 청나라에 보내는 「자문咨文」. 이 세 자료만이 당시의 사실을 전해준다)

이것이 유명한 '제너럴셔먼호 사건'의 전말이다. 이 사실에서 우리는 몇 가지 역사적 흐름을 발견하게 된다. 제너럴셔먼호가 단순한 상선이 아니라는 것, 이때에 그들은 천주교 탄압에 대한

문책을 겸하고 있었던 것, 그리고 최소한도의 예의와 절차도 지키지 않고 멋대로 행동한 것, 또 그들 말대로 프랑스 함대가 이해 9월 10일에 서울로 올라온 것(서강까지 왔음) 따위이다.

이를 수습한 공로로 박규수는 가자加資(품계를 높여 주는 것)되었고, 박규수는 흥선대원군의 척화정책에 앞장선 인물로 꼽혔다. 이 사건을 그가 맡게 된 것은 우연일지도 모르나, 그 뒤에 일어난 이양선 문제에 대해서는 그가 외교문서를 도맡았고, 또 뒤에는 외교·통상의 필요성을 주장한 외교가로 변신하기도 했다.

제너럴셔먼호 사건 때에 그 자신은 외교 교섭의 필요성을 느꼈지만 조정의 정책에 어쩔 수 없이 따랐다고 그의 제자 김윤식金允植은 쓰고 있다. 이런 분위기는 그가 뒷날 어떤 행동으로 시국에 대처했는지를 나타내준다. 그러면 박규수는 어떤 출신 배경을 지니고 있었던가?

세상은 썩었으되 고고하게 살리라

박규수는 임진왜란 때 공을 세운 박동량朴東亮의 후손이요, 유명한 실학자 박지원朴趾源의 손자이다. 이들 반남박씨는 조선 후기에 들어와 노론의 가문으로 흔히 5대 명문가로 손꼽혔다. 그는 할아버지 박지원이 죽은 2년 뒤, 경산현령을 지낸 박종채朴宗采의 아들로 서울의 가회방嘉會坊에서 태어났다. 그의 아버지가 침실에서 아내를 맞을 적에, 박지원이 옥판(나라에 공을 세운 공신의 이름을 적은 판)을 주는 꿈을 꾸었다고 한다.

그는 열대여섯 살부터 문명을 날리기 시작했는데, 당시의 고관이요, 또 세도가 풍양조씨 중의 한 사람이었던 조종영趙鍾永에게 특별한 인정을 받았다고 한다. 조종영이 그의 시를 보고 그날 바로 그를 찾아와 그와 학식을 논했는데 감탄해 마지않았다고 한다.

이런 탓인지 당시 효명세자孝明世子(뒤에 익종翼宗으로 추존)가 그의 집을 찾아왔다. 그보다 두 살 아래인 열일곱 살의 세자가 그의 집을 은밀하게 찾아온 것은 깊은 뜻을 지니고 있었으리라. 박규수의 집은 그때 박지원의 옛 집으로 계산(종로 계동언저리)에 있었다. 세자와 밤늦도록 책을 읽기도 하고 글씨를 쓰기도 했다. 그 뒤 2년이 지나 효명세자는 대리청정을 하게 되었는데 그를 불러 『주역』을 강의하게 했다. 이로 말미암아 세자가 그를 남달리 아낀다는 소문이 자자했다.

세자는 그에게 『연암집』을 들여오라고 분부했고, 또 그의 저술도 가져오라고 했다. 이에 그는 『상고도설尚古圖說』이라는 방대한 저술을 올렸다. 그 내용은 역대 명현名賢의 사적과 그 명현들이 말한 국가의 치란治亂, 민생의 안위를 논한 것이었다. 이에 뭇사람들은 세자가 왕위에 오르면 그를 중용할 것이라고 수군거렸다.

그러나 1830년, 세자는 병약한 몸을 못 견디고 세상을 뜨고 말았다. 이때 청년 박규수는 이루 말할 수 없이 비통한 심정으로 세자의 만사를 썼다. 그리고 그의 호 환재桓齋를 환재瓛齋로 바꾸었다. '옥玉을 선왕에게 바친다(獻)'는 뜻이다. 이로부터 그는 과거공부를 폐하고 오직 학문에만 열중했다. 그리고 집이 가난하여 늘 남의 책을 빌려 보았다. 어떤 사람이 벼슬길에 나갈 것을 권고하자 이런 시를 썼다.

차가운 눈으로 시무를 보고
빈 마음으로 옛 글을 읽도다.
내 차가운 눈 속의 매화를 사랑하노니
밝은 향기 저절로 남음이 있도다.

조정에 척족세력이 날뛰고 있고 벼슬아치들은 썩어 있으나 그 자신은 고고하게 살겠다는 뜻을 나타낸 것이리라.

1844년(헌종 14), 어린 헌종이 왕위에 올랐는데 성년이 되자, 친족세력을 몰아내고 어진 인재를 써서 무너진 기강을 바로잡으려 했다. 그리하여 전국에 걸쳐 증광시增廣試를 보였다. 그는 헌종의 특별한 권고로 이 과거에 응시하여 합격했다. 그리고 마흔두 살의 나이로 정언正言 벼슬을 받았고, 이어 용강현령이 되어 나갔다. 헌종은 부왕의 뜻에 따라 그를 중용하려 했지만 그가 벼슬길에 나선 지 2년 만에 세상을 뜨고 말았다.

그 뒤 그는 낮은 관직을 지내다가 헌종이 죽은 지 10여 년 만에 당상관의 품계에 올랐다. 늦게 벼슬살이에 나오기는 했지만, 승진도 무척 늦었던 셈이다.

그는 1854년 경상좌도의 암행어사로 나간 적이 있었다. 그는 그때 이 지방의 실정을 돌아보고 "지금 삼정이 모두 병들어 있고

1백 가지 폐단의 고질이 되어 있다(「수계繡啓」)"고 조정에 알렸다. 그리고 이것을 고치지 않으면 수습할 수 없는 난리가 일어날 것이라고 경고했다. 그때 그는 경상도 일대 수령들의 부정행위를 낱낱이 적어 중앙에 보고했다. 이 때문에 뒤에 그는 수령들에게 몰려 곤궁한 처지에 놓이기도 했지만 추호도 그들의 부정을 감싸주지 않았다.

1860년에는 열하부사로 청나라에 다녀왔다. 처음으로 외교의 임무를 맡은 것이다. 당시 영국·프랑스 연합군이 북경을 함락하자, 청의 문종文宗은 열하에 피난해 있었던 것이다. 이 사행의 길에서 그는 거대한 서양세력의 실체를 알게 된 것이요, 그가 뒷날 외교가로 나서는 계기가 되기도 했다.(「행장초行狀草」)

민란을 수습하다

마침내 1862년(철종 13)에 들어 그는 큰 소임을 맡게 되었다.

그가 삼남지방을 돌아본 지 8년 뒤에 그가 우려하던 대로 삼남 일대에서 민란이 벌떼처럼 일어났다. 1862년 2월에 들어 단성과 진주에서 맨 먼저 민란이 일어나 수령과 병사를 쫓아내거나 능욕하고, 아전을 밟아 죽이거나 불에 태워 죽이고 곡식을 나누어 가지는 일이 일어났다. 이 불꽃은 경상도 일대로 번졌고, 이어 전라도, 충청도까지 확대되었으며, 계속해서 전국에 걸쳐 50여 곳이 넘는 고을에서 크고 작은 민란이 일어났다. 조정에서

는 진주민란에 대한 보고를 받고 곧바로 박규수를 진주 안핵사按
覈使로 내려 보냈다. 이곳 실정을 그가 잘 안다고 보았던 것이다.

이들은 모두 양민이다. 수령들의 뼈를 깎는 수탈에 견디다 못하
여 떼를 지어 소요를 일으킨 것이다. 먼저 민심을 위로하지 않고는
벌을 줄 수 없다.

「행장초」

그리하여 그는 진주병사 백낙신白樂莘 이하 각지 수령들의 잘
못을 일일이 적어 중앙에 보고하여 엄중처벌을 건의했다. 이해 5
월에 들어 그는 중앙에 이런 건의를 보내기도 했다.

난민들이 죄에 빠진 것은 까닭이 있습니다. 삼정이 모두 문란해
서 껍질을 말리고 뼈를 깎는 듯했는데 그 중에서 환곡이 가장 심했
습니다.……단성현은 호수戶數가 수천에 지나지 않는데 환곡은 9
만 9천여 석이 된다고 합니다. 적량진은 호수는 1백에 지나지 않는
데 환곡은 10만 8천 9백여 석이라 합니다. 보충할 방법이란 없으며
도대체 사리에 어긋날 뿐입니다.

『철종실록』, 임술 5월조

이런 일이 부정이 아니고서야 있을 수 있겠는가? 그는 이 삼
정을 바로잡을 일대 개혁책이 있어야 한다고 했다. 조정에서는 6
월에 들어 이를 개선하기 위한 삼정이정청의 설치를 서둘렀다.

이어 삼정 개선에 대한 좋은 방책을 내라고 임금이 특별히 윤음을 내려 독려했다. 이에 전국의 유생은 물론 모든 벼슬아치들이 제각기 '삼정책'을 내놓았다. 그러나 민란이 조금 잠잠해지자 삼정이정청은 설치한 지 불과 3개월 만에 폐지되고 말았다. 세도가 안동김씨들이 이를 제대로 고치게 되면 자기들이 뜯어먹을 것이 없음을 뻔히 알고 있었던 것이요, 또 자기들이 돈 받고 팔아먹은 수령들이 부정을 하지 않으면 뇌물이 없을 것임도 알았을 것이다. 나라가 막 되어가고 있었던 것이다. 박규수는 그의 친구에게 이런 편지를 보냈다.

임금의 명을 받아 영남 난민의 옥사를 다스리면서 탐관오리를 논핵하고, 부정한 재산을 거두어들이고, 엉터리 환곡을 청산해주고, 간교한 무리를 죽이고서 굶주린 궁민窮民들을 위무했다. 무릇 열거한 조목을 시행하지 않음이 없었는데도 난민들을 잘못 처리하거나 지체했다고 대신이 벼슬자리 떼기를 청하기에 이르렀다.……도저히 시의에 맞지 않음이 이것으로도 증명이 됨직하다.

「심병성에 보내는 편지」

삼정이정청이 폐지될 무렵, 그가 난민들을 너그럽게 대했다고 파직시켜야 한다는 논의가 있었다. 그리하여 그는 한때 벼슬자리에서 물러나게 되었다. 참으로 억울한 일이었고 신세가 한탄스러웠을 것이다. 다행히 철종은 2개월 뒤에 그를 다시 이조참의로 기용했지만, 그는 이미 안동김씨의 눈 밖에 난 인물이었다.

찬밥덩어리 신세로 조정에 몸담은 처지가 되었다.

그러나 1863년 12월에 철종이 죽고 흥선대원군이 집정하자, 안동김씨의 60년 세도정치도 물거품이 되었다. 안동김씨들은 속속들이 조정에서 쫓겨났다. 이에 박규수는 1864년 1월 병조참판에 등용된 것을 필두로 2년 만에 공조판서로까지 승진하게 되었다. 이런 영전은 효명세자의 왕비인 조대비가 그를 익종, 헌종의 지우知遇를 입었다고 특별 배려한 탓도 있었으나, 흥선대원군이 그가 안동김씨나 풍양조씨와 특별한 끈이 없다는 것을 알고 자기 인물로 키우려는 뜻에서 나왔을 것이다. 어쨌든 그는 득의得意의 시대를 만나게 되었다.

집권한 흥선대원군은 안동김씨의 세력을 꺾기 위해 4색 당파를 타파하고 인재를 두루 골라 썼다. 무너져가는 왕조를 일으키기 위해 부정한 수령들을 징계했고, 또 대외적으로 외곬 척화정책을 썼다.

그 일환으로 노론 유생들의 소굴인 만동묘萬東廟를 철폐하게 했다. 만동묘는 곧 명나라의 은혜를 잊지 않기 위해 명의 마지막 황제인 의종과 신종의 제사를 철따라 지내기 위해 송시열의 지시로 화양동에 세운 것이다. 그런데 이곳에서는 많은 노비를 거느리고, 준조세의 성격을 띤 경비를 각 고을로부터 거두어들이는 따위의, 이를테면 가렴주구의 온상이었다.

흥선대원군은 만동묘를 헐어버렸다. 이에 전국의 노론 유생들이 벌떼처럼 일어났다. 이런 유생들의 소요는 단순한 제사문제가 아니라 하나의 권력투쟁의 일환이었다. 박규수도 이때 상소를 올려 이의 부당함을 개진했다. 그는 천자의 묘는 바꿀 수도 헐 수도 없다고 주장했다(「만동묘정철소萬東廟停撤疏」). 또 1874년(고종 11) 홍선대원군이 권좌에서 물러난 뒤 만동묘가 부설되자, 이에 대한 의례를 그가 손수 정하기도 했다.

실학사상과 개화사상의 한계

이런 그의 모화사상은 조부 박지원과는 사뭇 다른 분위기를 보여준다. 그가 당색으로는 노론의 뿌리였기에 노론 세력이 떠받드는 만동묘를 고수해야 할 의도가 별다른 데에 있었는지도 모를 일이다.

박지원은 적어도 『열하일기』에서 모화사상을 깨부수기에 온갖 변설을 동원했다. 그리고 주자학적 성리학을 매도하고 청나라의 새로운 경향의 학문을 배워야 한다고 주장했다. 이로 인해 박지원은 많은 지탄을 받았다. 박규수는 이 문제에 관한 한 가학家學의 전통을 충실히 이행하지 못하고 있다. 그렇다면 박지원의 실학사상에 대해 그는 얼마나 충실했던가?

학자들은 그가 조부의 실학사상을 계승하여 개화사상으로 이어주었다고들 말한다. 그러나 그는 실학적 분위기를 보여주는 저술을 하나도 남기지 못했다. 그가 낸 정책의견 중에서도 북학파의 실사구시적 태도는 별로 나타나지 않는다. 오히려 그는 예설禮說 같은 고루한 문제에 집착하여 이 관계의 저술을 남기고 있을 뿐이다.

그는 신분문제에 대해 이런 말을 하고 있다.

> 무릇 하늘이 이 백성을 낼 적에 농공상고農工商賈로 생업에 종사
> 하게 했지만 오직 사士가 따로 생업을 갖지 않고 사람에게서 얻어
> 먹는 것은 사람들을 다스리는 도道가 있기 때문이리라.
>
> 『둔오집서』

이 말은 맹자의 말을 옮기고 박지원의 말을 조술祖述한 것에
지나지 않는다. 그가 『연암집』을 충분히 읽었을 것임은 의심할
여지가 없지만 이에 대한 감상을 적은 글은 없다. 조부가 정치적
으로 핍박을 받았기에 이에 대한 견해를 나타내지 않고 있었던
탓일까?

그는 청나라 학자 위원魏源이 그린 「해국도지海國圖志」를 보고
이를 근거로 하여 세계지도를 그렸다. 그는 이 지도에 근거하고
역대 중국에 서양을 소개한 내용을 부기하여, 지역·언어·종
교·기후·경위經緯 등을 색깔을 달리하여 표시했다. 이런 관심은
그의 지식욕구에서 나온 것이겠지만, 이를 그리고 나서 그가 쓴
『지세의명地勢儀銘』에는 이런 내용을 적고 있다.

> 대지가 둥근 것이 혼천渾天(하늘을 관측하는 것)을 본받았다는 것은
> 대개 천문가가 말하는 것이지, 주비周髀(고대 천문가의 한 사람)의 설보
> 다 자세하고 치밀한 것이 없다. 옛 선비들이 많은 것을 이치로 미

루어 알아냈는데 서쪽 오랑캐는 큰 배를 타고 먼 바다로 가서 일주한 뒤에야 안다고 하니 더디고 둔하지 않겠는가?

또 이렇게도 말했다.

주비의 법이 분명하니 서양 오랑캐의 지구설은 폐하는 것이 옳다.

그리고 끝에는 이렇게 적고 있다.

중국에 도가 있으면 사방의 오랑캐들이 머리를 조아린다. 우리 문화에 들어오면 오는 자는 받아들이면 된다.

요컨대 이 지도를 그린 뜻은 중국 중심의 세계 질서관을 확립하기 위해서였던 것이다. 다시 말해서 화이華夷의 구분을 분명히 하기 위한 것이었다. 당시 흥선대원군이 척사정책을 엄하게 펴고 있는 마당에서 그의 서학에 대한 관심을 보호하기 위해서 이런 말들을 했을까?

이런 여러 가지로 보아 그의 외교가로서의 역할 이외에 사상적 추이가 어떠했는지 짐작할 수 있다. 적어도 실학의 개혁사상을 실천으로 옮길 수 있는 시기에, 그는 박지원의 실학적 태도 또는 북학파의 분위기를 거의 보이지 않고 있었다.

그는 제너럴셔먼호 사건 이후 병인양요를 겪었고, 이양선은 황해 일대에 더욱 극성스럽게 출몰하여 통상을 요구하기도 하고 상륙해서 촌락을 휩쓸며 약탈을 일삼았다. 게다가 미국, 프랑스 등은 북경을 통해 제너럴셔먼호 사건 등에 대해 문책하는 글을 보내오고 있었다. 이에 그는 북경에 보내는 「자문咨文」을 쓰면서 흥선대원군의 쇄국정책을 뒷받침했다.

또 당시 재야에서도 척화의 소리가 높았다. 이항로를 중심으로 한 전통유림들은 결단코 화의를 거절하고 통상을 막아야 한다고 연일 상소를 올리며 기세가 등등했다.

그는 이런 외교문서를 초하면서 내심은 다른 데에 있었다고 한다. 뒷날 그를 따르던 김윤식은, 박규수가 이런 쇄국을 표방한 「자문」을 쓴 것은 그의 뜻이 아니라고 했다. 그리고 박규수는 외교와 내치를 잘해야 나라를 보존할 수 있다고 했다 한다. 또 이렇게 말했다 한다.

내가 들으니 미국은 지구의 여러 나라 가운데서도 가장 공평하여 외교 분쟁을 잘 해결한다고 한다. 또 6대주에서 가장 부자 나라여서 영토를 넓힐 욕심이 없다고 한다. 저들이 아무 말이 없더라도 우리가 먼저 외교를 맺어야 거의 고립의 걱정을 면할 수 있을 터인데, 도리어 물리치니 어찌 나라를 도모하는 방법이겠는가?

「자문」의 끝에 나오는 김윤식의 부기

아무튼 그는 이때에 들어서는 내심으로는 전통적 사대의식을 탈피했다고 보아야 할 것이다. 그리하여 개화의 선구자 노릇을 하게 되었다.

개국통상을 건의하다

그는 황해안의 방비가 허술함을 보고 그 방비책의 일환으로 동진첨사를 두도록 조치했다. 그리고 방비를 거의 방치하다시피 한 함경도지방의 후창과 자성에 첨사를 두고 남쪽의 유민들을 이주하게 했다. 그뿐만이 아니라 강화도에 군대를 증설하기 위해서는 특별한 군량미 대책을 세워야 한다고 건의했다. 곧 무슨 일이 일어나면 임시변통으로 군량미를 조달하는 것은 미봉책에 지나지 않으므로 항구적인 양곡대책을 세워야 한다는 것이다.

그는 1869년 양관 대제학의 자리를 받았다. 뛰어난 문사의 재질 탓이기도 했지만, 온건하고 앞뒤를 재는 정치적 수완 탓이기도 했을 것이다. 적어도 흥선대원군의 눈에 그는 쓸모 있는 인물로 비쳤던 것 같다. 대제학이라면 문관 위주의 조선조 관료사회에서 최대의 영광이다. 대제학을 맡아보지 않고는 비록 영의정을 거쳤더라도 이는 별반 영광이 되지 못했을 정도였다.

1872년에 그에게 새로운 소임이 주어졌다. 청나라 황제인 목종의 대혼례가 있어서 진하사進賀使로 가게 된 것이다. 그의 나이 이미 예순다섯 살. 웬만한 벼슬아치들은 뒷전에 물러나 있을 나이였다.

이때 그는 역관인 오경석吳慶錫과 동행했다. 오경석은 중국어 통역관이었는데 능통한 중국어 실력으로 베이징에 갈 적마다 중국의 많은 인사들과 교류했다. 흔히 그때의 역관들은 인삼이나 은을 가지고 갔다가 돌아올 적에 비단 따위를 바꾸어왔다. 그러나 오경석은 많은 책들을 사왔고, 그 책 속에는 서양을 소개하거나 서양에 관한 학설들이 포함되어 있었다. 그 책들을 서울로 가져와 청년들에게 읽혀 개화사상을 고취시켰던 것이다. 박규수는 오경석의 능수능란한 통역을 통해 베이징의 많은 인사들과 교류했다. 이때 박규수의 교유를 두고 그의 동생 박선수朴瑄壽는 이렇게 쓰고 있다.

> 글과 술을 주고받는 아름다운 모임이 거의 하루도 빠짐이 없었다. 기미氣味가 서로 투합하고 도의道誼가 서로 두터웠다.

그러나 그가 서양 인사들과 접한 사정은 알려져 있지 않다. 그가 적어도 베이징의 인사들을 통해 서양의 사정과 국제정세를 알아보고 그 대처방안을 모색했을 테지만, 그 구체적 모습은 기록에 전해지지 않는다. 다만 이때 그가 외교에 관해 일가견이 있었고, 앞으로 그의 외교적 안목이 트이게 되었음은 논란할 필요는 없을 것이다. 그것은 뒷날 척화정책을 누그러뜨리려는 그의 노력에서도 나타나고 있다.

그가 베이징에서 돌아올 때에 흥선대원군은 민비의 견제와 최익현 등 유림들의 탄핵으로 정치적 위기에 몰려 있었다. 이에 늙은 호랑이는 새로운 조정의 판도 앞에서 물러날 수밖에 없는 처지에 놓이게 되었다. 이런 정세 속에서도 흥선대원군의 인물로 치부된 박규수는 정치적 위기를 무사히 넘겼다. 그리하여 1873년에 우의정으로 승진했다.

이때 그의 건강은 별로 좋지 않았다. 그는 사직상소를 올렸다. 그가 사직상소를 올린 것은 하나의 관례이기도 했지만, 흥선대원군 밑에서 고관을 누리던 처지로 흥선대원군과 진퇴를 같이하려는 뜻에서 나왔을지도 모르고, 또 민씨 세도가 시작되는 조짐을 보고 여기에 끼어들지 않으려는 속셈이 있었는지도 모를 일이다.

아무튼 그는 이 자리에서 별로 하는 일도 없이 10여 개월 앉아 있다가 맥없이 물러나왔다. 기력도 쇠진해 있었다. 1875년, 그가 뒷전에서나마 활동할 새로운 계기를 맞이하게 되었다. 일본의 사신이 「서계書契」를 동래부에 보내와 조정에 전달된 것이다.

서계는 우리나라와 일본과의 외교문서를 일컫는다. 조선 후기, 특히 고종 초에 들어와 한때는 일본과 사신의 왕래가 없었다. 그동안 일본은 막부파幕府派와 존왕파尊王派가 권력투쟁을 벌여 존왕파가 승리했다.

존왕파는 메이지유신을 단행하여 천왕에게 실권을 주고 탈아론脫亞論에 입각, 서양문물의 수입에 박차를 가했다. 특히 한때 미국의 강요로 억지로 개항을 했다가 뒤에는 미국과의 우호를 돈독히 했다. 그러면서 그들 사이에서는 일본을 오랑캐라고 얕보고 또 쇄국으로 치닫는 조선을 정벌하자는 정한론征韓論이 대두되었다. 일본은 조선에 그들의 상품시장을 개척하려 한 것이다.

이런 배경에서 1868년 일본은 대마도를 통해 우리나라에 「국서國書」를 보내왔는데, 예전과는 달리 '천황' 따위의 용어와, 대등한 관계를 나타내는 문구들이 들어 있었다. 흥선대원군은 이

　를 여지없이 퇴짜 놓고 받아들이지 않았다.

　일본은 1874년에도 계속 대마도를 통해 동래에 위협적인 내용을 담은 「서계」를 보냈다. 동래부에서는 물론 이를 물리쳤다. 그때 홍선대원군이 그에게 편지를 보내 이 문제를 상의하자, 그 「서계」를 받아들이고 일본과 외교의 길을 트라는 답서를 보냈다.(『문집』, 「답상대원군」)

　그리고 그들이 '천황'이라고 일컬은 지 오래되었고, 그들 나라 안에서 천황이라고 스스로 높이는 것을 다른 나라에서 간섭할 바가 아니라고 설득했다. 또 미국·프랑스 등의 나라와 이미 원수가 되어 있는 마당에 계속 일본과 원수가 된다면 나라가 위태로운 지경에 빠지게 된다고 경고했다.

　앞에서 말한 「서계」를 보내온 1875년에도 같은 상황이 벌어졌다. 이에 그는 왜양倭洋이 일체이기 때문에 「서계」를 받아야 할 것과 자잘한 외교상의 문구는 따질 것이 못 된다는 것 따위를 말하고 그 실질적 이해문제도 거론했다. 이런 내용도 있다.

　훌륭한 왕의 정치는 백성을 보존할 뿐이다. 삼면이 바다로 둘러싸여서 장사꾼과 고기잡이가 바다로 나갔다가 저들 나라에 표류한 자가 해마다 수십 차례나 된다. 매번 일본배가 이들을 구해준 문서가 조정에 이르니 교린의 관계를 맺지 않을 수 없음은 여기에서도 알 수 있다. 지금 만약 저들과 길을 끊어버린다면 이들 백성의 목숨을 어느 곳에 버리겠는가?

이것은 작은 실리를 지적한 것이지만 그들과의 외교를 거부하는 벼슬아치들의 경각심을 촉구한 것이다.

불평등하게 시작된 개항의 첫발

그는 조정에서 외교의 일을 맡은 이최응李最應에게도 아홉 차례나 글을 보내어 일본과의 외교관계를 수립하라고 건의했다. 이최응은 흥선대원군의 중형仲兄으로 흥선대원군이 실각하자, 민비에게 붙어 좌의정이 되어 정권을 농락하던 인물이었다.

이최응은 무지한 인물로 목전의 이익에만 관심을 두었을 뿐, 나라의 앞날에 대해서는 도통 관심이 없었다. 박규수는 이런 이최응을 여러모로 달랬다. 심지어 일본인들이 양복을 예복으로 입고 온 것을 탈잡자, "그들이 개가죽을 입든, 쇠가죽을 입든 그들의 일인데 우리가 무엇에 구애되어 그런 일에 가부를 따지는가?"라고 말하고, "그들이 말하기를 '서양 사람이 일본 옷을 입고 온다면 아무 탈이 없겠는가'라고 말하는 것은 명언이다"라고도 했다.

아무튼 그는 실직에 있지 않으면서도 이 일에 적극적으로 나서서 그 추진에 누구보다도 앞장섰다. 그런데 그는 실익을 주장하고 그들의 힘을 인정하며 왜양이 일체임을 말하고 문구에 얽매이는 명분의 지양을 말했지만, 그들의 실체는 구체적으로 지적하지 못한 것 같다. 일본의 요구가 단순한 통상이나 외교에 있지 않고 궁극에 가서는 정한론에 의해 이 나라에 식민지를 경영하려 했던 의도를 제대로 간파하지 못한 듯하다.

다시 말해서 동등한 외교적 사리는 따질 줄 알고, 새 시대에 맞는 국제관계의 수립을 가능할 줄은 알았지만 일본 내의 존왕파의 실체는 정확히 파악하고 있지 못했던 것이다. 1875년 8월에 들어와 일본은 새로운 음모를 꾸몄다. 민씨 정권은 흥선대원군과는 달리 비록 외교를 트지는 않았으나 일본과 서양 목면의 수입을 허가하는 따위의 부분적인 통상을 허가하고 있었다. 그런데 흥선대원군이 세력을 만회하여 다시 배일의 분위기를 조성하고 있었다.

이에 일본은 흥선대원군의 세력을 제거하기 위해 운요호를 강화도에 파견했고, 운요호가 연안을 침범하자 싸움이 벌어졌다. 그리고 그들은 이에 대한 피해보상을 요구했다. 이로인해 흥선대원군은 또다시 궁지에 몰렸다. 1876년 정월에 이들은 위협적인 서계를 다시 보내왔다. 정식으로 통상조약을 맺자는 것이다. 이때 청나라에서는 일본과의 조약에 동의하고 나왔다.

늘 일본과 외교관계의 수립을 역설하던 박규수가 이 일에 무관할 수 없었을 것이다. 이에 민씨 정권은 허겁지겁 신헌을 대표로 파견했고, 문정관問情官으로 역관 오경석과 훈도 현석운玄昔運을 보냈다. 특히 신헌의 수행원으로 강위도 따라갔다.

오경석과 강위는 이른바 개화파요, 외교수립을 주장하던 인물들로 박규수와 시국의 견해를 같이하고 있었다. 이런 탓으로 박규수는 실제 막후의 인물로 등장했다. 외교에 무식한 무신 신헌

은 척화파였는데, 그는 어쩔 수 없이 박규수의 의견을 뒷전에서
구했다. 필담에 나선 것은 오경석이요, 신헌의 글을 대필해준 것
은 강위였다.

이 문제를 놓고 정월 20일 임금 앞에서, 영부사領府事 이유원,
영의정 이최응, 좌의정 김병국 그리고 판부사判府事인 박규수가
참석한 시원임時原任대신의 회의가 열렸다. 박규수를 빼놓고는
국제정세가 어떻게 돌아가는지도 모르고 현실의 이익에만 급급
하는 인물들이었다.

이때 박규수는 이렇게 말했다.

일본이 수호修好라고 일컫고 병선을 몰고 왔으니 그들의 생각을
헤아리기 어렵습니다. 삼천리의 나라를 생각하니 만일 내수외양內
修外攘의 방책을 다하고 부국강병의 실효를 거두었다면 그들이 감
히 서울을 엿보겠습니까? 멋대로 공갈협박을 일삼으니 실로 분을
이기지 못하겠습니다.

『고종실록』, 병자 정월조

그는 이런 심정 속에서 이 일을 막후에서 지휘했던 것으로 알
려져 있다. 그러나 나라의 힘은 말할 것도 없거니와 이 수호조약
도 그의 의지대로 이루어질 수 없음은 말할 나위도 없을 것이다.
2월 2일, 끝내 조약이 맺어졌는데, 이것을 이른바 '병자수호조
약'이라 부른다. 그런데 이 작품은 이만저만한 졸작이 아니었다.
하나는 조선이 자주의 나라임을 보장한다는 것이요, 다른 하나

는 상주사신을 서로 교환한다는 것이요, 다른 하나는 일본 상인이 활동할 지역과 항구를 연다는 것이요, 또 하나는 일본의 배가 조선 연안을 측량하게 허락한다는 따위였다.

이른바 '자주'라는 것은 청나라의 입김을 배제하자는 것이었고, 또 일본 상인의 활동을 보장한다는 것은 그들에게 온갖 특권을 부여하는 것이었다. 또 그들이 바다를 마음대로 측량할 수 있다는 것은 우리의 지형을 알아 침략을 위한 정보자료를 만드는 것이 아닌가?

이런 시세에 대한 박규수의 상반된 태도를 보여주는 기록이 전해진다.

일본의 서계를 물리쳤을 적에 나라의 안위가 아주 급박했다. 그런데도 온 세상 사람들은 꿈을 꾸듯, 모두 받아들이지 않는 것이 옳다고 했다. 선생은 비록 그 일을 맡은 자리에 있지는 않았지만 입을 다물고 있을 수가 없어서 자리를 따져서 일을 맡은 사람들에게 누누이 설명했는데 큰 소리와 호소를 입술이 마르고 혀가 닳도록 주장했다. 그런데도 뒷일을 보지 못하다가 강제로 받아들여져서야 겨우 도탄의 화를 면했다.

김윤식의 기록

이것은 앞에서도 읽어온 대로일 것이다. 또 이런 기록도 있다.

수호조약은 끝내 강제로 맺었다. 그러나 수사修辭를 할 적에 마땅함을 많이 잃었는데 공도 어찌할 수가 없었다. 그때 위아래가 막혀 있었고 좋은 계책이 받아들여지지 않았으며, 정치는 어지럽고 인심은 흩어졌으며 시사는 날로 글러졌다. 공이 늘 우러러 소리치기를 "운기가 끊어졌으니 나라가 장차 망할 것이다. 우리의 생민들은 슬플지니 어찌 하늘을 허물하리오"라고 했다. 드디어 이런 근심과 울분으로 병을 얻었다.

동생 박선수의 기록

그가 비록 일본과의 외교를 추진했지만 불평등관계를 원하지 않았음은 물론 이를 빌미로 나라가 망할 것을 근심했다는 것이다. 이로 인하여 그의 꿈은 산산이 부서졌고, 그의 노력은 한갓 물거품이 되었다.

개화파의 대부로 평가받다

그가 우의정을 그만둔 해인 1874년 9월 이후 그의 재동 사랑채에는 젊은 청년들의 발걸음이 잦았다 한다. 곧 김옥균, 홍영식, 서광범, 박영효 등 청년그룹이었다. 이들은 물론 개화파에 속하는 젊은이들이었다. 이때 그는 개화의 필요성을 역설했다. 그의 집 사랑채에는 하루가 멀다 하고 떠드는 소리로 시끄러웠다. 김옥균, 박영효는 비분강개하는 말을 곧잘 했고 홍영식, 서광범은 차분하게 논리를 전개했다. 이들은 서로 일본과 중국을 통해 입수한 정보를 나누었다.

그는 이런 날들을 보내다가 병자수호조약이 맺어진 해 12월에 재동 자택에서 세상을 떠났다. 격동기를 살다가 간 것이다. 이들 청년 개화파는 뒤에 재야의 인사인 강위에게도 접근했고, 오경석이 가져다준 서양책에 심취한 유대치에게도 접근했다.

그는 선배로는 정약용, 서유구徐有榘를 받들었고, 친구로는 남병철, 김상현金尚鉉 등과 교유했다. 그가 적어도 권문세도가의 인사보다 실학파 또는 실학파 후예들과 두루 교유했음을 알 수 있다.

그러나 앞에서 지적한 대로 실학사상에 대한 구체적 접근이 없었다. 개화사상에 대해서도 외교문제 이외에는 별반 뚜렷이 견해를 나타난 것이 없다. 따지고 보면 외교문제는 현실 대응과 분리해서 볼 수 없을 것이다. 이것은 난세의 벼슬아치가 지니고 있는 처신 탓인가?

그의 생애는 크게 네 시기로 나누어볼 수 있다.

첫째 시기는 그가 출사하기 전이 될 것이다. 그가 학문에 열중하고 세상을 담담하게 바라본 때였다. 이때 그는 정약용과도 만난 것으로 보인다. 정약용은 그가 스물아홉 살 되던 해에 죽었다. 또 서유구와도 사귄 것으로 보이는데, 서유구는 그가 서른여덟 살 될 적에 죽었다. 따라서 충분히 실학의 맥을 계승할 분위기 속에 살았다.

또 그는 『연암집』을 조정에 바치기도 했으니 조부인 박지원의 사상에도 깊이 접근했을 것이다. 그런데도 그가 실학다운 글을 남기지 못한 것은 실학자들이 대개 정치적으로 불행을 겪은 것을 보고 내심과는 달리 이를 표현하지 않아서일까? 아니면 있어도 전해지지 않은 탓인지, 혹은 출사한 탓으로 바쁜 나날을 보내다 보니 제대로 저술에 몰두할 수 없었던 탓인지 모를 일이다. 그가 출사하지 않았더라면 그의 사상적 추이도 달라졌으리라.

둘째 시기는 그가 마흔 살이 넘어 조정에 나온 때이다. 당시 안동김씨와 풍양조씨가 세도를 잡고 있어서 여러모로 국정이 문란했다. 그가 고고한 선비였다면 결코 나설 시기가 아니었다. 그러면서 그는 한직으로 떠돌며 벼슬을 붙들고 호구하는 데에 급급했을 뿐이다. 그러다가 1862년 삼남농민봉기의 수습에 나서 바른 벼슬아치의 면모를 유감없이 발휘했다. 이것이 그가 한 일 중에 첫손 꼽히는 공적이다.

셋째 시기는 홍선대원군과 만난 때이다. 홍선대원군이 그를 거듭 중용한 것은 삼남농민봉기에서 그가 보인 바른 행동을 높이 샀기 때문인지도 모른다. 그런데 그는 이때 외교의 필요성을 느끼고 서양 문물의 수용을 생각했다지만, 초기에는 홍선대원군에게 이를 적극적으로 권고한 사실을 발견할 수 없다. 그저 겉으로는 조정의 정책을 충실히 수행하는 관리의 모습을 보인 것이다.

넷째 시기는 민씨 세도가 들어선 뒤 막후에서 일본과의 수교에 한몫 거든 때이다. 일본의 요구가 더욱 드러나 그 수단도 강제와 위협으로 바뀌는 마당에 일본과의 수교가 필요함을 주장하고 나섰다. 이것이 그의 참다운 면모였지만, 여기에서도 그는 침략의 실체로서 일본을 제대로 인식하지 못하고 있었다. 그리고 서양세력에 대해서도 단편적 지식만 가지고 있었을 뿐, 각 나라의 사정에 대해서 깊이 있게 의견을 피력한 적도 없다.

여기서 나타난 것은 그가 관리로서 뛰어나게 정치적 격변을 잘 헤쳐 나왔다는 사실이다. 안동김씨, 풍양조씨, 홍선대원군 그리고 여홍민씨의 정권 아래에서 귀양살이 한 번 가지 않고 오랜 파직도 겪지 않았다는 것이 이를 증명한다.

또 격변기에 살면서도 그는 주장을 온건하게 폈을 뿐, 열정적인 모습을 보이지 못했다. 강위가 재야의 인사로, 또 찌든 가난 속에서도 중국과 일본을 넘나들며 무엇인지 모색해보려는 열정을 가졌던 데 비해, 그는 너무나 안일하게 대처했다. 그러면서 그는 실학의 계승자, 개화의 선구자라는 조금은 허황한 이름으로 뒷날의 사가들의 입에 오르내리게 되었다.

김윤식
정세에 민감한 변신의 명수

김윤식金允植(1835~1922)이 태어날 적에는 세도정치가 한창 기승을 부릴 때였고, 그가 죽을 적에는 이른바 일제의 문화통치가 막바지에 이를 때였다. 우리나라에서 19세기 후반에 태어난 사람치고 평탄하게 산 사람이 드물겠지만, 김윤식은 때로는 주역으로, 때로는 막후의 인물로 득의와 좌절을 거듭한 정치가였다. 그러면서 그는 지식인이 가질 수 있는 고뇌와 정세에 약삭빠르게 대처하는 변신을 거듭했다. 그를 두고 민족주의계열에서는 교활하고 민족운동을 분열시킨 장본인으로 꼽았으며, 일본 제국주의자들로부터는 "학의 머리칼과 은빛 수염[鶴髮銀髥]을 가진 신선과 같은 유학자"라거니 "중정온건中正穩健한 정치가"라는 칭송을 받았다. 이로 보아 그가 어떤 성향을 지닌 인물이었는지 짐작할 만하다.

김윤식은 효종 때에 영의정을 지내고 실학자로 이름이 높았던 김육의 후손이었지만, 그의 가계인 청풍김씨 문중은 조선후기에 들어와서는 별로 관계에서 빛을 보지 못했다. 그는 헌종이 왕위에 오르던 해 서울 한강 가 광주 땅 두호에서 태어났다. 그러나 여덟 살 때 양친을 모두 잃고 숙부의 집이 있는 양근 땅 규천에서 자라났다.

양근 일대는 예전부터 실학자들이 많이 살던 곳이었다. 그의 나이 스무 살을 전후해서 바로 실학의 맥을 이었다는 박규수와 유신환兪莘煥의 문하에 나아가 글을 익혔다. 그가 명사인 박규수와 유신환의 문하에 든 것은 숙부 김익정金益鼎의 주선이었으니 그의 숙모는 바로 박지원의 손녀로 박규수와는 사촌간이었다. 따라서 그는 박규수의 가르침에 따르게 되었고 뒷날 청나라의 문물을 받아들이는 일에 앞장서게 되었다.

그가 한창 학문을 익히고 있을 적에 삼남을 중심으로 농민봉기가 벌떼처럼 일어났다. 이에 조정에서는 그 원인을 밝혀 민심을 진정한답시고 벼슬아치와 선비들에게 삼정문란의 개선책을 내놓으라고 일렀다. 이때 김윤식은 선비의 몸으로 경기도 광주 일대의 실정을 중심으로 그 개선책을 써서 올렸다.

그 내용을 보면 어느 정도 개선책을 제시하기는 했으나 어디까지나 부분적 개선을 위한 방안을 제시했고, 용어도 부드럽게 써서 온건한 모습을 보이고 있다. 그의 선배인 강위가 쓴 『삼정책』과는 상당히 다른 분위기를 풍기는 것이다. 이때 김윤식이 쓴 삼정책의 내용은 그의 성격을 드러내는 것이기도 했지만, 그가 정계에서 활약할 때에 언제나 타협과 온건한 방법을 구사한 점과도 상통된다 하겠다. 이때부터 그런 조짐이 드러나고 있었음을 유의해야 한다.

그가 벼슬길에 처음 나선 것은 서른한 살 되던 해였다. 흥선대원군이 막 집권하여 당파나 문벌을 떠나 인재를 골고루 등용할 때에 그도 여기에 든 것이다. 그는 화성 화산에 있는 건릉健陵(정조의 능)의 책임자가 되었다. 비록 미관말직이기는 했지만 이 자리에 1년 동안 있으면서 거문고의 명인인 이원영李元永을 만나 그의 전기를 남기기도 했다.

친청개화파로 활약하다

그의 나이 서른아홉이 되던 해인 1873년 여름, 양근의 집을 서울 북악산 밑 육상궁 근처로 옮겼다. 서울 양반대열에 끼려는 의도가 엿보인다. 그리고 과거공부에 몰두하여 다음해 문과에 급제했는데 이때 박규수가 시관으로 있으면서 그를 뽑았다는 말이 있다. 그 뒤 암행어사, 승지 등을 거쳐 1880년에는 순천부사에까지 이르렀다. 그가 대원군의 보살핌으로 첫 출사한 이래 민씨 세도 아래서도 순탄하게 벼슬자리를 얻었던 이 기간에 개항이 이루어지고 조정에서는 개화파가 하나의 세력으로 뭉치고 있었다.

1881년에 그는 영선사領選使로 청나라에 가게 되었다. 겉으로는 38명의 학도와 공장工匠을 데리고 톈진에 가서 중국의 근대식 군사기계학을 배우게 주선한다는 것이었다. 그러나 그가 정작 은밀하게 벌인 일은 북양대신 이홍장李鴻章과 미국과의 외교관계를 트기 위한 공작이었다.

당시 그가 일본에서 가져온 청나라 사람 황준헌이 쓴 『조선책략』에는, 청·일과 손을 잡고 친하게 지내며 미국과 연결하는 것이 조선의 독립을 유지할 수 있는 길이라고 했다. 이를 두고 전통 유림들은 정면으로 격렬한 반대논의를 폈고, 개화파들은 이를 적극 받아들여야 한다고 고종을 설득했다. 그리하여 이 비밀 외교의 책임을 김윤식에게 맡겼던 것이다.

이런 일련의 막후 공작으로 1882년에 들어 마침내 미국과 통상조약을 맺게 된다. 참으로 그동안 지탄해 마지않던 '서양 오랑캐'와 손을 잡게 되는 첫 순간이었다. 미국과 통상조약을 맺은 2개월 뒤에 임오군란이 일어났다. 이 군란은 구식 군대가 주동한 것이었지만 흥선대원군을 옹호하고 민씨를 제거하려는 정치적 음모가 깔려 있었다.

이때 그는 톈진에 계속 남아 있다가 군란의 소식을 듣고 청측에 대원군이 막후에서 군란을 주동했다고 공언하기도 하고 군란의 수습에 청군이 개입해야 한다고 주장하기도 했다. 그는 청군이 서울에 들어와 군란을 수습하고 이어 대원군을 압송해가도록 공작하여 이를 성사시켰다. 민씨의 하수인 노릇을 톡톡히 해낸 것이다.

김윤식은 이때 또 유폐되어 있는 흥선대원군을 정치적 재물로 이용하기 위해 흥선대원군의 환국을 주선하여 이를 실현시켰다. 어찌 보면 변신이었다. 따라서 그의 친청노선이 더욱 명백해짐과 동시에 그의 권력도 더욱 단단해졌다. 이를 계기로 김윤식 일파(친청개화파)가 실권을 잡게 되었다. 이들은 모든 요직을 차지했는데 김윤식은 처음에는 강화유수를 받아 판서의 반열에 올랐고 이어 내무·외교의 최고책임자가 되어 국정을 요리했다.

이 과정에서 그는 두 가지 일을 벌였다. 하나는 군대를 청국식 신무기로 무장시키면서 강화도에 5백 명의 정군精軍을 선발하여 배치시킨 것이다. 이들은 나중에 동학농민군 토벌에 나선다. 또 하나는 친일개화파를 누르고 청국의 세력을 끌어들이면서 미국·독일·프랑스 등과 외교·통상의 길을 더욱 넓히는 것이었다.

이럴 즈음 1884년 친일개화파인 김옥균, 박영효 등이 주동이 되어 갑신정변을 일으켰다. 친일개화파들은 일본군대를 동원, 왕궁을 호위하고 개화정권을 수립했다. 이때 김윤식, 김홍집 등은 원세개의 청군을 끌어들여 일본군이 지키고 있는 창덕궁을 공격, 이를 물리치고 다시 실권을 회복했다. 같은 개화파요 또 같은 스승 밑에서 수학한 김윤식과 김옥균은 이 사건을 계기로 영원히 손잡을 수 없는 개와 원숭이의 사이로 갈리게 되었다. 다시 말해 김윤식은 점진적 개화파로, 김옥균은 급진적 개화파로 갈라지게 된 것이다.

김윤식의 반대세력은 친일개화파와 척사계열의 유생들이었다. 그의 반대파들은 개인생활의 비리와 관계에서 벌었던 부정

등을 들고 나와 그의 퇴진을 거세게 요구했다. 특히 민영익 등은 흥선대원군을 다시 등장시키려는 김윤식의 책동을 저지하기 위해 그를 귀양 보내도록 고종을 꼬드겼다. 그리하여 마침내 그는 면천(지금의 당진 지방)으로 정배되어 6년의 세월을 정배지에서 정계의 추이를 예의 주시하며 보냈다. 그는 끊임없이 중앙 정계의 동정을 살폈고 정보 수집에 열을 올렸다.(『운양집』의 '면천행견일기' 참고)

그는 영원히 묻힌 인물로 보였다. 그러나 그의 운은 쉽게 가시지 않은 모양이다. 1894년 동학농민전쟁이 벌어졌고 이어 청일전쟁의 기운이 감돌고 있었다. 흥선대원군은 일본세력의 지원으로 껍데기나마 다시 집권했고, 민씨 세력은 청군의 지원을 요청하는 따위로 현상을 미봉하려다가 기세가 꺾이기 시작했다. 이 무렵 그는 더욱 동학농민군의 동정과 일본의 득세에 대해 여러 정보망을 통하여 알아내는 등 정중동靜中動의 자세를 보였다. 이런 틈새를 딛고 그는 강화부유수로 임명되었다. 이어 그는 친일 김홍집 내각에 참여해, 외무아문대신外務衙門大臣이 되어 갑오개혁을 주도했고, 이어 동학 토벌의 선봉에 나섰으며 일본의 이권 침탈에 협조했다.

어느새 친청파에서 친일파로, 온건개화파에서 참여개화파로 화려한 변신을 했다. 그는 외무대신의 자격으로 일본공사와 일본군에게 '동학 비도'를 철저하게 도륙 내라고 요구했으며, 관군을 향해서도 철저하게 토벌전을 펼치라고 지시했다.

마지막 화려한 변신

1896년 세상이 또 한 번 달라져 친러파가 정권을 잡게 되자, 그는 민비의 살해사건을 사전에 알고 있으면서도 묵인했다는 혐의를 받고 제주도로 종신형의 유배에 처해졌다. 뒷날 지도로 옮겨졌다가 풀려날 때까지 11년간 유배 생활을 했다. 이때 그의 나이 74세였는데 정계에서 은퇴하고 능숙한 문장으로 저술에만 몰두했더라면 최소한 후세에 또 다른 오명을 남기지 않았을 것이다.

그는 한국통감부가 들어선 뒤 일제의 입김에 의해 황실제도국皇室制度局 총재, 중추원中樞院 의장 같은 예우를 받았다. 그러나 이는 이미 일제의 놀림감이 되었거나 이용물이 되었다는 것을 뜻한다. 더욱이 그가 1909년 이토 히로부미의 장례식에 정부를 대표하여 도쿄에 가서 애도를 표하고 이듬해 훈일등 태극장을 받은 따위는 그가 얼마나 새로운 시대에 잘 적응하고 있는지를 보여주고 있다.

그러면서 한편으로는 민족종교로서 독립투쟁정신을 고취하기 위해 단군을 받드는 대종교 창시에도 가담하는 이율배반의 행동을 보여주고 있었다. 그의 명망을 이용하기 위해 대종교 창시 일원들이 그를 받아들인 것은 크나큰 실수였다. 그는 나철을 비롯해 서일, 박은식, 신규식 등 대종교 지도자들이 만주와 상하이로 가서 독립운동을 펼쳤는데도 국내에서 친일행각을 벌였기 때문이다. 뒤에 개천절이 10월 3일로 정해진 것은 그의 생일날에 맞춘 것이라는 웃지 못할 이야기도 전해진다.

이 무렵 또 하나 유명한 일화가 전해진다. 이른바 한일합방을 앞두고 어전회의가 열려서 각기 의견을 냈는데 김윤식은 "불가불가不可不可"라고 말했다는 것이다. 이 말은 두 가지로 해석될 수 있는데 하나는 "옳지 않소, 옳지 않소不可 不可"라는 뜻이요, 또 하나는 "어쩔 수 없이 찬성하오不可不 可"라는 뜻이다. 문자를 희롱하면서 남의 평판이나 후세의 기록을 의식한 교활함이 여지없이 드러난다.

그는 한일합방이 된 뒤에도 합방에 협력한 공로로 작위와 은사금을 받았고 중추원 부의장이라는 감투도 얻었다. 작위와 은사금은 국왕이 준 것이라 하여 받으면서 중추원 부의장 자리는 끝내 거절했다. 또 한 번 교활한 행동을 보였다. 그러면서 앞에서 말한 대로 민족종교인 대종교의 활동에 참여하기도 했고 은근히 민족주의자들에게 추파를 보내기도 했다. 한편으로 일본제국 학사원의 회원이 된 것을 영예로 여겼고, 또 자기가 살아 있으면서 자신의 문집을 간행하여 일본 학사원상을 받는가 하면 이어 일제에 어용이 된 유림단체 경학원의 대제학을 맡기도 했다. 그야말로 앞벽치고 뒷벽치고 요리조리 명망을 누리며 이권을 낚고 있었던 것이다.

1919년은 우리 민족이 잊지 못할 해일 것이다. 3·1운동이 요원의 불길처럼 전국에서 일어나자 그의 처세술은 또 한 번 빛을 뿜었다. 그는 처음에는 민족대표에 이름 올리기를 거절했다가 한 달쯤 지나 일본정부에 독립을 요구하는 글을 보냈다. 또 영국·미국 기자들에게 독립을 주장하는 의사를 밝히기도 했다. 그의 글 '대일본장서對日本長書'에 따르면 "대한독립을 위하여 침실에서 만세를 외쳤다"고 씌어 있다. 왜 침실에서 '마스터베이션' 하듯 만세를 부르나. 거리에 나가 불러야지. 이로 인해 그는 가벼운 심문을 받은 끝에 집행유예 3년을 받고 풀려났으며 그의 아들과 손자도 한때 갇히는 몸이 되었다. 그리하여 그는 작위가 박탈되고 모든 직책에서 면직되었다.

마지막 변신치고는 멋지고 화려했다고 말할 수 있을까? 그 뒤에도 그는 일제통치 아래에서 많은 글을 쓰면서 독립을 고취하기는커녕 음풍농월이나 일삼고 있었고 그의 스승 박규수의 문집과 선배 강위의 문집 등을 편집하면서는 곳곳에 손을 보아 변질

시켜서 마지막 일제와 영합하기도 했다. 그는 여든여덟 살의 수를 누리고 살면서 영욕이 점철된 삶을 살았다. 그의 생애를 더듬어보면 시세에 민감하게 대처하고 권력에 곧잘 영합하는 모습을 보게 된다. 이런 인간상은 옛 모습이 아니요, 오늘의 모습이다. 관 뚜껑을 덮고 나서 내리는 인간의 평가는 냉엄한 법이다. 한 지식인의 굴절은 오늘날에도 교훈을 준다.

김홍집
파란만장했던 정치가의 길

난도들에게 맞아 죽다

1896년 한겨울인 2월 11일, 설날을 앞두고 장안은 온통 혼란의 도가니에 빠졌다. 친러파들이 고종을 러시아공사관으로 옮기고 새로이 친러정권을 수립한 것이다. 이범진李範晉, 이완용李完用의 무리가 러시아공사관에서 고종을 싸고돌며 새로운 내각을 탄생시켰다. 묵은 내각, 곧 개화정권이라고도 불리고 친일내각으로도 불리는 김홍집金弘集(1842~96)내각은 붕괴되었다. 이 날 새벽, 정동에 있는 러시아공사관으로 자리를 옮긴 고종은 묵은 내각의 대신들을 체포하라는 칙령을 내렸다.

한편 총리대신 김홍집은 정병하, 유길준 등과 함께 허겁지겁 경복궁 앞으로 달려갔다. 벌써 친러정권의 관리들은 경복궁 앞

에 경관들을 배치해놓았고 보부상 수천 명을 동원해 삼엄한 경
계를 펴고 있었으며 광화문 앞에 있는 일본 수비대에는 일본 군
인들이 총검을 날카롭게 세우고 서 있었다.

김홍집 일행은 광화문 해태상 앞에서 순검들에 둘러싸였다.
이때 일본 군인들이 달려와 김홍집에게 일본 수비대로 피신하라
고 권고했다. 김홍집은 감연히 말했다.

> 나는 명색이 조선의 총리대신이다. 내가 조선인을 위해 죽는 것
> 은 떳떳한 천명이거니와 다른 나라 사람에 의해 구출된다는 것은
> 짐승만 같지 못하리라.

이에 살기등등한 보부상패들은 그를 교자에서 끌어내렸다. 그
리고 발로 차고 주먹으로 쳐서 말릴 새도 없이 순식간에 김홍집
을 죽였다. 한 나라의 총리대신이 떠돌이 보부상들에게 맞아죽
은 것이다. 아마도 우리나라에서 벼슬아치의 우두머리가 난도들
에게 맞아 죽은 것은 이것이 처음일 것이다.

개화정책의 필두에 서다

그렇다면 그가 어떤 정치가였기에 이 같은 최후를 맞았을까?
그는 명문 경주김씨의 집안에서 태어났다. 그의 할아버지는 충
주목사를 지낸 김사식金思植이었고, 그의 아버지는 개성부유수를

김홍집 친일내각의 우두머리로 역사의 희생양이 된 인물이다. 그에게는 늘 일본에 이용을 당했다는 비난이 쏟아졌고 마침내 일국의 대신으로서 시민에게 맞아죽는 참극의 주인공이 되었다.

지낸 김영작金永爵이었다. 그는 서울 용산방 외가에서 한창 민란으로 나라가 어수선할 때에 태어났다.

그는 스물다섯 살 때에 문과에 급제하여 파란 많은 벼슬길에 나왔다. 그가 벼슬길에 나오자, 명문가의 배경에다 성품이 부드러운 탓인지 순탄한 길을 걸었다. 그런데도 그는 집 한 칸 마련하지 못하는 청빈한 벼슬아치였다. 어찌나 가난했는지, 그의 부인은 하나뿐인 은비녀를 저당 잡혀 찬거리를 마련하느라고 머리에 꽂을 날이 거의 없었다고 전한다. 그는 30대에 벌써 실무의 총책임자격인 참의 벼슬을 받았다. 실로 촉망받는 소장 정치가였다.

이 즈음 나라에서는 1876년 개항을 단행했다. 이 개항을 전후로 해 나라가 유난히 시끄러웠다. 개항을 반대하는 유림들이 척사위정운동을 줄기차게 벌이고 있었고, 박규수를 중심으로 한 개화파들은 이에 맞서 개항을 지지하고 있었다. 김홍집은 소장으로서 개화파에 가담했고, 온갖 지탄을 무릅쓰고 개화정책을 실시하기에 힘을 기울이고 있었다. 그가 생각한 개화정책은 곧 부국강병이었고, 이를 실현시키지 않고는 결코 나라를 유지할 수 없다고 믿었다.

1880년에 그에게 중요한 임무가 맡겨졌다. 예조참의의 몸으로 일본수신사의 임무를 맡은 것이다. 그는 일본으로 건너가 많은 것을 보고 들을 수 있었다. 국제정세와 일본의 개방정책, 특히 일본의 국력이 놀랍게 신장된 것을 목도했다. 이때 수신사 일행 속에는 개화파의 중심인물이었던 강위, 지석영 등이 포함되어 있었다. 이들은 일본으로 출발하기에 앞서 흰쌀, 말린 고기 따위의 먹을 것과 식기까지도 준비해갔는데, 이것은 일본의 회유책에 빠져들지 않으려는 의지를 갖자는 것이었다.

이 사행 길에 그는 두 가지 일을 벌였다. 첫째는 황준헌의 『조선책략』과 황관응黃觀應의 『이언易言』이라는 책을 가져온 것이다. 『조선책략』은 "조선이 독립을 유지하고 러시아의 남진책략을 막기 위해서는 중국과 친하고 일본과 우호를 맺고 미국과 연합하지 않아서는 안 된다"는 내용으로 엮여 있었다. 또 『이언』은 "나라의 부강을 위해서는 서양의 과학기술을 도입해야 한다"는 양무론洋務論 및 변법론變法論의 이론을 제시한 책이다. 이 책이 조정에 바쳐지자, 김평묵을 중심한 전통유림들은 일대 반대운동을 펴며 들고 일어났다.

그는 이런 소용돌이 속에서 『조선책략』 등을 임금에게 소개하면서 개화의 필요성을 역설했다. 이에 고종은 그의 말에 귀를 기울여 모든 제도를 뜯어고치는 일을 먼저 시작했다. 그리하여 모든 정부조직을 통리기무아문統理機務衙門으로 개편했고, 김홍집은 예조참판으로 승진되어 외교의 일을 전담했다. 그는 이 자리에 있으면서 신식 군대인 별기군別技軍의 창설에 노력했고, 일본의 문물을 배우기 위해 벼슬아치를 파견하는 신사유람단紳士遊覽團을 주선하기도 했다.

두 번째로 벌인 일은 지석영을 통해 종두법種痘法 등 과학기술을 보급한 일이다. 지석영은 종두법을 익히기 위해 부산의 일본인 의사 밑에서 기술을 익히기도 했고, 김홍집의 수행원으로 일본에 가서 종두법의 실시를 목격하기도 했다. 지석영은 종두법의 보급을 위해 『우두신설牛痘新說』을 펴냈는데, 그는 여기에 서문을 써서 종두법의 보급을 강력히 주장했다. 그뿐만 아니라 그는 종두법의 보급을 위해 정책적으로도 지원을 아끼지 않았다.

이에 척사위정운동의 중심세력들은 김홍집을 개화파의 우두머리로 지목하여 규탄운동을 벌였다. 온갖 비난이 그에게 쏟아진 것이다. 이에 호조참판으로 전임된 그는 그 직을 사직하고 물러나왔다. 첫 번째로 조정을 떠나 재야의 인물이 된 것이다. 그러나 조정에서는 개화정책을 계속 밀고 나갔고, 그는 곧 불려나와 미국·영국·독일 등과 통상조약을 맺을 때에 그 실무를 맡아

보았다. 고종이 그의 외교에 대한 식견을 높이 샀던 것이다. 이렇게 하여 그는 외교의 최고책임자인 예조판서로 승진했다.

친일내각의 우두머리가 되다

당시 개화파들은 사대당을 몰아내기 위한 쿠데타를 벌였다. 김옥균, 홍영식, 박영효 등이 갑신정변을 일으켜 개화정권을 수립한 것이다. 이 개화 내각에서 그에게는 한성판윤이라는 비교적 한직이 주어졌다. 이 같은 한직이 그에게 주어진 것은 이 쿠데타에 그가 주동이 아니었음을 뜻하는 것이다.

갑신정변이 3일천하로 끝나고 그 주동자 김옥균 등이 일본으로 망명하는 지경에 이르렀다. 갑신정변 뒤에 연립 내각이 성립되었는데, 그에게는 좌의정 겸 외무독판外務督辨이라는 벼슬이 주어졌다. 이것은 그가 개화파이기는 하나 급진적이 아닌 온건노선을 걸었음을 뜻한다. 그는 또다시 외교의 책임자가 되었다. 그 뒤 그는 한때 한직으로 밀려나기도 했지만 1887년경에는 또다시 좌의정 겸 내무대신이 되어 정계에 확고한 위치를 다지고 있었다. 그는 온건한 방법으로 계속 개화정책을 추진해나갔다.

1894년에는 온 나라를 소용돌이치게 만든 동학농민전쟁이 일어났다. 그에게는 이 난국을 수습할 책임자로 영의정의 중책이 주어졌다. 고종은 온건한 그를 내세우는 것이 당시로서는 가장 적절한 인사조치라고 생각한 것이다. 그리고 이어 청일전쟁이 일어나 일본이 승리하자, 그에게 내각개편의 중책이 주어졌다. 이것을 제1차 김홍집 내각이라 부른다.

그는 온건개화파를 중심으로 사대당의 일부 인사까지 포함하여 내각을 구성했다. 그리고 묵은 봉건제도를 타파하고 새로운 개혁정책을 단행하는 주역이 되었다. 이 개혁을 역사에서 갑오개혁이라고 부른다. 그는 2차 개혁을 거치면서 계속 총리대신을 맡았다.

그러나 이 내각은 경복궁 쿠데타 이후 일본의 음모와 지원에 의해 이루어졌기에 그는 자신도 모르는 사이 일본의 꼭두각시가 되어 있었다. 그의 미지근한 성품과, 일본의 힘을 빌려 봉건제도를 개혁해야 한다는 판단 착오로 말미암아 일제에 이용당하는 줄도 몰랐던 것이다.

1895년에 이르러 급진개화파인 박영효 등이 군부의 요직을 장악하고 그에게 사직을 강요했다. 그는 대세에 밀려 어쩔 수 없이 사직했고 박정양 내각이 성립하게 되었다. 그러나 3개월이 못 되어 또다시 박정양은 일본의 힘에 밀려 이리저리 끌려 다니다가 사직하고 말았다. 이에 김홍집이 다시 총리대신이 되어 내각을 구성했는데, 이 내각에 이완용을 학부대신으로 끌어들이는 큰 실수를 범하고 말았다. 결국 이완용의 술수에 의해 그가 죽었기 때문이다.

김홍집은 총리대신 자리에 나오라는 부름을 받고 집을 나서면서 결코 이를 받아들이지 않겠다고 말했다고 한다. 그런데 대궐에 갔다가 집에 돌아와서는 이렇게 말했다.

상감께서 밤새 조르시니 어찌 내 한 몸의 안전만을 위해서 상감
의 간청을 거절할 수가 있겠느냐? 죽음을 각오하고 상감의 간청을
수락하고 나왔다

개화기의 김총리

그러나 이 벼슬길은 역시 잘못이었다. 그가 총리대신이 되자,
일본은 커다란 음모를 꾸며 민비를 살해했다. 이어 양력의 사용
과 단발령을 공포하는 등 새로운 개혁정책이 단행되었다. 이에
따라 전국에서는 의병들이 곳곳에서 들고 일어났다. 단발령에
대해 황현이 쓴 『매천야록』에는 이렇게 기록되어 있다.

왕이 먼저 상투를 자르고 곧 중외中外의 신민臣民들에게도 모두
상투를 자를 것을 명했다.……단발령이 내리자 통곡소리가 천지
를 뒤흔들었고 저마다 분을 참지 못했다. 서울에 와 있던 시골 사
람들은 멋모르고 밖에 나왔다가 상투를 잘리니 그것을 주워서 주
머니에 넣고 통곡하며 서울을 떠났다.

사정이 이러하니 단발령의 잘잘못은 제쳐두고라도 온갖 비난
이 김홍집에게 쏟아졌다. 성격이 원만하고 부드러운 그로서는
이 비난을 감당할 수가 없었을 것이다. 그러면서 이완용 일파에
의해 아관파천이 단행되었고 그는 마침내 죽임을 당했다. 그가
이때 죽은 것은 그 개인으로서는 그나마 다행스러운 일일지도
모른다. 그에게는 늘 일본에 이용을 당했다는 비난이 쏟아졌을

망정 뒷날 변절한 개화파의 오명에서는 벗어났기 때문이다.

우리나라가 일본에 강점 당한 뒤 많은 개화파들은 일본의 작위를 받고 친일파가 되었다. 그의 동료나 후배인 박영효를 비롯하여, 김윤식, 박정양 등이 그들이다. 이때까지 그가 만약 살아 있었더라면 과연 어떤 행적을 보였을까? 이런 점에서 그는 깨끗이 죽었다고 말할 수 있을 것이다. 그는 적어도 풍운의 시대에 외교의 솜씨를 발휘했으나 꺼져가는 나라를 바로잡을 수는 없었다. 그리고 일본의 간계를 알면서도 어떻게 손을 써볼 도리가 없었다.

그의 사상을 가장 충실히 계승한 사위 이시영李始榮은 나라가 망한 뒤 만주, 상해 등지로 망명하여 독립운동에 헌신했다. 1910년 나라가 완전히 망하던 해 김홍집에게 신원伸寃이 베풀어지고 시호가 주어졌으나 이것이 무슨 의미가 있겠는가?

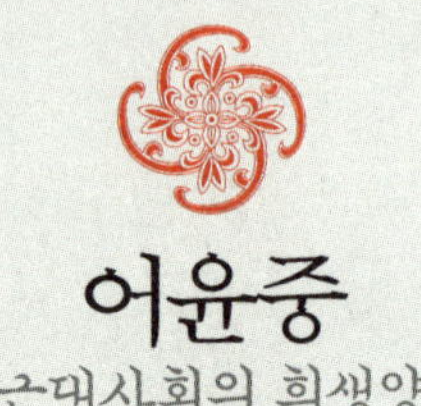

어윤중
근대사회의 희생양

암행어사로 활동하다

　1893년 보은 장안마을 골짜기에서 수만 명의 동학교도들이 죽창을 꼬나들고 모여 "척양척왜斥洋斥倭"를 외치면서 함성을 질러댔다. 보은의 벼슬아치와 구실아치들은 벌벌 떨고 있었다. 이때 중앙에서 임금이 보낸 어사가 별로 겁도 없이 이들을 타이르러 이곳에 왔다. 이 어사가 보은이 고향인 어윤중魚允中(1848~96)이다.

　어윤중은 조선왕조 봉건사회의 극심한 모순기인 1848년에 충청도 보은에서 함종어씨 어약우魚若愚의 아들로 태어났다. 아홉 살 때 어머니를 여의고 열여섯 살 때 아버지마저 여의는 불행한 환경 가운데서도 그는 꾸준히 학문을 닦았다. 그는 문중이나 가정적 배경 없이 관계 진출의 꿈을 키웠다. 어윤중은 스무 살 되

던 해인 1868년(고종 5) 7월, 고종이 새로 지은 경복궁으로 이어한 뒤 실시한 문과에 장원급제하여 벼슬길에 들어서게 되었다.

이듬해 5월에는 가주서假注書로 임명된 뒤 승진을 거듭해 몇 년 사이에 여러 벼슬을 거쳤다. 이로 하여 비록 낮은 자리이기는 했으나 그의 재능을 인정받았다. 그동안 왕권 강화를 위한 홍선대원군의 정치는 사색 등용, 내정의 개혁 등 좋은 시책도 많았으나 한편으로는 실책도 적지 않았다. 경복궁과 경회루의 재건으로 경제를 혼란에 빠뜨렸고 철저한 쇄국정책으로 새로운 시대에 적절히 대처할 줄 몰랐다.

프랑스 함대가 침입한 병인양요(1866)에 이어, 제너럴셔먼호 사건을 구실로 미국 함대가 1871년 강화도에 침입했다. 이를 신미양요라고 한다. 순무중군으로 강화도의 광성진을 지키던 어재연魚在淵은 어윤중의 친족인데 바로 이 전투에서 장렬히 전사했다. 이와 같이 국내외로 불안한 정세 속에 관리로 진출한 어윤중은 그의 뛰어난 학식과 고매한 인격으로 고종의 두터운 신임을 받았다. 그는 검토관의 자격으로 고종에게 『중용』, 『시전』, 『시무책』 등을 진강하면서, 왕에게 때때로 정심권학正心勸學을 진언했다. 또한 종친과宗親科, 친림시親臨試 등 중요한 과거에는 대독관으로 뽑혀서 어김없이 고종을 배종했다.

1873년(고종 10) 10월에는 드디어 최익현이 전국의 노론 유생을 대표하여 흥선대원군의 하야를 요구하는 상소를 올렸다. 고종은 이 상소를 받아들이고 최익현을 호조참판으로 임용했다. 이것이 부자의 윤기를 파멸로 이끈 계기가 되었다. 여기에서 고종의 친정과 대원군의 하야가 결정되었다. 이때 옥당玉堂(홍문관)에서 최익현을 공격했는데 고종이 이에 노하여 공격하는 무리들을 파면하고, 새로이 젊은 인사를 중심으로 언관 등을 임명했다. 이때 어윤중은 부수찬으로 임명되었다. 그러나 당시 충청도 보은에 있던 어윤중은 부임도 하기 전인 10월 30일 홍시형洪時衡이 부수찬으로 특채됨에 따라 부수찬 자리에 부임도 하기 전에 물러나 잠시 사과 벼슬에 있다가 다시 향리 보은으로 낙향했다. 이때 대간들이 다시 최익현의 파직을 주장하여 고종이 또다시 이들을 파직하는 사건이 있었는데, 이때 어윤중은 지평持平으로 임명되었다.

최익현의 상소 사건을 계기로 삼사三司(홍문관·사헌부·사간원) 관리들의 잦은 교체가 있었다. 이 시기 고종이 어윤중을 얼마나 신임했던가를 능히 짐작할 수 있다. 그 뒤 1874년 2월의 인사 교체로 그는 언관의 직책에서 들락날락했다가 다시 대간의 지평이 되었다. 이로 인해서 그는 당시 인사행정의 모순과 조정 내의 파벌싸움을 깊이 알게 되었고, 이에 나라의 장래를 깊이 걱정했으며, 중앙관계에서 일할 의욕을 잃고 있었다.

어윤중은 지평으로 임명을 받았으나 반복되는 관직의 이동과 조정 내의 분위기가 역겨워, 이 핑계 저 핑계를 대고 고종에게 수차에 걸쳐 사직상소를 올린 끝에 겨우 해직의 명을 받게 되었다. 그 뒤 경상도 양산군수로 임명되고, 이어 밀양부사의 겸임 발령을 받았다.

이와 같이 어윤중이 영남 변방의 수령을 맡았을 당시는 부산포에서 일본과 우리나라간에 개항외교가 교착상태에 빠지는 시국이 전개되었으며, 일본 외무성 관리의 횡포가 날로 심하여 우리 조정을 괴롭히고 있을 때였다. 양산군수는 일본 사신이 오면 이를 접대해야 하는 일까지 겸했으니 어려운 직책임을 알 수 있다. 따라서 이때는 모두가 변방의 위험한 직책을 기피했으므로 어윤중의 수완과 용기를 짐작할 수 있다. 지방관리로서 치적을 쌓고 있을 즈음인 1875년 4월, 가까운 울산에서 부사 정기대鄭基大의 실정으로 큰 민란이 일어났다.

양산군수 어윤중은 곧 그곳으로 달려가 난민들을 회유하고 난리의 근본원인을 조사하여 백성들의 고충을 경상감영에 보고했다. 이때부터 그가 백성들의 고통을 남달리 이해하고 고치려는 벼슬아치로 명망을 얻게 되었다. 이에 따라 조정에서는 안동부사 홍철주洪澈周를 안핵사로 임명하고 난을 조사해 다스리도록 했다. 한편 조정에서는 어윤중이 큰 치적을 올려 민중의 신망을 얻게 되자 4월 18일자로 그를 다시 울산부사로 겸임 발령했다.

1875년 8월에 김해에서 민란이 일어나자 임시 직책을 띠고, 김해 명지도로 달려가 기기성奇基成의 옥사를 조사·처리하고 어렵지 않게 안정시킴으로써 그의 수완을 다시 과시했다. 이때 전국 수령들을 대상으로 6개월마다 조정에서 치적을 평가했는데, 어윤중은 양산군수로 부임한 뒤로부터 1876년 9월 양산군수를 사임할 때까지 언제나 전국에서 최우수의 치적으로 평가되어 명수령으로 손꼽히게 되었다.

그 뒤 홍문관 교리로 임명 받아 임금 가까이에 있다가 같은 해 7월 18일에는 다시 전라우도 암행어사로 임명되어 다음 날 곧바로 떠났다. 서울을 출발한 어윤중은 전주·금구·부안·영광·무안·함평·해남·영암·장성·고부·함열·금산 등 호남지방의 민정 실태 및 수령들의 행적과 근 1백여 명에 달하는 지방관리들의 치적을 철저히 조사해 1878년 6월에 서울로 돌아왔다.

그는 곧 자기 의견을 곁들여 고종에게 결과를 보고했다. 후일 고종이 어윤중을 가리켜 이렇게 말했다.

연전 호남어사의 행적은 공적이 많았으니, 이미 알맹이를 찾아내는 명민함을 알았다.

이렇게 칭찬한 것만 보아도 그가 얼마나 엄정한 입장에서 맡은 바 책임을 완수했는가를 능히 알 수 있다. 당시 암행어사는 부정을 캐기는커녕 자신이 더욱 부정을 저지르는 풍조가 만연해 있었으니 그의 바른 일처리가 돋보였을 것이다.

그 뒤 그는 내직을 거쳐 1880년 2월 평안도 경시관으로 임명되어 지방 과거를 주재하는 중책을 띠고 평안도로 떠났다. 이때 당파싸움으로 폐단이 극에 달했던 과거를 엄정하고 공정하게 주재하여 다시 한 번 명성을 떨치고, 그해 5월에 서울로 돌아왔다. 그러나 어윤중은 단순히 국내에서 내치에 관련된 일을 처리한 것에 못지않게 청국·일본과의 관계 등 국제 관계에서도 활동했으며, 그의 죽음도 이런 관계의 결과로써 빚어진 비극이었다.

청렴한 개혁가로 개화혁신을 도모하다

어윤중이 외교 관계의 일을 맡은 것은 1881년(고종 18)부터였다. 곧 같은 해 1월 11일에 비밀리에 동래 암행어사라는 직책을 띠고 부산포로 내려가 거기에서 신사유람단의 12개 반 중 1개 반의 책임자로 도일하게 된 것이다. 이것은 일본인들의 조선에 대한 논의 및 정국 형편, 풍습·인물·통상 관계 등을 살피는 좋은 기회가 되었다. 출발에 앞서 그는 고종으로부터 다음과 같은 특명을 받았다.

일본의 조정 논의와 정국 형편, 풍속·인물·교빙·통상 등의 대략을 살피라. 특히 유의해야 할 것은 일본인과 함께 배를 타고 그 나라에 가서 대장성의 소장所掌 사무와 기타의 견문을 연월年月에 구애받지 말고 일일이 조사하여 별단別單으로 보고하라.

이러한 특명을 받은 어윤중은 3월 20일 민정을 살피면서 동래부로 내려가, 다른 신사유람단의 인사들과 함께 4월 8일 부산항을 떠나 일본 시찰의 길에 올랐다.

신사유람단원들은 약 4개월 가까운 기간 동안 일본의 새로운 문물을 시찰하고 다른 관원들은 대부분 귀국했으나, 어윤중만은 특명으로 일본에서 상하이를 거쳐 텐진으로 갔다. 그는 그곳 초상국招商局에 머물면서 텐진을 시찰하고 이홍장과 주복周複을 만나 한미수호조약 초안을 상의·검토했다. 이때의 주역은 물론 김윤식이었다. 김윤식과 함께 다시 상하이를 거쳐 일본 나가사키로 와서 제3차 수신사 조병호趙秉鎬를 따라 11월 10일 부산으로 돌아왔다. 귀국한 어윤중은 12월 14일 일본 시찰과 청국 사행의 결과를 고종에게 복명했다.

문호개방을 준비하는 와중에서 일본과 청국의 국정을 묻는 고종에게 그는 일본에 대하여는, "지금 시국을 돌아볼 때 부강이 아니고는 나라를 보존할 수 없기 때문에, 그들은 상하가 합심하여 오로지 경영에 힘쓰고 있을 뿐입니다"라고 보고하고, 청국에 대하여는, "중국은 일찍부터 많은 사건이 일어났지만 근래에 외국사정에 밝아 크게 군사에 힘을 기울이고 있다"고 보고했다. 아

울러 양국의 군사와 재정상태 및 우리나라에 대한 그들의 태도
도 자세히 보고했다.

또 암행으로 조사한 동래부의 민정도 보고했다. 그는 다시 글
로, 일본에 가 교제한 인물과 견학한 각 관아를 세밀히 보고했
다. 그리고 특히 특명을 받은 바 있는 일본 대장성 시찰에 대하
여는 그곳 직제 및 사무장정事務章程을 번역해내고 또 재정 견문
은 세입세출·지폐·국채·은행·조세·정부재산·국내설적 등 7
개조로 나누어 서술하여 별책으로 보고했다(어윤중 편, 『일본대장성시
찰기日本大藏省視察記』가 서울대학교 중앙도서관에 소장되어 있음). 이러한 연유
로 그는 후일 김홍집 내각의 탁지부대신으로 발탁되었다.

그는 일찍이 개화에도 눈을 떴으며 청국과 일본 사정에 누구
보다 정통해 있었다. 1882년 2월 17일 통리기무아문 주사로서
이조연李祖淵과 함께 문의관問議官이라는 직함을 띠고 중국 텐진
에 파견되어 한미수호통상조약안 검토 협의의 비밀 훈령에 따라
이를 상의하고, 그곳에 이미 파견되어 있던 공장학도工匠學徒의
사정과 활동을 조사하라는 것과 한·청 무역관계를 의논해오라
는 비밀훈령도 받았다.

3월 25일 텐진에 도착한 뒤 이곳에서 다시 김윤식, 윤태준尹泰
駿 등을 만났다. 그러나 이홍장과 한미수호조약을 협의한 미국
대표 슈펠트는 이미 군함 스와타라호를 타고 우리나라로 떠난
뒤였다.

이때 이홍장은 조선이 일본의 독무대가 되는 것을 막고, 러시
아의 남침을 저지하기 위해 조선 정부에 미국과의 통상조약을

주선·권고해오고 있었다. 어윤중이 텐진에 도착했을 때, 이홍장은 마침 모친상을 당하여 그곳을 떠나 고향으로 돌아가 있었다. 4월 3일, 어윤중이 김윤식, 이조연과 더불어 주복을 방문했을 때, 주복은 이홍장의 의사를 이들에게 전달했다. 이에 따라 이조연은 급하게 귀국하고, 어윤중은 그곳에 남아 문물을 시찰하고, 중국 요인들과 조선의 국사를 의논했다.

이때 조선은 한미수호통상조약에 이어 한영수호조규를 체결했는데 이러한 가운데 텐진에 머물고 있던 어윤중은 6월 18일, 뜻밖에 본국의 임오군란 발발 소식을 접하게 되었다. 다음 날인 6월 19일, 그는 영선사 김윤식과 더불어 이에 대한 대책을 강구한 뒤 주복에게 나아가 조선으로의 원병을 요청했다. 이에 대하여 주복은 이들에게 북양함대를 먼저 의주로 파견하여 정탐할 터이니 동행하겠는가를 물어왔다.

이에 어윤중은, 의주는 변방이어서 정세를 살피기가 어려우므로 인천으로 직행하는 것이 좋으니, 1천 명의 용병과 같이 가면 가겠다고 대답했다. 그 뒤 청국측은 드디어 조선으로의 파병을 결정하고, 이홍장의 명령으로 오장경吳長慶, 정여창丁汝昌이 5척의 군함에 4천 명의 수군과 육군을 거느리고 7월 7일 우리나라에 도착했다. 어윤중과 김윤식은 이들 청군과 같이 귀국한 뒤 곧 연서로 남양부사 이명재李命宰를 통하여 고종에게 장계를 올리고 입국했다. 청군은 조선에 도착한 뒤 곧 대원군을 납치해 중국으로 이송했다.

임오군란 뒤 어윤중은 다시 문의관이라는 직함을 띠고 텐진에 가서 한·청 우호관계를 증진시키는 동시에, 왕명에 따라 한·청 간의 상민수륙무역장정商民水陸貿易章程 8개조를 체결하여 일본의 경제적 진출을 공동으로 저지하는 데 힘썼다.

청나라에서 귀국한 어윤중은 10월에 예조참의로 임명되고, 11월에는 관제개혁에 따라 통리내무아문 참의가 되었다. 그런데 임오군란 뒤, 당시 폐정개혁의 일환으로 국고 확보를 위한 불필요한 관청과 관원의 도태, 그리고 경비의 절용이 절실한 현안 문제로 대두되었다.

쓸데없는 기관의 남설 등 부조리가 당연했던 때에 어윤중의 기강확립, 경비절약, 남설기구 정리 및 간소화 등의 시정에 대한 정책은 당시 정부 안에서 실권을 잡고 있던 민씨 척족세력에게 반발을 샀다. 그러나 그는 국제 정세에 밝았고 성격도 강직하고 과감했기 때문에, 원한 사기 쉬운 긴축·감원문제를 가지고 무던히 싸우면서 대담한 성과도 올렸다.

그러나 막상 실천에 옮기는 과정에서 개화혁신을 지지한다던 왕실 척족과 그 당류들은 기구를 줄이고 경비를 절감하는 정책을 기피 또는 방해하기에 이르렀고, 결국 어윤중은 서북경략사라는 외직으로 밀려나게 되었다. 이처럼 어윤중 등이 내세운 과감한 정부기구의 축소와 정비는 불필요한 국가 재정의 감축과 절약에 커다란 효과를 거둘 것임에도 불구하고, 사리사욕만을 도모하는 경향으로 흐르던 당시의 세파로 인해 이들 계획은 소기의 성과를 거둘 수가 없었다.

그렇지만 그의 나라 사랑하는 마음과 임금에게 충성하는 마음은 변하지 않았다. 서북경략사로 전출된 그는 오히려 두드러진 업적을 남겼다. 첫째, 역할도 없는 관서 연강關西沿江(압록강 주변) 지방의 18진을 혁파했고, 둘째, 1883년 2월 이후 청국측과 절충하여 오던 백두산정계비를 기준으로 토문土門·두만 양강 유역의 국경문제를 조사·확정했으며, 셋째, 의주와 그 대안의 교역을 위한 중강통상장정中江通商章程, 곧 봉천여조선변민교역장정奉天與朝鮮邊民交易章程의 체결 등 성실한 교섭을 기울였다. 그는 이때도 확실히 외교관계에서 역량을 발휘했다.

외세의 희생양으로 생을 마감하다

갑신정변 뒤 개화파가 무너지고 수구 사대당 중심의 정부가 수립될 적에 그는 친청 개화파로 선혜청제조가 되었다. 다시 국가 재정과 관리의 녹봉을 맡은 책임자가 된 것이다.

1893년, 가중되는 외세와 국내 동학교도들의 움직임은 불안한 낌새를 보이기 시작했다. 드디어는 전국의 동학교도 수만 명이 충북 보은군 장내에 집합하여 '척양척왜'의 기치를 내세우며 험악한 형세를 이루고 있었다. 다급해진 정부에서는 그들의 처지를 이해하는 어윤중을 양호도어사兩湖都御史로 임명했다가 다시 양호선무사로 고쳐 임명했다. 그는 현지에 가서 직접 그들을 위무하여 해산시키기로 결정하고, 현지에 도착하자 즉시 공주영장 이승원李丞遠과 보은군수 이중익李重益, 순영군관 이주덕李周德 등을 데리고 장내의 동학교도 집회소를 찾아갔다. 그는 지도자들과 면담하여 한편으로는 은혜를 보이고 한편으로는 위압하는 양면공작으로 선무하여 그들을 자진 해산시키는 데 성공함으로써 다시 그 수완을 보였다.(「종정연표從政年表」, 『어윤중전집』) 그 내용이야 어떻든 일단 어윤중의 공로로 돌아갔다.

이어 그는 동학교도들의 폐정에 대한 불만을 간파하고 충청관찰사 조병식의 탐학과 그를 방조한 영장 윤영기 등의 처벌을 건의하여 개선책을 촉구했다. 그는 서울에 돌아와 동학교단을 민당民黨(민중의 무리라는 뜻으로 공인을 의미)이라고 불러 조정 대신들로부터 비난을 받았다. 다시 말해서 난도들을 민당이라 옹호했다는 것이다. 그뿐만 아니라 부정을 없애고 탐학이 없어야 이들이 수그러질 것이라는 건의를 조정에 내기도 했다.

1894년, 청일전쟁의 발발과 더불어 단행된 갑오개혁 뒤 어윤중은 한성부부윤을 거쳐 제1차 김홍집 내각의 탁지부대신으로 임명되었다. 친일 개화정권에 참여했기에 일단 과거의 그의 행적에 금이 가는 듯했다.

그러나 일본의 침략세력이 배경이 된 갑오개혁 때에는 점진주의적인 태도를 취했기 때문에 일본인들로부터 비난을 받기도 했다. 제2차 김홍집 내각 때 그는 중추원의장이 되었으나, 친러파의 대두로 해직되고 말았다. 이때 시국이 너무나 급전되어갔다. 청일전쟁 뒤 3국 간섭으로 일본의 세력이 주춤하게 되자 러시아 세력이 우리나라로 진출하기 시작했다.

1895년 7월 5일, 민비 일파는 서울 주재 러시아공사 베베르와 손을 잡고, 조선 정부로부터 친일파를 추방하고 대신 친러파인 이윤용李允用과 이완용을 입각시켰다. 이에 제3차 김홍집 내각이 성립되었다. 서울 주재 일본공사 미우라 고로三浦梧樓는 일본 낭인들을 앞잡이로, 10월 8일 밤 경복궁으로 난입하여 이튿날 새벽에 민비를 시해했다. 이를 을미사변이라고 부른다. 이때 민비파의 반대 인물인 흥선대원군을 집정으로 하여 제4차 김홍집 내각이 성립했다. 어윤중은 이 내각의 탁지부대신으로 임명되고, 얼마 뒤 다시 군부대신서리직을 겸임하게 되었다. 그런 내각에 참여한 것이 그의 일생일대의 실수였고 불행이었다.

이때 친일 정권의 포위 아래 공포에 떨고 있는 고종을 안전한 곳으로 옮기고, 친일 김홍집 내각을 타도하여 황후 시해의 원수를 갚으려는 임최수 등이 벌인 춘생문春生門 사건이 일어났다. 군부대신서리를 맡고 있던 어윤중은 이들을 격퇴하고 체포했다. 그러나 황후 시해에 대한 유생들의 분노는 높아갔다. 이러한 때 내려진 김홍집 내각의 단발령은 유생들을 더욱 격분하게 하여 항일 의병이 각지에서 궐기하게 되었다.

어윤중은 군부대신서리직에서 해임되었으며, 서울에 주둔한 친위대의 주력 부대가 지방으로 출동하여 서울의 수비가 아주 허술하게 되었다. 벌써부터 기회만 엿보던 친러파는 극비리에 고종을 정동에 있는 아관(러시아공사관)으로 옮기는 음모를 꾸몄다. 내 나라 내 영토에서 국왕이 일개 주재 외국공사관으로 옮겨 가야만 했으니 예사로 넘길 일이 아니었다.

세찬 반일감정이 전국적으로 감도는 가운데, 러시아공사가

‘공사관 보호’라는 미명 아래 1896년 2월 10일 수병 1백여 명을 인천으로부터 서울로 끌어들이면서 이루어진 아관파천으로 김홍집 내각은 몰락했다. 정치적인 음모에 의하여 발생된 이 사건으로 김홍집 등 몇몇 대신들이 참살되었다. 이때 어윤중은 서울을 탈출하여 향리인 보은으로 돌아가던 중, 2월 17일 용인군 장서리에서 마흔아홉을 일기로 그곳 농민들에 의해 타살당했다. 이로써 파란 많은 그의 일생은 막을 내리고 말았다. 그의 죽음을 보자면 세계 열강의 침탈 아래에서 민족 분열의 비극을 다시 한 번 상기하게 된다.

어윤중은 청렴한 봉건왕조의 개혁가였다. 이로 인해 많은 정적들이 생겨났다. 때로는 친청·친일의 길을 걸었으나 결과적으로 부국강병과 내정개혁을 도모하다가 외세의 이용물이 되기도 했다. 그러나 청년 정객 어윤중은 민중봉기까지도 이해한 당대에 보기 드문 개혁가였다.

민영준
나리의 불행과 개인의 영달

민씨 세력, 권력 다지기에만 골몰하다

우리나라는 흔히 문벌정치라는 것이 때때로 이루어져 온통 나라의 권력을 독차지하고 뒤흔들었다. 그런 문벌정치 중에서도 19세기 말에 일어난 민씨들이 가장 극성스러웠고, 이들 민씨 중에서 민영준閔泳駿(1852~1935, 뒤에 영휘로 이름을 고침)이 그 중심이 되었다. 그렇다면 민영준은 어떤 사람이며 무슨 짓거리를 했던가?

민영준의 조상을 거슬러보면 효종 때 관찰사를 지낸 민광훈閔光勳이 8대조가 된다. 민광훈은 민시중閔蓍重, 민정중閔鼎重, 민유중閔維重 등의 아들을 두었는데 이들이 크게 출세를 했다. 이들은 모두 노론의 거두인 송시열의 제자로 높은 벼슬자리에 올랐으며, 그중에서도 민유중은 숙종의 왕비인 인현왕후의 아버지였

민영준 민영준은 일제 식민통치 아래에서도 여지없이 수완을 발휘하여 일제의 앞잡이 노릇을 했다. 그는 이름을 영휘로 바꾸고 일제에 협력한 대가로 많은 재산을 늘려 이완용, 송병준의 후손과 함께 3대지주로 꼽혔다.

다. 그 뒤 이들 자손은 높은 벼슬을 누리며 노론의 핵심세력이 되었으나 안동김씨, 풍양조씨의 세도정치 아래에서는 별로 빛을 보지 못했다. 이들 후손은 여주에서 영락한 생활을 보내며 살았다. 그러다 역시 영락한 왕족인 흥선대원군을 사위로 맞이했고, 또 흥선대원군의 배려로 이들의 딸이 고종의 왕비로 들어앉게 되었다.

민영준은 민시중의 후손인 탓으로 처음에는 별로 출셋길에 나오지 못했으며 더욱이 민비와는 15촌간이나 되는 먼 일가였다. 이를테면 같은 민씨로 한 뿌리이기는 하되, 민씨의 중심세력과는 먼 일가붙이였던 것이다.

민영준은 기막힌 방법으로 민비에게 접근했다. 애당초 민비가 시아버지 홍선대원군을 몰아내고 고종을 조종할 때에 등장시킨 인물은 친정 양오라비 민승호閔升鎬였다. 민승호가 한동안 세도를 부리다가 아들도 없이 죽자 그 8촌뻘되는 민태호閔台鎬의 외아들인 민영익을 양자로 들어앉혔다. 이 일을 주선한 것은 민태호의 동생인 민규호閔奎鎬였다. 민규호는 어린 조카 민영익을 팔아 세도를 잡았으나 얼마 못 가 죽었다.

이때 민태호가 슬슬 조정에 나왔고 민승호의 동생 민겸호閔謙鎬도 큰 세력을 잡기 시작했으며, 민영익도 성년이 되자 조정의 요직을 차지하기 시작했다. 1880년대 초반에 민태호, 민겸호, 민영익이 민씨의 중심인물이 되었다.

1882년 임오군란이 일어났다. 구식 군인들이 재정권을 쥐고 자기네들 봉급을 주던 책임자인 민겸호의 집을 부수고 이어 궁궐로 쳐들어가 민겸호를 잡아 죽였다. 이때 민태호는 몸을 피해 살아났고 민영익은 머리를 깎고 도망쳐 중국을 거쳐 홍콩으로 피신했다. 그리고 민비는 궁녀의 복장을 하고 충주의 먼 일가붙이인 민응식閔應植의 집에 피신했다.

임오군란이 진정되고 그 배후조종자로 지목된 홍선대원군이 청나라로 잡혀가자, 민씨들은 다시 몸을 나타내기 시작했다. 그 중에서도 민태호가 기어 나와 민겸호, 민영익이 없는 판세에서 권력을 독점했다.

그러나 또 한 번 소동이 일어났다. 1884년 갑신정변이 일어난 것이다. 김옥균 등 개화파는 우정국 낙성식의 연회를 구실 삼아

민씨들을 불러 모았는데, 이 자리에서 민영익은 귀가 잘리기는
했지만 달아나 살았고 민태호는 무참하게 죽임을 당했다. 민씨
들은 재기하기 힘들 것처럼 보였다. 그러나 갑신정변이 실패로
돌아가자, 민비는 새로운 민씨 인물을 찾아냈다. 그가 곧 민응식
이었다. 민응식은 시골의 무지렁이였으나 민비를 잘 숨겨주고
정보를 제공한 공으로 곧바로 혜상공국 총판이라는 높은 벼슬을
얻었다. 그러나 민응식도 얼마 못 되어 세도가 꺾이게 되었는데
그 까닭은 민영준의 등장 탓이었다.

나라살림을 한손에 쥐다

독자들은 머리가 혼란스러울 것이다. 민씨들이 일어나고 죽고
서로 권력을 누리려고 암투를 벌이는 모습들이 이리저리 뒤엉켜
있기 때문이다. 그러나 이제부터는 민영준의 독무대이니 그리
혼란스럽지는 않을 것이다. 민영준은 앞에서 말한 대로 민비의
먼 일가붙이요, 민씨의 방계인물로 권력의 주위를 맴돌고 있었
다. 갑신정변을 겪은 뒤, 그는 사대당의 한사람으로 개화파를 타
도하는 일에 앞장섰다.

민비는 시아버지 흥선대원군을 원수로 여기고 자기 세력을 꺾
으려는 개화파들을 쓸어버리려는 복수심에 불타 있었다. 그런
처지에서 물불을 가리지 않고 뛰어다니는 민영준이 마음에 들었
다. 그에게도 승지 따위의 벼슬을 주어 임금 주위를 보호하게 했

다가 평안감사로 내보냈다. 당시 외직으로는 평안감사와 전라감사가 가장 요직이었다. 뜯어먹을 것이 많았기 때문이다.

민영준은 평안감사로 부임한 뒤, 말로 형언할 수 없을 정도로 모질게 재물을 긁어모았다. 그 방법이야 여기에서 새삼스럽게 늘어놓을 필요조차 없을 것이다. 이렇게 긁어모은 돈으로 그는 큼직한 금송아지를 만들어 고종과 민비에게 바쳤다. 금송아지를 바치자, 고종과 민비는 "그가 충성스럽다고 여겨 국정을 모두 맡겼으며, 이로 인해 모든 국가재정을 영준이 주장했다"고 황현은 쓰고 있다.(『매천야록』)

어쨌든 그는 나라살림을 온통 떠맡은 선혜청의 최고책임자가 되었다. 선혜청은 대동미를 거두어 보관하고 이를 군대 또는 관리의 봉급으로 지급하는 곳이다. 그가 이곳의 최고책임자가 되었으니 그 돌아가는 사정을 말해 무엇하랴.

그는 이곳의 책임만을 맡은 것이 아니다. 당시 전국에서 민란이 일어나기도 하고 동학도들이 보은집회, 원평집회 등을 통해 수만 명씩 모이자 나라에서는 새로운 군대를 창설했다. 이때 그는 남한산성에 주둔하면서 서울의 외곽경비를 맡았던 경리청經理廳의 책임자가 되기도 했고, 서울 각 궁궐의 수비를 맡았던 장위영壯衛營의 책임자가 되기도 했으며, 강화도를 중심으로 바다의 경비를 맡았던 총제영總制營의 책임자가 되기도 했다.

이 무렵 그는 또 하나의 중대한 일을 맡았다. 곧 민비가 많은 재산을 모으고 그 관리를 민영준에게 맡겼다는 것이다. 그는 이와 관련된 비밀장부를 보관하고 있었는데, 1895년에 민비가 시해당하자 몽땅 차지했다고 한다. 이는 여러 정황으로 보아 사실일 가능성이 많다.

그는 재정권, 군사권 그리고 인사권을 온통 거머쥐고 재산 모으기에 혈안이 되었다. 그는 민씨 인물들, 곧 민겸호의 아들 민영환閔泳煥, 민규호의 아들 민영소閔泳韶, 민승호의 조카 민영달閔泳達, 민태호의 아들 민영익을 휘하에 거느리고 참으로 못할 일이 없었다. 그러나 이렇게 몇백 년이나 탄탄할 것 같았던 그의 세도도 하루아침에 끝나버렸다.

1894년 전라도·충청도·경상도를 중심으로 동학농민전쟁이 일어났다. 그리고 농민군들에게 관군들이 여지없이 깨지며 전주성이 점령당하는 처지에 놓이게 되었다. 그는 처음부터 밀정을 파견하여 농민군의 동향을 예의 주시했고, 이어 홍계훈이 농민군을 물리칠 수 없다는 보고를 하자 청나라에 원병을 요청했다. 그는 원세개에게 목줄을 매달고 애원했다.

청나라 군대가 들어오자 곧이어 일본 군대도 출동했다. 그리고 일본 군대는 경복궁을 점령하여 민씨를 몰아내고 개화정권을 수립했다. 그리하여 민씨들은 하루아침에 쫓겨나는 신세가 되었다. 이렇게 난리가 나자, 민두호는 종들을 불러 돈을 나누어주며 각기 흩어져 살길을 찾으라고 했는데, 그 아들 민영준은 끝까지 재산을 움켜쥐고 있다가 종들이 몽땅 털어갔다고 한다. 이에 사람들은 그 아버지에 그 아들이 못 되었다고 빈정댔다고 한다.

변신에 변신을 거듭하다

민영준은 혼이 빠져 정동의 외국 공사관으로 몸을 피했으나 그곳도 안전할 리가 없었다. 그는 옷을 갈아입고 청나라로 도망치려 평안도 땅에 들어섰다. 그가 감사 노릇을 할 적에 모진 갈취를 당했던 이곳 사람들이 그를 용케 알아보고 잡아다가 개화 정권의 관아에 바쳤다.

그는 서울로 잡혀와 탐관오리로 논죄되어 전라도 땅 임자도에 귀양 가는 신세가 되었다. 그는 이 섬에서 어찌어찌해서 탈출하여 끝내 중국으로 도망쳤다. 독자들은 그의 신세가 마지막 길로 접어든 줄로 생각하겠지만, 그는 다시 살아나고 있었다.

다음해 정부에서 대사령을 반포했다. 그도 일본의 도움을 받아 여기에 포함되어 죄를 면하고 고국으로 돌아왔다. 그런데 어찌 된 노릇인가? 그가 돌아온 뒤 곧바로 중추원의장, 헌병대사령관 따위의 요직을 다시 차지한 것이다. 예전 같지는 않았지만 그는 여전히 권력을 누리고 재산을 보호받고 있었다. 그의 변신은 참으로 가관이어서 이때에 와서는 일제의 앞잡이가 되었다. 그는 비록 러시아세력이 등장할 적에 어려운 고비를 맞기도 했지만, 일제에 빌붙어 다시 이권을 챙겼다.

그가 무슨 수완을 발휘했는지 대한제국 정부로부터 태극장 따위의 많은 훈장을 받았고 연이어 엄연히 일본의 귀족반열에 끼었다. 한일합방이 된 뒤 일제로부터 자작의 작위를 받아 귀족이 되었다. 그의 교동집은 무장한 일본 순사의 보호를 받고 있었고 청지기들의 호위 속에 그는 여전히 화려한 삶을 누렸다. 민영준의 수완은 일제 식민통치 아래에서도 여지없이 발휘되었다. 그는 일제에 협력하는 대가로 천일은행을 설립하여 다시 재산을 늘리기 시작했다.

이렇게 불린 재산으로 대한제국 시기인 1906년 휘문의숙을 설립했다. 휘문의숙은 개인 사설 학교로서는 아주 이른 시기에 설립되었다. 고종으로부터 교명을 '휘문'으로 하사받아 정식으로 문을 열었다.

이에 대해 또 이런 말이 전해진다. 이갑이라는 사람은 평양 출신으로 그의 아버지가 재산을 몽땅 감사 민영준에게 털렸다고 한다. 그래서 이갑은 일본 육사를 나와 장교가 된 뒤 민영준을 찾아갔다. 그리고 칼을 민영준의 턱에 들이대고 그때 빼앗은 재산으로 민족교육을 위해 학교를 설립하라고 강요했다. 이렇게 해서 민영준이 신변의 위협을 느껴 휘문의숙을 설립했다는 것이다. 그 뒤 이갑은 독립운동가로 만주일대에서 크게 활약했다.

이갑은 실제로 평안남도 숙천 출생으로 육군무관학교를 나와 일본 육군사관학교를 1904년 졸업하고 이해부터 서울에서 장교로 지냈다. 이런 사실에 비추어 보아 이 이야기는 사실로 보인다.

그는 온갖 지탄의 대명사가 되었던 '영준'이라는 이름을 이즈음에는 '영휘泳徽'로 바꾸었다. 그리고 개명한 이 이름자를 따서 '휘문학교'의 교명을 지은 것이다.

이 땅의 자제들이 그의 이름자가 든 학교에서 교육을 받게 되는 아이러니가 연출되었다. 사람들은 그가 이 겨레에 반성하는 뜻으로 학교를 세웠다고 했지만, 어림없는 이야기이다. 그는 재산의 극히 일부를 내서 학교를 세우고 명망을 얻어 그에게 쏟아지는 지탄을 면하려 한 것임을 알아두어야 할 것이다. 하지만 휘문학교는 문인 박종화, 김영랑, 정지용 등을 배출했고 많은 인재를 길러냈다. 이 공로를 민영휘에게 돌릴 수 있을까?

친일파의 앞잡이로 부를 축적하다

조선의 첫째가는 부자는 단연 민영휘였다. 1923년 학교시설을 확충하면서 조선인의 재산 등급을 1등급에서 50등급으로 매겨 학교비 납부의 액수를 정했는데 이때 민영휘는 이완용과 함께 6등급으로 매겨졌다. 이완용은 자기 재산을 민영휘와 동급으로 매겼다 하여 반발했으나 민영휘는 군말 없이 학교비를 납부했다. 그의 재산을 물려받은 맏아들 민대식閔大植이 일제 치하 우리나라에서 제일 큰 지주로 일컬어졌음은 말할 필요도 없을 것이다. 진정 그가 휘문의숙을 설립하면서 부정축재의 행위를 반성했다면 그의 많은 재산을 사회복지 또는 교육사업에 내놓았어야 하는 것이 아닌가?

그의 아들 민대식과 민규식은 많은 재산을 상속받고 대주주 또는 대지주로 군림하면서 일제에 협력하여 비행기 헌납기금 등 일제에 많은 돈을 바쳤다. 그리고 그 대가로 다른 이권을 챙겼다. 민대식은 무관학교 출신으로 대한제국 군대의 장교생활을

했고 무관학교 동기인 신규식(상해임시정부 요인)과 광업주식회사를
경영하기도 했다. 그는 1919년 승합차 몇 대를 소유하고 승합차
회사를 설립했다. 어느 날 명동에 사무실을 두고 승객을 태우고
서울-충부 사이를 왕래했던 것이다. 이 회사가 우리나라 최초의
버스회사였다.

그들 형제는 1935년 계성주식회사를 설립하기도 했고 천일은
행 후신인 동일은행이 1943년 한성은행과 합병하여 조흥은행이
발족했을 적에는 번갈아 취체역과 두취頭取를 맡았다. 오늘날 남
대문로에 있는 조흥은행 본관 건물은 옛 은행 자리에 그대로 세
워진 것이다. 또 우리은행도 천일은행의 후신으로 꼽힌다.

아무튼 이들 소유의 땅은 전국에 걸쳐 있었다. 이들은 자본을
모으고서는 토지에 투자했는데 주로 경기도 광주(오늘날 강남 일대)
와 양주 일대, 남이섬 그리고 청주의 상당산성 언저리 또는 충주
일대에 많은 땅을 소유했다. 그들은 이완용, 송병준의 후손과 함
께 3대지주로 꼽혔다. 그리하여 그들 후손들은 근래에 이 일대
의 땅 찾기 소송을 벌이다가 국민들의 호된 비판이 일자 소송을
포기하는 등 한발 물러서기도 했다.

마지막으로 한 가지 전해둘 이야기가 있다. 1945년 해방을 맞
이했을 때에 여운형, 안재홍 등 건국준비위원회 주역들은 계동
의 휘문학교 운동장에서 집회를 갖고 최초로 공식적으로 일본의
항복 사실을 알리고 새 나라 건설의 구상을 시민들과 토의했다.
휘문학교는 엉뚱한 시기에 전국에 널리 알려지게 되었고 그 뒤
명문학교로 계속 도약했다.

오늘날 과거가 청산되지 않아 역사의 악순환이 되풀이되는 모습을 본다. 다행히 친일반민족행위자의 토지를 법적으로 환수하는 일이 전개되고 있다. 민영준의 행적을 알아보는 까닭도 여기에 있다.

4부

개인의 처세를
앞세운 변절의 이름

이완용/   박영효/   서재필/   최 인/   이능화/

이완용은 평상시에 조선사람들이 흰 옷과 푸른 옷을 즐겨 입는 것을 보고 이런 습속
을 고치기 위해 무슨 색깔이 좋을지를 궁리했다. 그런 끝에 회색이 좋다고 하여 사
시사철 회색 옷을 입었다고 한다. 이런 탓인지 그는 회색분자로서 자신의 권세와 이
익을 챙기기 위해 수구파, 친미파, 친러파, 친일파로 힘의 논리에 따라 아무 거리낌
없이 변신을 거듭했다.

이완용

영악한 처세술로 나라마저 팔아먹은 반역자

시세에 따라 변신을 거듭하다

흔히 이완용李完用(1858~1926)을 친일파, 매국노라고 말한다. 일제에 붙어 나라를 팔아먹었으니 그런 지탄이야 어김없는 사실에 따른 매도일 것이다. 그러나 이런 수준의 매도쯤으로는 지금도 그는 지하에서 눈 하나 깜짝 안 할 것이다. 1907년 2월 2일, 충복이요 비서였던 생질 김명수에게 그는 이런 말을 했다.

나는 처음 스물다섯 무렵에 종래 조선 사람들이 목적으로 삼던 문과에 합격했다. 당시 미국과의 교류가 점점 요긴했기 때문에, 그런 때에 신설된 육영공원育英公院에 입학하여 공부하고서 미국으로 건너갔다. 갑오경장 뒤 을미년에 이르러 아관파천 사건으로 인해

서 친러파라 일컬어졌다. 그 뒤 러일전쟁이 끝남을 알릴 즈음에 친
러파에서 전환하여 현재의 친일파라는 칭호를 얻게 되었다. 무릇
천도에는 춘하추동이 있으니 이것을 변역變易이라 한다. 인사에도
동서남북이 있으니 이것을 또 변역이라 한다. 천도 인사에 때를 따
라 변역이 없다면 이것은 실리를 잃어 끝내 성취될 바가 없을 것이
다. 그러나 지금 너는 서양으로 돌아가기가 어렵다. 목하 시세가
또 돌변하고 있으니 모름지기 이런 기회를 타서 인사의 적의함을
잃지 말아야 한다.

「언행잡록」, 『일당기사一堂紀事』

그는 말을 마치고 "이는 숙질간의 이야기이니 남에게 누설하지 말라"고 타일렀다. 이때는 을사조약이 끝난 뒤 러·프동맹으로 국제정세가 변하고 있었고, 나라를 팔아먹은 오적으로 지목하여 그를 죽이려는 운동이 여기저기에서 일어나고 있었으며, 각지에서 의병이 크게 일고 있었다. 그의 말대로 힘의 논리에 따라 처음에는 수구파, 다음에는 친미파, 친러파, 친일파로 변신하다가 그 '변역'을 보아 다시 변신할 수도 있다는 말이 되니 친일파, 매국노라는 지목은 결과론에 해당하는 것이다.

그는 또 평상시에 조선 사람들이 흰 옷과 푸른 옷을 즐겨 입는 것을 보고 이런 습속을 고치기 위해 무슨 색깔이 좋을지를 궁리했다. 그런 끝에 회색이 좋다고 하여 사시사철 회색 옷을 입었다고 한다. 그는 기질적으로 회색분자이면서 자신의 권세와 이권을 챙기기 위해 변신을 거듭했다. 이로 따져보면 그가 영원한 스승으로 받들던 죽은 이토 히로부미도 그에게 고마워할 것이 하나도 없다. 자기의 이권 때문에 이토 히로부미를 스승으로 받들었으니 말이다. 그러면 그는 어떤 출신 배경을 가지고 이렇듯 시대의 패륜아와 탕아로 전락했던가?

일가붙이 부호의 양자로 가다

이완용은 경기도 광주군 낙생면 백현리의 가난한 선비 이호석 李鎬奭의 맏아들로 태어났다. 이들 이씨는 본관이 우봉牛峯으로

대대로 노론계열에 속했다. 이호석의 5대조 이재李縡는 숙부 이
만성李晚成이 신임사화 때 노론계열로 죽임을 당하자, 벼슬을 버
리고 용인에 은거하며 성리학에 몰두했다. 그 뒤 이들 자손은 영
락하여 겨우 선비 체면만 세우며 살았다.

이완용은 여느 경우처럼 아버지에게서 『천자문』, 『동몽선습』
따위를 배우다가 열 살 때에 이호준李鎬俊에게 양자로 들어갔다.
이호석과 이호준과는 6대조에서 갈려나갔으니 먼 일가붙이였으
나(32촌) 이호준의 집안은 거의 대대로 양자로 가계를 이어왔기
에 당내친堂內親(8촌 이내의 가까운 친척)에서는 양자를 구할 수가 없
었다. 이호준은 당시 서울 안국동에 살고 있었는데, 처가 덕분으
로 벼슬을 얻어 했으니 이호석의 집과는 사뭇 가세가 달랐다. 이
호준의 장인은 민용현으로 비록 민씨의 중심세력은 아니었으나
이조판서를 지냈다. 이호준은 민씨의 힘을 입어 벼슬길에 나와
서 1870년에는 전라감사가 되기도 했다.

촌아이 이완용이 안국동의 양갓집으로 들어온 날 양어머니 민
씨는 정성껏 밥상을 차렸다. 양어머니는 그가 고기 씹는 모습을
보고 말했다.

　　민씨 : 고기가 질겨 씹기 어려우면 뱉어내라.
　　완용 : 한번 입에 넣은 것을 질기다고 어떻게 뱉어냅니까?

방 안에 있던 사람들이 이 말을 듣고 흐뭇해 박수를 치며 웃었
다고 한다. 또 마흔일곱의 중늙은이 이호준도 그에게 많은 기대

를 걸었다.

이런 그였으니 양자 이완용의 혼사에도 각별히 신경을 썼을 것이다. 그런 탓인지 이완용이 열세 살 때에 명문가인 양주조씨 조병익의 딸을 며느리로 맞이했다. 이호준에게는 평양기생의 몸에서 난 아들 이윤용李允用이 있었으나 서자이기에 가통을 잇게 할 수 없었다. 그러나 이윤용은 흥선대원군에게 재주를 인정받아 흥선대원군의 외동딸(서녀)과 짝을 지어 사위가 되었다. 이렇게 이호준은 혼인관계에 있어 명문이나 세도가와 줄이 닿아 있었다.

이호준의 양자가 된 이완용은 독선생을 들여앉혀 글을 배웠고 명필을 초빙해 글씨도 익혔다. 그는 스무 살 무렵, 『주역』 등 유가경전을 거의 배우고 나서 스물다섯 살 때 증광별시增廣別試에 합격했다. 이 과거는 임오군란을 진압한 뒤에 이를 경축하여 보인 시험으로 극도의 부정으로 얼룩졌다고 황현은 『매천야록』에 쓰고 있다.

친미파에서 친러파로

그 뒤 그는 승지·규장각대교 등의 벼슬을 하면서 임금을 모시고 민비의 총애도 입었다. 그런데 그는 성장하면서 말수가 아주 적었고 목소리도 나직했으며 말을 할 적에는 신중하게 생각한 뒤에 했다고 한다. 또 농담이나 잡담도 거의 하지 않았다. 몸가짐을 신중하게 한 것이다. 그리하여 "그의 성격은 돌과 같이 침착하고 얼음과 같이 냉철하여 소심주도小心周到하고 사려 과단한 변종의 인물이었다"(『한국근대사론저집』)라는 평가를 받았다. 이런 그는 남달리 고종과 민비의 총애를 입었다.

그는 1885년 4월 홍문관 수찬으로 6품직에 올랐는데, 이때에 그는 홍문관에 있는 동료 민종식, 이준용 등과 함께 여섯 차례에 걸쳐 신기선申箕善 등 갑신정변의 연루자를 국문하여 뿌리 뽑으라고 강경하게 요구했다. 그는 이때 수구파의 한 사람으로 민씨 추종세력임을 유감없이 보여주었고 또 갑신정변을 주도한 개화파를 정적으로 삼았다.

이해 8월 조정에서 육영공원을 세워 귀족의 자제를 뽑아 산수, 언어, 정치, 물리 등의 과목을 가르칠 적에 그도 여기에 들어갔다. 또한 1887년 4월에 왕과 영의정 심순택이 보는 앞에서 갑신정변의 혐의자인 신기선, 지운영, 지석영 등을 국문할 때에는 문사낭청問事郎廳(심문관)의 자격으로 여규형 등과 함께 참여하여 신임과 명성을 얻었다.

1887년 7월, 박정양이 미국전권대신으로 갈 때 이완용이 참찬관으로 따라갔다. 그가 육영공원에서 배운 영어와 서양 지식을 써볼 기회를 잡은 것이다. 당시 미국공사관원은 10여 명이었다. 그는 미국생활 5개월이 채 못 되는 때 풍토병에 걸려 이를 핑계대고 돌아왔다. 중앙 정계에서 소외되는 처지를 염려해 급하게 돌아온 것이라 볼 수도 있고 향수병 탓으로 돌릴 수도 있을 것이다. 그리하여 동부승지 따위의 벼슬을 받아 다시 임금 곁에 있었고 이어 외무참의로 승진했다.

1888년 10월에 그는 다시 미국의 대리공사로 부임했다. 당시 박정양이 미국에서, 조선 속국(종주권)을 내건 청국의 외교정책을 반대했다는 이유로 원세개의 압력을 받아 10개월 만에 소환의 명을 받고 귀국하게 되자, 그 대리의 일을 이완용이 맡은 것이다. 박정양은 영어를 한 마디도 못 하는 등 무능하기 짝이 없었으며 현지 법을 어기고 담배를 시장에 내다 파는 밀수행위를 하여 말썽을 일으키기도 했다. 또 그는 상투를 틀고 모자를 그 위에 쓰고 너덜너덜한 관복을 입고 다녀 어린애들에게 돌팔매질을 받기도 했다. 청국의 간섭과 견제로 허수아비나 다름없어서 미국인 알렌이 외교 임무를 도맡아 했다. 알렌은 고종의 신임을 받으며 이권에 개입한 인물로 고종의 지시에 따라 미국공사관원의 일원이 되었다.

이와 달리 대리공사로 간 이완용은 영어도 조금 할 줄 알았다. 당시 미국에서는 조선에는 엄청난 금이 있다는 소문이 돌았으나 한편으로는 "서울에는 서양인들이 조선의 어린애를 잡아가서 눈을 도려내 사진기의 렌즈로 쓰거나 끓여서 약을 먹는다는 소문이 돈다"는 이야기가 떠돌았다. 실제 서울에는 이런 소문이 돌았다. 그리하여 자본가들이 서울 진출을 주저하고 있었다. 이완용의 처지는 박정양보다는 나았지만 별다른 외교활동이 있었던 것도 아니었다. 하지만 그가 미국대리공사로 2년쯤 봉직하고 돌아왔을 때에는 미국의 여러 정치제도와 문화·경제 등 미국사정을 누구보다도 잘 아는 인물이 되었다.

그는 미국에서 돌아와서는 대미외교의 1인자가 되었고 또 친미파로 널리 알려지게 되었다. 더욱이 조선인으로 서재필, 윤치호, 유길준과 함께 영어를 할 줄 아는 사람으로 꼽혔다. 내무참의를 지내고 나서 외교·통상과 관련이 깊은 기관인 교환서, 전환국, 육영공원의 책임을 맡아보았다. 30대 후반의 나이로 3년간 관료로 봉직한 이 시기야말로 조야의 명망을 얻고 임금의 신임을 두텁게 한 득의의 시기였다고 할 수 있었다. 이 시기 그는 젊고 패기에 찬 관료로 한국 근대화에 공헌했다고 평가할 수 있을 것이다.

1894년은 격동의 해였다. 동학농민전쟁이 일어나고 청일전쟁이 벌어졌으며 그런 소용돌이 가운데 김홍집의 친일내각이 성립되고 갑오개혁이 이루어졌으며 민씨정권이 타도되었다.

이 시절 이완용은 어떻게 처신했던가? 그는 이때 생모의 초상을 치르느라 일시 벼슬길에서 물러나와 있었다. 당시 그는 분명히 보았다. 민중의 저항이 요원의 불길과 같이 거세게 타오르고 있는 현실을 겪었고, 개방을 단행한 일본이 거대한 청나라를 압도하고 있음도 보았다. 그러나 일본보다 더 큰 힘을 가진 세력이 있음도 뚜렷이 보았다. 곧 일본이 청일전쟁에서 승리하고 요동과 대만을 할양받았으나 러시아와 프랑스·독일의 간섭으로 요동을 반환하는 일본의 초라한 몰골을 보고 마음을 다잡았다. 그는 이런 국제정세를 읽고 친러파로의 변신을 생각하고 있었던 것이다.

이해 8월, 그에게 일본 보빙사 박정양과 함께 일본 전권공사로 나가라는 새로운 임무가 떨어졌다. 청국세력을 조선에서 몰아낸 판국에 일본에게 감사를 표시하는 사절이었다. 그는 마침 생모의 복상을 입고 있었는데, 고종은 그에게 제복행공除服行公(복상 입는 일을 중지하고 공무에 나오는 것)을 명했다. 그러나 그는 간곡하게 이를 사양했다. 하지만 외부협판이라는 중책이 다시 주어졌다. 당시 외무대신은 김윤식이었고 내무대신은 박영효였으니, 그는 실권을 잡지 못한 처지였다. 아무튼 친미파 이완용의 새로운 변신을 기대해볼 만할 것이다.

영악한 민비는 이때 대외정책을 배일친러로 전환했다. 청일전쟁 직후 러시아·영국·독일의 간섭으로 요동반도를 반환하는 일이 벌어진 것이 직접적 동기가 되었다. 민비는 러시아공사관에 사람을 보내 접촉을 시도했다. 또 외교관료들이 중심이 된 정동파들이 민활하게 움직였다. 정동파는 미국·러시아와 유럽의 강대국과 연결하려는 정치집단이었다. 정동파는 러시아공사관과 민비를 이어주는 일을 맡아 나섰다. 망명해 있던 서광범과 서재필도 귀국해 정동파에 들었다. 이완용은 어느새 정동파의 리더가 되었다.

고종은 친일 김홍집 내각을 물러가게 하고 박정양 내각을 출범시켰다. 여기에 이완용이 학부대신으로 발탁되었다. 미국인 알렌이 고종에게 박정양과 이완용을 추천했던 것이다. 중립적 태도를 보인 박정양은 개성이 없는 인물로 소문이 났지만 38세의 젊은 나이로 학부대신으로 입각한 이완용은 달랐다. 이들은 차츰 친러파로 변신을 했다. 이완용은 4개월 동안 학부대신으로 재직하면서 성균관을 개편해 역사와 지리와 산술 등을 가르치게 했고 소학교령을 공포해 초등교육을 강화하는 조치를 단행했으며 한성사범학교를 설립하게도 했다.

1895년 8월 20일, 마침내 큰일이 터지고 말았다. 서울 주재 일본공사인 마우라 고로의 공작으로 흥선대원군이 가담하고 외교관이 낀 일본의 낭인들과 조선의 훈련대 군사들이 경복궁에 난입해 민비를 죽이고 시신을 불태워버렸다. 그러고 나서 일본은 흥선대원군을 떠받들고 이른바 제3차 김홍집 내각을 다시 등장시켰다. 이때 내각에서는 단발령을 발동해 상투 자르는 일을 대대적으로 벌였다. 이에 따라 전국에서는 의병이 곳곳에서 일어나 친일내각의 타도에 나섰다.

이때 이완용은 재빨리 몸을 피했다. 그는 그의 형 이윤용과 함께 미국공사관의 서기관 알렌의 주선에 따라 미국공사관에 피신했다. 당시 그는 친미파여서 미국의 보호를 받은 것이다. 그는 미국공사관에 있을 때 중추원의관으로 임명되었다. 중추원은 내각의 자문기구였으나 실권이 없는 자리였다.

아관파천을 주도하다

그는 새로운 음모를 꾸었다. 그는 이범진, 안경수安駉壽 등과 어울려 고종을 친일내각의 손아귀에서 놀아나지 않게 하려고 러시아공사관으로 빼돌리려 했다. 그러나 안경수의 배반으로 실패하고 말았다. 이완용은 미국의 보호를 받으며 서울에 숨어 지냈다. 그러나 이들은 계속 러시아공사 베베르와 알렌 등의 협력과, 다시 잠입한 이범진과 모의를 거듭한 끝에 마침내 고종과 태자를 러시아공사관으로 빼돌리는 일을 성공시켰다. 1896년 2월 11일의 일이다. 이것을 역사에서는 아관파천이라 한다.

아관파천에 성공한 이들은 곧 친러의 박정양 내각을 출범시켰다. 이때 이완용은 외부대신을 차지했고 이어 농상공부대신의 서리 등 요직에 앉았다. 그의 형 이윤용은 군부대신에 경무사警務使까지 겸임했다. 이때 그들 형제는 외교·군사·경찰권을 모두 거머쥐었다. 친러내각은 곧 친일파 김홍집 등의 포살령을 내렸는데, 김홍집, 정병하, 어윤중은 민중들에게 맞아 죽었고, 유길준, 장박 등은 일본으로 망명했다. 베베르와 알렌은 고종을 러시아공사관에 가두어놓고 이권을 하나씩 챙기고 있었다. 러시아는 채 익지도 않은 고기를 황급히 먹고 있었던 셈이다. 이완용은 관련 부서의 대신으로 있으면서 이들 이권의 허가에 서명을 해주었다. 이때 그는 많은 뇌물과 이권을 챙길 수 있었다.

이해 7월에 들어 명망가와 유지들은 독립협회를 조직했다. 이들은 「독립신문」을 발행하고 있었다. 독립정신을 고취하기 위해 중국사신을 맞이하던 영은문과 중국사신이 머물던 모화관 자리에 독립문과 독립관을 건립하고자 했다. 이때 영은문은 청일전쟁 때 불타 없어졌고 모화관은 시민들에 의해 이미 헐려 있었다. 종래 두 건물을 헐어버리고 독립문을 세우려 했다는 것은 잘못된 것이다.

여기에는 온건 개화파들이 주축이 되었는데 외교관료 중심의 정동구락부 회원들이 가담했다. 이 독립협회에 이완용은 정동구락부의 회원으로 끼어들었다. 그 주요 회원을 보면 서재필, 안경수, 김가진, 이상재, 오세창 등이었다. 이완용은 창립총회에서 위원장으로 추대되었다. 사람들은 양두구육羊頭狗肉을 몰라보았으나 그 자신이 일생 벌인 행적 중에서 이것만은 차마 욕을 퍼붓지 못할 대목일 것이다.

그는 위원장으로 독립문 정초식을 주도했고 왕실과 민중을 묶어 이 운동에 참여시키는 데에 일정한 공헌을 했다. 시민·학생 등 4천여 명이 모인 정초식에서 그는 '조선의 전정이 어떠할꼬'라는 주제로 강연을 했다.

> 조선이 독립을 하면 미국과 같이 부강한 나라가 될 것이며 만일 조선 인민이 단결하지 못하고 서로 싸우거나 해치려고 하면 구라파의 폴란드라는 나라처럼 남의 종이 될 것이다. 미국처럼 세계 제일의 부강한 나라가 되는 것이나 폴란드와 같이 망하는 것 모두가 사람하기에 달려 있다.
>
> 『일당기사』;「독립신문」

물론 하나도 어긋남 없는 바른 말이었다. 그는 독립문 윗자리에 있는 제자題字인 한글과 한문 글씨도 썼다고 전한다. 명필의 글씨인 한글과 한문의 독립문 여섯 자는 지금도 독립문에 그대로 남아 있다. 그 뒤 그는 고종의 환궁을 추진하여 베베르의 미움을 받았다.

1897년 고종은 경운궁(뒤에 덕수궁)으로 옮기고 1897년 10월 대한제국을 선포했다. 이완용은 비서원경으로 발탁되었고 다음해 2월에는 독립협회의 2대 회장으로 추대되었다. 독립협회는 만민공동회를 종로에서 열고 러시아 군사교관과 재정고문을 해고하라고 요구하는 등 정부를 비판하고 나섰다. 이로 하여 이완용은 러시아와 황실의 견제를 받았다.

이어 독립협회 회원들이, 차츰 보수 경향으로 흘러가고 개혁을 외면하는 정부의 정책을 신랄하게 비판하자, 정부에서는 서재필의 해고와 「독립신문」의 폐간을 꾀했다. 이어 독립협회가 민중 주도의 체제로 정비되고 외국의 이권개입을 규탄하고 나서자, 이권을 넘겨준 일에 앞장섰던 이완용의 입지도 난처하게 되었다. 1년 6개월 정도에 걸친 이완용의 독립협회 참여는 민족운동에 가담한 최초요 최후의 기록이다.

이제 친러파는 점점 빛을 잃고 있었고 친일파가 다시 고개를 들고 있었다. 이런 때에 그는 다시 독립협회운동은 말할 것도 없고 조정의 요직에도 나가지 않았다. 그는 몇 년 동안 전라북도관찰사(전국의 행정구역 개편하여 전라도를 남북으로 가르고 관찰사를 각기 두었다)로 내려가 있었다. 이때 이완용은 외국에 이권을 넘겨주었다는 지탄을 받고 독립협회 회장자리에서 밀려났다. 그에게 닥친 위기였으나 그는 유유자적한 생활을 누리고 있었다. 이완용은 어느 때에 정읍, 순창, 장성, 남원, 부안을 유람하러 나섰는데 기생 4명에 나졸을 합해 1백여 명이 움직였으며 돈 4천 냥을 경비로 사용했다(「황성신문」 1898년 11월 17일자). 나졸들의 행패도 이만저만

이 아니었다 한다. 게다가 가렴주구를 일삼아 원성이 높았다. 그런 탓인지 2개월 만에 면직되었다. 하지만 5개월 뒤에 다시 궁내부 특진관으로 발탁되었으나 거절하고 양부가 죽자 상복을 입고 정계에 등장하지 않았다.

친러파에서 친일파로

그러다 다시 기회가 왔다. 러시아는 남진정책을 포기하지 않고 일본과 맞섰다. 일본은 국제정세의 추이를 보다가 영일동맹을 맺고 나서 러시아의 조차지인 여순을 기습함으로써 러일전쟁을 도발했다.

1904년 2월, 일본은 러일전쟁을 도발한 뒤 대한제국에게서 한러조약의 파기를 강요하고 이어 한일협약을 강제로 체결하게 하여 고문정치를 단행했다. 그 과정에서 일본은 러시아에 일대 승리를 거두었다. 이해 11월 2일에 그는 오랜 잠복기를 끝내고 궁내부특진관이 되어 다시 조정에 나왔다. 이제 눈부신 친일주구로 변신하기 시작한 것이다.

당시 일제는 공사 하야시 곤스케林權助와 주둔사령관 하세가와 요시미치長谷川好道를 일선에 내세워 친일파를 곳곳에 박아두고 있었다. 재야 쪽으로는 일진회를 만들어 이용구, 송병준, 윤시병을 내세워 일제정책에 협력하거나 사주받는 단체로 써먹으려 했고, 조정안에는 이지용, 이완용, 박제순 등을 박아두어 그네들의 수족으로 부려먹으려 했다.

이런 구도에 따라 이완용은 1905년 9월 학부대신이 되었다. 햇수로 따져 9년 만에 다시 대신의 자리를 얻은 것이다. 이 무렵 이토 히로부미는 특명전권대사로 들어와 손택호텔에 자리 잡고 새로운 중대한 음모를 꾸미고 있었다. 이토 히로부미는 먼저 일본 군부가 러일전쟁 때 써먹고 버린 일진회를 다시 회유하여 끌어들이는 한편, 이완용 등을 철저한 주구로 만드는 일을 벌였다.

그리하여 일진회에서는 한국의 외교권을 일본에 이양하는 것이 동양평화를 위해 어길 수 없는 일이라고 조정에 요구하기도 하고 대중들에게 떠벌였다. 이런 이야기는 임금의 귀에까지 들어갔다. 회심의 미소를 지은 이토는 한국의 외교권을 접수하기 위해 공식적인 활동을 벌였다. 그는 대신들을 일본공사관에 불러 모으고 위협·공갈을 일삼으며 "한국의 외교권을 접수하고 한국을 보호한다"는 조약의 체결을 강요했다. 이때 참정대신 한규설 이하 모두 '절대 반대'하기로 내약되어 있었다. 그런데 이완용이 불쑥 "오늘의 동아 형세를 살펴볼 때 일본의 제안은 어찌할 수 없는 것이다"라고 말하고 새로운 제안을 내놓았다.

지난날의 모든 조약이 일방적인 강요에 못 이겨 체결되었습니다. 그래서 우리나라는 늘 그 조약의 글자수정을 못 한 것에 후회하였습니다. 그러하니 이번 새로운 조약은 서로 변동할 수 있도록 하면 전혀 불가능한 것도 아닙니다.

『일당기사』

이 말을 들은 한규설은 펄펄 뛰었으나 이토는 흐뭇한 미소를 지었다. 대신들의 합의가 이루어지지 않자 이토는 군대를 서울 시내와 궁궐 안에 풀어놓고 어전회의를 열었다. 이때 이완용은 또 말했다.

군신 사이에 문답하면서 오직 '불가' 두 자로만 말하니 이를 사체로 따져서는 말할지 모르나 형식상의 논리에 지나지 않습니다.…… 신이 미리 강구해둔 바가 있습니다. 이 조약 중에 더할 것은 더하고 뺄 것은 빼서 개정할 수 있어야 합니다. 이 조약 3조의 통감 밑엔 '외교' 두 자를 명연하지 않음으로써 이는 뒷날 끝없이 번거로운 폐단이 있을 듯합니다. 또 외교권은 우리나라의 실력이 충실할 때를 기다린 뒤 반환될 것이므로 지금 경솔하게 연한을 정할 수는 없을 것이며 그렇다고 이를 모호하게 보아 넘길 수도 없습니다.

『일당기사』

이것을 두고 괴변이라고 하는가? 어쨌든 이 말을 들은 이토는 하세가와를 대동해 궁궐로 들어가 마구잡이로 보호조약을 통과시켰다. 이때에 이완용은 다시 이와 같은 수정을 말하고 또 '황실의 안녕' 조항을 삽입하자는 요구 아닌 요구를 했다.

이때 회의에 참여한 대신 중에 다섯 명은 '가', 세 명은 '불가'라고 했는데, 그 '가'의 다섯 대신을 5적으로 지목한 것이다. 그런데 5적 중에서도 처음 '불가'를 말한 대신도 있었으나 이완용과 이지용만은 처음부터 '불가'를 말한 적이 없다는 사실에 주목해야 한다.

이렇게 조약을 맺고 나온 뒤 이지용은 이렇게 말했다. "나는 오늘날 최명길이 되기를 간절히 바랐다. 국가의 일을 우리들이 하지 않으면 할 자가 누구이겠는가?" 병자호란 때의 주화파인 최명길을 끌어대어 나랏일을 했다고 떠벌린 것이다. 이완용은 또 "내가 황실을 보호하는 데에 공을 세웠다"고 뽐냈다고 한다. 나라 잃은 황실의 존재가 과연 무슨 의미가 있을까?

1905년, 양력으로는 11월 17일이요 음력으로는 10월 21일 새벽, 이씨의 조선 왕조는 사실상 무너졌다. 이 나라는 껍데기만 남고 일제의 지배로 들어갔다. 전국 곳곳에서 새로이 의병이 일어났고 5적을 향해서는 암살·테러를 가하려는 운동이 전개되었다. 이때의 정황으로 보면 5적들이 제명에 살 것 같지 않았으나 목숨은 모진 것이라는 말이 진실인 것도 같다.

조약을 반대한 참정대신 한규설이 귀양살이를 떠나고 이토가 통감으로 부임해온 뒤 그는 내각의 총리대신이 되었다. 그러나 보호정치 아래의 총리대신은 일제의 꼭두각시에 지나지 않았다. 그는 이토의 절대적 신임을 받으며 이토를 '영원한 스승'으로 떠받들기 시작했다.

그의 내각에 또 한 사람의 씻을 수 없는 친일파 송병준이 농상공부대신으로 들어왔다. 앞으로 그 둘의 주구경쟁이 볼 만할 것이다.

고종을 퇴위시키다

그가 통감 이토의 위촉을 받아 내각을 조직할 때에 각원閣員 중 두 사람을 이토 스스로 추천하겠다고 했다. 그리하여 통감부의 촉탁인 조중응을 법무대신, 일진회 고문인 송병준을 농상공부대신으로 들여앉혔다. 두 사람의 자격은 따질 것도 없거니와 참으로 의외의 요구였으나 그는 꼭두각시이고 보니 그대로 들어줄 수밖에 없었다. 이는 이토가 두 사람을 이완용의 경쟁자로 내세워 다음의 계책을 추진하려는 음모였다.

50세의 이완용은 참정대신(뒤에 총리대신으로 고침)이 되었는데 이토의 지시를 받는 것 이외에는 걸릴 것이 없었다. 이런 때에 또 하나의 사단이 벌어졌다. 1907년 6월 고종이 일본의 만행을 세계에 알리고자 이준 등을 헤이그 만국평화회의에 파견한 사실이 들통 난 것이다.

이때 이토는 이완용에게 세 가지 일을 지시했다. 첫째, 황제의 상징인 옥새를 빼앗을 것, 둘째, 사람을 뽑아 섭정하게 할 것, 셋째, 고종이 일본에 건너가 일본 천황에게 사죄하게 할 것 따위였다. 이것을 고종이 들어줄 리가 없었다. 이에 이완용은 한 걸음 더 나아가 고종에게 "태자에게 황제의 위를 넘겨주라"고 요구했으나 고종은 허락하지 않았다. 이완용은 칼을 빼들고 소리쳤다.

폐하, 지금이 어느 세상입니까?

고종은 이런 이완용을 흘겨보다가 "그렇다면 태자에게 위를 넘기는 것이 좋겠다"고 말했다. 이리하여 다음 날 태자에게 황제 대리의 조치가 이루어졌다. 이즈음 이완용, 송병준 등은 늘 칼을 차고 임금 앞에 나타났다. 예전에는 임금의 시종 이외에는 결코 임금 앞에서 무기를 지닐 수가 없었는데, 이들은 이런 왕실의 규정을 아예 무시하고 있었다.

그런데 태자의 대리는 양위로 바뀌어버렸다. 이완용의 작란으로 일본 천황으로부터 엉뚱하게 "새 황제의 즉위를 축하한다"는 전보가 왔고, 이완용은 그 전보내용대로 고종의 퇴위를 계속 강요하여 성사시켰다. 이어 이완용과 이토는 내정마저 일본통감부에 넘겨주는 이른바 정미칠조약丁未七條約을 맺었다.

이렇게 해서 당시 내각의 대신으로 서명했던 일곱 대신은 역사에서 7적七賊이 되어 5적에서 빠진 송병준도 당당히 여기에 끼었다. 전국에서 의병이 다시 벌떼처럼 일어났고 서울의 시민들은 이완용 등 7적의 집에 불을 질렀다. 이때 이완용의 집은 남대문 밖 약고개(지금의 중림동)에 있었는데, 조상인 이만성李晚成 등 모든 신주가 불에 타버렸다.(『매천야록』) 손자 잘못 둔 탓에 애꿎은 조상만 욕을 당한 것이다.

이완용의 가족은 몸을 피해 진고개 왜성구락부로 기어들었다. 일본군은 일본인 거주지역인 진고개(지금의 충무로 일대) 철저한 경계망을 펴고 있었다. 그와 그의 가족은 이곳에서 두 달쯤 머물렀다. 그는 이런 신변의 위협을 느끼며 의병과 폭도를 다스리기 위해 일본 군대보다 조선인 헌병보조원이 필요하다고 하여 수많은

이완용 3대 이완용은 개인 뿐만 아니라 그 일가에게는 늘 더러운 이야기가 따라 붙었다. 매국의 대가로 치부한 개인의 영달에 민중의 시선은 차가웠다.

헌병보조원 제도를 만들어냈다. 이들 헌병보조원은 뒷날 식민 치하에서 일제 헌병이나 경찰보다 더욱 날뛰었다.

이 무렵 이완용의 주변에 씻을 수 없는 치욕스러운 소문이 떠돌았다. 이완용의 큰아들 이명구가 일본에 수년간 유학 가 있었는데, 이때 이완용이 그의 며느리를 간통했다는 것이다. 이명구가 돌아와 어느 날 안방에 들어 가보니 아버지가 자기 처의 무릎을 베고 누워 있었다. 명구가 문을 닫고 나와 "집안과 나라가 함께 망했으니 죽지 않고 무엇하리"라고 탄식하고 자살했다 한다. 그 뒤 이완용은 며느리를 독차지해 첩으로 삼았다고 한다.

그의 아들이 일본 유학 간 것과 돌아온 시기, 그리고 죽은 사실이 모두 부합되니 이 이야기를 얼마만큼 믿어야 할까? 아니면 민중들이 그를 헐뜯으려 만들어낸 이야기일까? 이완용의 평전을 쓴 윤덕한은 이는 허구날조라고 말한다. 아무튼 이완용은 일본 한국통감부가 시키는 대로 잘도 따랐다. 이런 너절한 이야기를 여기에서 다 늘어놓을 수가 없다.

이즈음 그의 심사는 말이 아니었다. 일진회는 송병준과 이용구의 사주로 연일 '합방론'을 부르짖으며 성명서를 내기도 하고 상소문을 올리기도 했다. 더욱이 내부대신으로 있던 송병준은 일본으로 건너가 '합방선언서'를 일본 정부에 제출하고 있었다.

이완용으로서는 이를 덮어둘 일이 아니라고 여겼던지 이해 12월 4일 그의 충실한 비서인 이인직李人稙과 민씨의 잔당 민영규閔泳奎를 시켜 국민대연설회를 개최하게 했다. 원각사에서 열린 연설회에는 시민 4천여 명이 모여들었고 연사로 나선 민영규, 이인직 등은 합방을 주장하는 이용구, 송병준을 규탄하면서 일진회와는 결단코 같은 국민이 될 수 없다고 떠벌렸다.

여기에 참석한 민중들은 열렬한 박수를 보냈다. 이완용은 이런 일을 벌이며 한편으로는 일진회의 합방안 따위를 아직 시기가 이르다고 퇴짜를 놓고 있었다.(황현, 『매천야록』: 조동걸, 『한국민족주의의 성립과 독립운동사연구』) 이렇게 몇 자락을 깔며 새로운 음모를 꾸미고 있을 적에 그가 칼을 맞았으니 여간 통분스럽지 않았을 것이다. 차라리 그가 이때 죽었더라면 오명이 줄어들었을 것이다.

그는 일진회로부터 국정을 농단했다는 공격을 연달아 받았다. 이토와 긴밀히 상의한 끝에 그 배후 조종자인 농상공부대신 송

병준을 수석 대신인 내무대신으로 기용했다. 이로 해서 일진회
는 이완용에 대한 공격을 한동안 멈추었다.

1909년 1월 이완용은 순종과 이토와 함께 기차를 타고 북도
순행 길에 나섰다. 기차가 중화역에 이르렀을 때 한 노인이 갓을
쓰고 두루마기를 입고 서 있었는데 손에는 일장기를 들고 있었
다. 분노하는 표정을 짓고 있는 이토에게 이완용이 영어로 말을
건넸다.

> 이완용 : 통감 저기를 보십시오. 저 노인이 들고 있는 국기가 어
> 느 나라 국기입니까?
> 이토 : 일본 국기지.
> 이완용 : 그러면 저 노인은 어느 나라 백성입니까?
> 이토 : 조선인이오.
> 이완용 : 조선인이 일본 국기를 들고 있는 것을 보아도 조선인들
> 은 아직까지 국기에 대한 관념이 없다는 것을 알 수 있지 않겠습니
> 까? 그런데 세계적 대정치가인 통감각하께서 이 정도의 사소한 일
> 을 가지고 격노하십니까?
> 윤덕한 『매국과 애국의 두 얼굴 이완용 평전』, 「이토 암살의 넋을 잃고」

이 대화는 무슨 의미를 담고 있는 걸까? 아직 완전히 일본 식
민지가 되지 않았을 때의 이야기이다.

1909년 12월 그는 명동성당에서 있은 벨기에 황제 추도식에
참여했다. 그가 막 성당 문을 나와 인력거를 타고 출발하려 할

때에 한 청년이 뛰어나와 인력거꾼을 먼저 찌르고 이어 이완용의 어깨부터 심장 부위를 찔렀다. 이완용은 대한의원에서 53일 동안 치료를 받고 용케도 살았으나 칼끝이 왼쪽 폐를 찔러 결국 후유증으로 뒷날 죽게 되었다.

1909년 10월 이토는 조선에 이어 다음 차례로 만주를 침략하려는 공작을 꾸미기 위해 하얼빈역에 내렸다가 안중근에게 저격당해 그야말로 웅지를 마무리 짓지 못하고 죽었다. 이 소식을 들은 이완용은 실성한 사람처럼 얼이 빠져 있었다 한다. 서울에는 사흘간 이토를 추모하는 마음으로 가무음주를 금하는 명령을 내렸다. 그는 또 정부대표의 조문사로 한성부민 대표인 유길준과 함께 다롄에 갔고, 이어 이토의 국장을 도쿄에서 거행할 때에는 서울 장충단에서 추도제를 주도해 거행했다.

그가 쓴 제문에 "아아 애통하도다. 동쪽 바다의 원기와 후지산의 정기가 한 위인을 내서 영웅으로 우뚝 살았도다. 정치의 경략으로 개명開明을 먼저 만들어내고 아시아 모든 지역에 평화를 유지하게 하니……"(『일당기사』) 따위의 말을 늘어놓았다

1910년 5월에 들어 일본은 합방을 실현하기 위해 육군대신인 데라우치 마사다케寺內正毅를 새 통감으로 삼아 내보냈다. 이완용은 온양에서 요양하다가 데라우치의 부임소식을 듣고 상처가 채 낫기도 전에 뛰어올라왔다.

한일병합에 앞장서다

데라우치는 그에게 한일병합안을 제시했다. 그는 이론의 여지가 없음을 말하고 다만 "농사짓는 자는 농사짓고 장사하는 자는 장사하고 공업하는 자는 공업에 종사하면 예전처럼 살 수 있으나 양반들은 선악을 따질 것 없이 국가의 존망과 같이 하므로 이들을 돌보지 않으면 인도천리로 보아 참을 수 없다"고 말했다. 그리하여 조선귀족령이 생겼다.

어쨌든 병합조약(정식으로 따지면 '합방'이 아님)은 을사조약 때에 비해 식은 죽 먹기였다. 그의 하수인이요 시종원의 책임자인 윤덕영은 순종이 통곡하다가 잠들자 조약 내용을 적은 종이딱지에 스스로 옥새를 찍어 이완용에게 건네주었다. 1910년 8월 22일 오후 5시. 이제 조선 왕국, 아니 우리 겨레가 이 땅에 터전을 잡고 산 지 5천 년 만에 처음으로 껍데기 왕조마저 날려 보내고 일제의 식민지가 된 것이다.

나라가 완전히 넘어간 뒤 그 이름도 그럴듯한 조선의 귀족 65명은 작위와 은사금을 받았다. 이완용은 일본 귀족으로 따져 넷째 자리인 백작에 은사금 1천 5백여 원을 받았다. 그리고 그는 조선총독부정무총감이 의장인 중추원의 부의장(처음에는 고문)이 되었다. 그는 내선일체內鮮一體의 가장 좋은 방법으로 일본과 조선 사람의 혼혈을 주장하면서 친일행각을 벌였다. 그리하여 조선의 관료 출신으로는 민영휘와 함께 가장 많은 재산을 모은 자산가로 꼽혔다.

이렇게 호의호식하며 나날을 지낼 적에 또 한 번 그의 간담을 서늘하게 하는 사건이 일어났다. 곧 3·1운동이었다. 그가 왕세자 이은과 일본의 황족녀인 나시모토노미야 마사코梨本宮方子의 결혼식에 참석하러 도쿄에 막 도착했을 때 "고종이 승하했다"는 전보를 받았다. 더욱이 이 결혼을 그가 중매쟁이가 되어 추진시켰다. 그는 급거 귀국하여 서울에서 장례절차에 간여하기도 하고 고종의 덕행을 적은 시책문을 쓰기도 했다. 정말로 아이러니였다.

이때 손병희가 그를 찾아가 민족대표와 독립선언에 동참할 것을 요구했으나 거절했다는데 이를 고자질하지 않았다고도 한다. 그러나 그는 3·1운동이 진행되는 시기인 4월 5일 경고문을 「매일신보」에 내고 이어 두 차례에 걸쳐 포고문을 냈다. 청년·학생들이 학업에 열중하지 않고 가산을 탕진하는 사실을 안타까워하면서, 조선독립은 실력양성이 있은 뒤에 이루어진다고 떠벌렸다. 이른바 민족개량주의자들이 '실력양성론'을 들고 나오기 전에 그가 먼저 조선총독부의 눈치를 살펴 이를 들고 나왔던 것이다. 이것이 그의 천재적 변신술이요 출세수단이었다. 이런 공로 탓인지, 이듬해 그는 백작에서 후작으로 뛰어올랐다.

3·1운동 뒤 일제는 사이토 마코토齋藤實를 새 총독으로 임명했다. 그는 사이토 마코토를 맞이하러 부산까지 내려갔다. 그들 일행이 서울에 내리자 강우규 의사가 던진 폭탄이 사이토 마코토가 탈 마차에 터졌다. 두 사람 모두 이때도 화를 면했다. 질긴 운명이었다.

앞서 말한 대로 1920년 3·1운동에 따른 공로로 그에게 후작
이 주어졌다. 1924년에는 아들 이항구도 남작을 받았다.

철저한 친일부역배로 생을 마감하다

1926년 양력 2월 11일, 여염에서는 한창 음력설 준비를 서두
를 때 그는 서울 옥인동 자기 집에서 죽었다. 그는 겨울철만 되
면 해수병이 도졌는데, 이때에도 천식으로 자리에 누웠다. 이재
명의 칼에 폐를 다친 후유증이었다.

그의 명정에는 '조선총독부중추원부의장정이품대훈위후작이
공지구朝鮮總督府中樞院副議長正二品大勳位侯爵李公之柩'라 썼다. 도대체
학부대신이나 내각총리대신 같은 높은 벼슬을 쓰지 않고 겨우
조선총독부 정무총감의 아래에 두었던 중추원부의장의 직함만
썼으니 죽어서까지 철저한 친일부역배가 된 것이다. 그의 영결
식이 용산에서 있었는데 기마대들이 호위를 맡아 돌고 무수한
조화와 만시를 쓴 깃발이 펄럭였으며 자동차와 인력거가 뒤를
따랐다. 천여 명의 조문객과 수많은 구경꾼들이 몰려들어 10여
리에 뻗혔다.

그의 시체는 특급열차에 실려 익산군 낭산면 낭산리 선인봉
아래 명당 터에 묻혔다. 이 명당은 그가 전라북도관찰사로 있을
당시 유명한 지사地師를 시켜 잡은 것이다.

그러나 명당이 무슨 소용인가? 8·15광복 후 넓은 그의 묘지가

곧잘 국민학생들의 소풍장소가 되었다. 아이들이 못등에 올라 "요놈 매국노 뒈져라"라고 떠들어대는 바람에 미국에 숨어 있던 손자들이 무덤을 파서 시체를 화장하고 무덤을 없애버렸다 한다. 그리고 그의 손자와 증손자들은 지금도 미국과 서울에서 출신을 숨기며 살고 있다고 한다.

처음에는 수구파, 다음에는 친미파, 친러파, 친일파로 변신하여 시세를 잘도 타서 얻은 그 많은 권세와 재산과 명당이 이렇게 끝나버렸으니 천도와 인사가 무심하지 않은 것인가?

곧잘 시대가 영웅을 만들기도 하나 때로는 시대가 한 인물을 삼키기도 한다. 그는 분명히 글도 잘 짓고 글씨도 잘 쓰고 예술도 이해하고 머리도 좋아서 훌륭한 교양인으로 남을 수도 있었으나 마음 하나 잘못 먹은 탓으로 영원한 매국노가 된 것이다.

그를 객관적으로 다루려는 의도에서 평전을 쓴 윤덕한은 그를 이렇게 평가했다.

지금까지 우리는 탐욕스럽고 패륜적이며 배은망덕한 인간 말종이라는 '그럴듯한 매국노 이완용 상'을 만들어 놓고 거기에 삿대질을 하면서 망국과 매국의 모든 책임을 그에게 떠넘겨왔다. 이것은 우리에게 망국의 치욕감을 어느 정도 덜어주는 위안이 될 수 있을지는 모른다. 그러나 진실은 아니다. 진실이 아닌 것에서 역사의 교훈을 얻을 수는 없다. 이제 문제는 '엉뚱한 이완용 상'에 욕설을 퍼붓는 것이 아니라 한때 대단히 애국적이었던 인물이 어떻게 해서 만고의 매국노로 전락하게 되었는가 하는 그 비극적 과정과 변신의 논리를 밝히는 데 있다.

『매국과 애국의 두 얼굴 이완용 평전』

과연 이 말에 동의할 수 있을까? 분명히 그의 전반기의 모습은 한 가닥 인정해줄 요소가 있을 것이다. 그는 영어는 할 줄 알아도 일본어로는 거의 의사소통을 하지 못했다고 하고, 평소에 양복과 조선옷을 입었으나 일본옷은 입지 않았다고 하며, 기독교나 일본 신도를 믿지 않고 불교를 받들었다 한다. 이런 일상생활의 모습은 또 무엇을 시사할까? 이제까지 장황하고 지루한 이 이야기를 통해 오늘날 우리는 무엇을 느껴야 할지 생각해보는 기회가 될 것이다.

박영효
애국의 길과 친일의 길

가장 불행한 한국인 중 한 사람

박영효朴泳孝(1861~1939), 영광과 오욕으로 점철된 파란만장한 일생을 마친 그의 생애는 그대로 비운의 대한제국 말기를 상징적으로 드러내 보인다. 세계열강의 틈바구니에서 내일의 운명을 점칠 수 없었던 역사의 흐름에 따라 그의 일생도 내일을 짐작하지 못하고, 영광과 고뇌와 오욕의 나날을 되풀이했던 것이다. 그의 생애가 바로 19세기말에서 20세기 초엽에 걸친 근대한국사를 가장 잘 대변하고 있기 때문이며, 그 뒤 식민지 치하에서 오욕의 길을 가장 적나라하게 걸었기 때문이다.

우리가 그의 일생을 새삼 되돌아보는 것은 그를 역사적으로 재평가하려는 구차스러운 생각에서가 아니다. 그보다는 그를 통

박영효 그는 시대가 만들어놓은 인물로, 때로는 역사의 주역으로, 때로는 일제의 꼭두각시로 일생을 마쳤다.(사진 앞줄 가운데 인물)

해 근대한국사에서 반성의 자료를 찾아 역사의 거울로 삼으려는 것이다.

나라를 문명개화로 이끌려는 개화파의 주역 박영효와 조선을 병탄한 일본의 후작이자 중추원고문 박영효, 이 같은 아이러니가 역사에서 연출된 것이다. 그러나 우리는 울분과 자괴감은 느낄지언정 그에게 침을 뱉을 수는 없다. 그는 시련과 고뇌에 찬 역사를 몸소 체험한 가장 불행한 한국인의 한 사람이었기 때문이다.

박영효는 문벌정치가 한창이던 시기에 손꼽히는 양반의 집안에서 태어났다. 그가 태어나던 전후의 철종 연간은 조선조 말기의 착잡한 사회상을 드러낸 농민봉기와 서학의 대두로 전국이 극도로 소연한 시기였다. 더욱이 조선 왕조의 완강한 천주교 탄압은 험난한 개항시기의 역사를 예고해주고 있었다.

그의 부친은 판서 박원양朴元陽으로 가계와 문벌이 말해주듯이 손색없는 양반 신분이었다. 따라서 당시의 양반 자제들이 그랬듯이 박영효도 어려서부터 한학 공부에 몰두했다. 그는 뒷날 걸맞지 않게도 현현거사玄玄居士(은둔의 선비라는 뜻)라는 호를 즐겨 쓰기도 했다.

그의 장래는 누가 보아도 부러워할 만큼 보장되어 있었다. 그리고 1872년 2월, 그의 나이 열두 살 때에는 선왕 철종의 딸인 영혜옹주永惠翁主와 결혼했다. 이듬해 4월에는 임금의 사위로 금릉위錦陵尉로 봉해지고, 정1품 보국숭록대부輔國崇祿大夫에 승임陞任됨으로써 그의 앞날은 의심할 여지가 없이 탄탄할 것처럼 보였다.

그러나 이렇게 약속된 앞날을 두고 박영효는 만족하지 않았다. 아니 도도하게 밀어닥친 개화의 물결이 박영효와 같은 인물을 현실에 안주하지 못하게 만들었던 것이다. 개화파 또는 개화운동이 우리 역사에 등장한 것은 박규수, 유대치, 오경석 등 선배 세대에 의해서였다. 이들 1세대는 그들이 처한 시대 상황에 비추어 볼 때에 중심에 있었던 인사들만은 아니었다. 사회적으로 볼 때 대체로 불우한 위치에 있었던 그들의 개안으로 빛을 본 개화사상은 다음 세대, 곧 명문 출신인 박영효, 김옥균, 홍영식洪

英植, 서광범徐光範, 박영효의 형인 박영교朴泳敎에 의하여 비로소 현실적인 힘을 발휘한다.

선배들이 베이징, 텐진을 왕래하면서 수입한 새로운 서적들은 새로운 사상에 굶주리던 지식인 청년들에게는 하나의 경이었다. 박영호가 직접 말한 것처럼 개화사상은 그의 일가인 박규수의 집 사랑채를 통해 청년들에게 전달되었다.

낡은 국정의 개혁을 도모하다

박규수는 실학의 거두 박지원의 손자로서 청년기의 대부분을 초야에 묻혀 지낸 인물이다. 그는 뒤늦게 벼슬하여 진주민란 때에는 현지에 내려가 백성의 참상과 관리들의 부패상을 보고 분개하기도 했으며, 후일 평안감사 때에는 대동강까지 거슬러 올라온 제너럴셔먼호를 관민이 싸워 침몰시킬 당시 책임자였다. 그러나 뒤에 사절단의 일원으로 중국에 다녀오면서부터 개화사상에 눈을 뜨게 되었고, 중인계급의 역관인 오경석과 친분관계를 맺으면서 새로운 문물의 필요성을 절감했다.

오경석은 중인계급으로 조선조 말기의 사회적 모순을 누구보다 현장에서 겪었고, 이의 타파를 위해 개화의 필요성을 절실히 자각한 인물이다. 그는 뒤에 일본과의 강화도조약 때 외교실무자로 활약하여 개항의 선구자적 역할을 담당하게 된다. 유대치는 한의원 출신으로, 특히 불교와 도교, 한국적 전통신앙에 해박하고, 민중에 뿌리를 박은 내세사상 또는 구원사상의 참뜻을 이해한, 백의정승으로 불렸던 인물이다.

이들 선각자들의 가르침이 서울 양반층의 소장 인사들에게 권장·보급되어, 새로운 사상은 빠른 속도로 번져나갔다. 박영효, 김옥균 등 개화독립당의 요인들은 물론이고, 어윤중 같은 청년 정치인들까지도 그들의 영향을 받아 국제외교와 개화정계에 앞장서서 활동하게 되었다. 그들의 영향으로 젊은 소장 인사들이 개화사상의 선봉이 되어, 근대국가 형성을 촉구하는 자강독립운동 정신이 요원의 불길처럼 퍼졌다.

흔히 개화파의 실질적인 지도자는 김옥균이고, 박영효는 권력의 중심부에 밀착되어 있던 인물이라고 말한다. 박영효는 김옥균보다 10년쯤 연하였으나 문벌과 지위가 좋아 항상 대표 자격으로 추대되었다. 그는 귀족의 집안에서 태어났으나 사람됨이 소탈했으며, 청년다운 패기도 있었다. 비록 일당의 영수로서의 수완과 역량은 부족했으나 정치적인 배려에서 추대되었던 것이다. 이규완李圭完은 박영효와 김옥균을 이렇게 비교하고 있다.

김옥균은 사람을 먼저 가볍게 보다가 나중에 애지중지 알아보았고, 박영효는 먼저 믿고 친근히 지내다가 나중에는 소원하게 하였다. 박영효와 김옥균이 나라를 위하는 점은 똑같은 것이지만, 다만 사람을 알아보고 알아주지 못하는 점에서 두 사람의 인격과 식견이 다른 바 있었다.

한편 박영효의 맏형 박영교는 성격이 강직하고, 일찍이 『지구도경地球圖經』 같은 새 서적도 간행했는데, 묵묵히 자기 소신을 실천하는 본받을 만한 위인이었다.

개화사상에 물든 박영효에게 일본 나들이의 기회가 찾아온 것은 그의 나이 스물세 살 때였다. 곧 임오군란 뒤인 1882년 8월 13일에 일본과 체결한 제물포조약의 약정을 이행하기 위한 수신사로 임명되었던 것이다. 그는 부사 김만식金晩植, 종사관 서광범 등 14명과 함께 일본 시찰을 떠나는 민영익, 김옥균 일행과 동행하게 되었다.

그 사명은 당초부터 구차스러운 것이었다. 그 조약 속에는 "임오군란의 주모자를 잡아 처형할 것과 손해배상금 50만 원을 물 것, 그리고 즉시 특사를 보내 일본에 사과할 것" 따위의 조항이 들어 있었으니 말이다. 곧 6월 군변(임오군란)에 대해 국서를 들고 가서 일본에 사과하고, 제물포조약의 비준교환을 무난하게 수행하여, 손해배상금 50만 원의 지불방법을 완화하는 교섭 따위가 그의 임무였다. 체제 기간은 약 1개월 예정이었다. 그런데 불과 5천 원 정도밖에 안 되는 경비마저 일본 정부의 보조를 전제로 하고 떠난 박영효의 심정은 그야말로 착잡했다. 일본 정부는 관세 수입과 금광을 담보로 잡고서야 교섭을 수락했다.

박영효는 일본에 머무르는 동안 커다란 감명을 받았다. 일본은 일찍이 서양의 과학문명을 받아들여 모든 분야가 눈부시게 발전하고 있었다. 이 같은 감탄과 감명은 비단 그 혼자만의 느낌이 아니었다. 김옥균, 서광범, 홍영식, 서재필 등 그를 수행한 모든 인사가 공감하는 바였다. 일행은 일본에 머물고 있는 구미 사절들과 접촉하면서 국제관계에 대한 새로운 지식을 얻었으며, 세계정세에 대해서도 눈을 뜨게 되었다.

박영효 등은 신흥 일본의 비약적인 문물제도를 보고, 조국이 사는 길은 서양 문물의 도입 이외에는 없다고 단순하게 믿게 되었다. 그들은 개화·독립·자강으로 조국의 개화·혁신에 전진하려고 결심했다.

1882년 11월, 박영효 수신사 일행은 정보 수집과 자금 운동을 좀 더 계속하기 위하여 김옥균과 서광범을 남겨둔 채 귀국했다. 그러나 귀국하고 보니 국내 정세는 그들에게 더욱 큰 실망을 안겨줄 뿐이었다. 그들이 없는 동안 조정 내외와 척족 중심의 정부는 온통 친청사대의 보수세력으로 들어차 있었다. 그 결과, 귀국 뒤에 이들이 중심이 되어 소장 혁신세력을 이루게 되었다. 귀국한 그들은 개화당 혹은 독립당으로 불리게 되었으며, 척족세력 중심의 보수세력과 극단적으로 대립하게 되었다.

박영효는 귀국한 지 얼마 뒤에 한성부윤으로 임명되었다. 그러나 개혁의 열의에 불타던 그는 사사건건 친청사대당의 완강한 반대와 모략에 부딪치지 않으면 안 되었다. 복제개량, 색의 장려와 종로-동대문 사이의 도로 정비를 위한 가가假家 철거 등의 추진이 척신의 반대와 모략에 걸려, 이듬해인 1883년 3월에 그는 광주유수라는 한직으로 쫓겨나고 말았다.

그러나 박영효는 초지를 굽히지 않았다. 그는 김옥균 등과 합심하여 일본의 힘을 빌려 낡은 국정을 개혁하려고 정치적 활동을 계속했다. 이 점에 대해서는 후세의 역사가 상당히 비판적이다. 그들이 지나치게 성급한 현실개혁에 집착한 나머지 일본 제국주의세력의 한국 침투에 본의 아닌 동조자 노릇을 했기 때문이다.

아무튼 수단과 방법을 가리지 않고 노력한 끝에 대일차관 3백만 엔의 교섭을 위한 국왕 신임장을 얻었고, 다시 희망에 부푼 박영효는 이 자금을 가지고 직속군대를 육성하려고 6백 명의 장정을 모집했다. 그러나 결국 차관교섭이 실패하여 박영효는 양병養兵 계획을 포기함과 동시에 광주유수 자리도 사임하고 말았다. 그가 지휘하던 군대는 반대당의 한규직韓圭稷, 윤태준尹泰駿 휘하로 개편되어버렸다.

개혁 실패로 일본 망명길에 오르다

드디어 박영효 등은 그들의 이상을 실현하기 위해서는 우선 청국의 세력과 그것을 배경으로 삼고 있는 사대당을 제거해야 한다는 사실을 깨닫게 되었다. 사대당이 존재하는 한 그들의 목적 달성이 불가능했던 것이다. 이를 위해서는 일본의 힘을 빌리는 수밖에 도리가 없었다. 그러나 그때까지만 해도 국력이 대단하지 못했던 일본이 청국 등 국제정세의 동향에 민감한 반응을 보였기 때문에, 주한 일본공사 다케조에 신이치로竹添進一郎와 같이 술수에 능한 사람과의 교섭에서 박영효 등 개화파는 쓰디쓴

고배를 마시기도 했다.

그 무렵 청국과 프랑스간에 안남사건이 터지자, 일본은 종전의 태도를 바꾸어 박영효, 김옥균 등을 꼬드겼다. 이들은 일본 정부의 음모와 책동을 의심하지 않고 동지를 모아 정변을 모의했다. 그들은 박영효의 집에 모여 모의한 끝에 1884년(고종 21) 음력 9월 17일의 우정국 청사 낙성식을 계기로 거사하여 친청사대당을 타도하고 혁신 정부를 수립하기로 계획을 세웠다. 이 계획이 추진되는 동안 박영효는 김옥균과의 긴밀한 연락 아래 일본공사와도 교섭을 벌여, 거사에 필요한 병력 일부를 일본군이 지원한다는 약속도 받았다.

드디어 음력 9월 17일, 안국동에 있는 우정국 개설 연회에 사대당의 주요 인물들과 외국 사절들이 참석했다. 연회가 막 시작될 무렵 갑자기 근처에서 불이 나면서 주위가 소란해졌다. 사태가 심상치 않음을 눈치 챈 민영익은 밖으로 빠져나오다가 자객의 도끼를 맞았으나 치명상은 아니었다. 정변을 일으킨 직후 박영효는 김옥균, 서광범과 함께 한밤중에 고종의 침실로 들어가서 청병淸兵들이 난을 일으켰다고 주장하면서 피신할 것을 앙청했다.

영문을 모르는 국왕이 강요에 따라 '일편내아日便來衙'(일본 쪽이 관아로 들어오라라는 뜻)라는 친서를 건네주자, 박영효는 이것을 가지고 일본공사에게 연락, 고종을 경우궁景祐官으로 옮기게 하고 일군 2백 명이 왕을 호위하게 했다. 한편 그들은 사대당의 영수인 민영목, 민태호, 조영하, 이조연 등 7인의 사대당 벼슬아치를 살해했다.

　정변이 성공하여 그들의 꿈이 실현되는 듯했다. 독립당은 즉시 새로운 정부를 조직하고, 박영효는 신내각의 전후영사前後營使 겸 좌포장이라는 군사권의 중임을 맡았으며, 김옥균은 호판서리 戶判署理 겸 혜상공국당상惠商公局堂上이라는 재정권을 거머쥐는 직책을 맡았다. 곧 군사와 경찰의 실권을 박영효와 홍영식이 장악하고, 내무와 재무의 실권은 김옥균이 쥐었던 것이다. 독립당은 그들의 숙원이었던 국정 쇄신의 꿈을 실현하려고 14개조의 시정요강을 발표하기도 했다.

　그러나 청군의 개입으로 혁신정부가 3일천하로 끝나자, 진퇴유곡에 빠진 박영효는 고종과 작별을 고하고, 일본공사를 따라 김옥균, 서광범, 서재필 등과 함께 일본으로 망명했다. 뒤에 처진 박영교와 홍영식은 국왕을 따르다가 사대당에게 참살되고 말았다.

　일본으로 망명한 박영효는 야마사키山崎永春라고 이름을 바꾸고 지냈다. 망명생활은 그리 단조롭지만은 않았다. 불교 서적을 가까이 하는가 하면 미국인으로부터 친절한 대접을 받으며 학문에도 열중했다. 그러나 변화무쌍한 일제의 배신행위를 견디다 못해 미국으로 건너갔다가 언어·풍속이 너무나 달랐던지 1885년 5월 31일 우편선으로 시모노세키에 되돌아와 김옥균과 합류했다.

　그는 1888년 명치학원의 영어과를 졸업하고 시모노세키 미국교회에서 일을 보기도 했으며, 위약증胃弱症으로 많은 고생하기도 했다. 그는 한국의 전도와 후배들의 교육을 위해 일본 유지들의 협조를 얻어 한국자제의 교육을 목표로 내세우고 친린의숙親隣義塾을 세우기도 했다.

그러나 본국에서 밀파된 자객 이일직李逸稙(일본 이름 田中常一), 권동수權東壽(일본 이름 中野耕心), 권재수權在壽(일본 이름 中野宅心) 등이 집요하게 그를 추적하고 있었다. 이들은 이름을 일본식으로 바꾸고 1887년 일본에 입국한 뒤 제일은행 경성출장소를 거쳐 학자금이라는 명목으로 가끔 1백 엔 또는 2백 엔을 받아다가 정치자금으로 썼다. 박영효는 이일직 등과 싸우다가 검거되어 1888년 5월 2일 예심 종결에서 유죄판결을 받기도 했다.

그는 망명지에서 조국의 조정에 상소를 올리기도 했는데, 갑신정변이 충국·애국하는 마음에서 나온 것이긴 하나 '국가에도 무익하고' 그 자신으로서도 부모형제와 친구들이 죽게 되는 결과를 낳은 것을 참회했다. 하지만 그는 더욱 발전된 민주사상을 피력하면서 "당연히 행할 일을 행하지 아니하면 도리어 앙화를 받습니다. 또 비상한 일을 한 뒤에야 비상한 공이 있습니다"라며 계속 정치개혁의 필요성을 역설했다.

1894년 박영효가 망명한 지 10년이 지나는 시기에 청일전쟁과 동학농민전쟁이 발발했다. 그러자 일본은 박영효를 이용하기 위하여 주한공사 오토리 게이스케大鳥圭介로 하여금 그의 귀국을 알선하게 했다. 그리하여 그는 동지 2명, 일본인 2명과 함께 조국을 등진 지 꼭 10년 만인 1894년 8월 6일 귀국하여 정세를 관망하기에 이르렀다.

 개인의 처세를 앞세운 변절의 이름

친일의 덫에서 헤어나지 못하다

당시 국내정세는 민비와 다시 집권한 흥선대원군 일족 사이의 알력이 심각해지고 있었다. 계략에 비상했던 민비는 지난 10년간의 원한도 잊고 일본 정부가 밀고나온 박영효를 포섭하려고 1894년 8월 5일 그의 죄명을 말소했다. 따라서 박영효는 명예 회복과 동시에 정치무대의 표면에 나서게 되었다. 박영효의 등장은 이 나라 정계에 커다란 파문을 던졌다. 특히 이노우에 가오루井上馨 공사는 궁중에서의 박영효의 신임도를 면밀하게 살폈다. 그는 은밀히 박영효를 만나 대례복을 기증하며 그를 회유하는 한편, 그에 대한 왕과 왕비의 신임을 살피기도 했다.

그런데 이 무렵, 대원군의 손자인 이준용李埈鎔의 왕위 추대 음모사건이 터져 대원군은 더욱 왕에게서 멀어지고, 일본공사관의 적극적인 개입으로 1894년 12월에 정부의 인사 개편이 단행되었다. 이 인사 개편에서 박영효는 내무대신으로 임명되었으며, 제2차 김홍집 내각에서는 김홍집, 박영효의 연립정부까지 조직하게 되었다.

1895년 박영효를 중심으로 한 개화독립당 계열은 그 세도가 당당했다. 그러나 박영효는 이준용 음모사건을 둘러싸고 민비의 내시內示를 받아 이준용을 극형에 처해야 한다고 주장함으로써 김홍집 일파와 대립하게 되었다. 김홍집이 사표를 제출하여 결국 김홍집 내각이 무너지고 박영효가 총리대신 서리로 임명되었다. 이어 박정양 내각이 들어서게 되었는데, 박영효는 새 내각에서도 실세로 내무대신을 맡았다.

그동안 박영효는 행정·군사·교육 등 여러 방면에서 개혁정책을 추진했다. 그러나 그는 항상 자주성을 강조하고, 일본보다는 구미식 방법을 채택하려고 했으며, 일본공사의 요구를 무시하는 일이 많았다. 그러자 일본공사관 측에서 그의 독주를 견제하려 했다. 더욱이 이노우에 공사가 교체되자, 민비는 일본보다는 러시아에 접근하려 했다.

박영효 등은 내외의 질시를 받아 고립무원의 상태에 빠지고 말았다. 공교롭게도 이 시기에 박영효가 왕비 시해음모를 꾸미고 있다는 무고가 왕에게 들어갔다. 크게 놀란 고종이 법부에 명령하여 그를 체포하게 했다. 박영효는 어쩔 수 없이 일본공사관에 몸을 피했다가 이미 사태가 기울어졌음을 알고 다시 망명의 길을 떠났다.

일제의 농간 때문에 일본을 배경으로 나라의 개화와 자주독립을 꾀하던 박영효는 자기희생을 치를 수밖에 없었던 것이다. 그는 처음에는 일제의 속셈을 몰랐으나 나중에는 알았다. 그러나 그때는 이미 때가 늦어 나라의 운명은 기울대로 기운 뒤였다. 12년에 걸친 두 번째 망명 끝에, 그는 조정의 소환을 받고 1907년 6월에 귀국하여 이완용 내각의 궁내부대신이 되었다. 이미 을사조약의 체결로 외교권이 박탈되고 한국통감부의 설치로 국운이 다한 때였다. 그러나 박영효는 끝까지 고종의 양위논란이 일적에 불찬성한다는 태도를 밝혔으며, 선위반대운동을 꾀하다 발각되어 제주도에서 1년 동안 유배생활을 하기도 했다.

1910년 8월 29일, 치욕적인 병합으로 나라는 망했다. 나라와 함께 박영효의 정신도 쇠잔했는지, 그해 10월 7일에 일제가 한국인 회유정책의 하나로 그에게 준 후작의 작위를 날름 받았다. 그 뒤 중추원고문을 지냈고, 1918년에는 조선식산은행 이사에 취임하기도 했다.

3·1운동을 준비하던 손병희 계열의 인사들이 그에게 접근하여 민족대표로 참여해줄 것으로 요청했으나 그는 이를 외면했다. 하지만 이완용처럼 경고문을 내는 행위는 하지 않았다. 1925년에는 정㊀ 3위로 서훈까지 받았다. 이때부터 일제의 꼭두각시로 여지없이 전락했다.

그는 또한 민족지를 표방한 창간 당시의 「동아일보」(1920년 4월 1일) 사장직에 취임하기도 했다가, 1939년 9월에 드디어 영광과 오욕의 한 많은 일생을 마쳤다. 그의 생애 후반기에 일제는 중일전쟁을 도발하고 전시체제로 사회를 온통 쥐었다. 그는 입을 꾹 다물고 순종하는 자세만을 보여 주었다.

그를 논할 때 마지막으로 지나칠 수 없는 문제가 하나 있다. 바로 우리나라의 국기인 태극기 문제이다. 원래 국기는 병자수호조약 당시부터 논의되어서 대체로 국기의 기본골격은 결정되어 있었다. 그러다가 1882년 박영효 일행이 일본으로 출발하기에 앞서 국기를 적절하게 사용하라는 왕의 내락을 받았다.

그는 사행차 타고 가던 일본 기선 메이지마루에서 영국 총영사 아스톤과 선장인 영국사람 제임스와 함께 조정에서 결정했던 종래의 태극 팔괘의 도안을 놓고 의견을 듣다가 태극 4괘 도안을 넣는 국기로 결정했다. 1882년 8월 14일 일본 고베에 상륙한 뒤부터 태극기를 즉시 게양·사용하는 한편 본국 정부에도 보고했고, 그 뒤 정부에서는 1883년 1월 27일 국기 사용을 정식으로 반포했다. 그는 국기를 본국에 보내면서 우방 각국에도 알리는 동시에 고베의 숙소에도 게양했다. 도쿄에 도착해서는 10월 3일의 왕비 탄생 축하연 석상에 게양하여 자주독립의 애국심을 발휘했다.

어쨌거나 그는 시대가 만들어놓은 인물로, 때로는 역사의 주역으로, 때로는 일제의 꼭두각시로 일생을 마친 인물이다. 지금 인사동에는 그가 살던 집이 전통 찻집으로 탈바꿈하여 많은 관광객이 몰려들고 있다. 그의 영욕의 한 단면을 보여준다 하겠다.

서재필
과연 진정한 독립운동가인가

서재필徐載弼(1864~1951)에 대해서, 일반인들은 대개 열렬한 개화파 민족주의자로 젊은 나이에 갑신정변을 주도했고, 이어 사대모화의 상징인 영은문 자리에 독립문을 세웠으며 「독립신문」을 간행했다가 수구파의 미움을 받아 미국으로 쫓겨 간 것으로 알고 있다. 그 뒤 미국으로 건너가 의사로서 생업을 꾸리면서 열렬한 독립운동을 벌이다가 파산하여 어려운 생활을 꾸렸고, 해방 뒤 귀국했다가 이승만의 견제로 다시 실의 속에서 미국으로 돌아가 죽은 것으로 인식하고 있다.

그리하여 그는 처음에는 개화파 정객으로 민족자주국가를 설립하려다가 실패했고, 그 뒤 민족운동가, 독립운동가로 이름이 높은 인물로 알고 받아들이고 있다. 그러나 과연 그가 그러한 인물인가? 이 점에 대해 다시 한 번 짚어보고자 한다.

그는 소외받던 전라도 보성 출신으로 스무 살이 되어 최연소로 과거에 합격하고 이듬해에 일본의 하사관학교에 유학하여 일본어를 배우고 돌아왔을 때에 조정의 촉망이 그에게 쏠렸다.

당시는 개화파가 한창 기세를 올리고 있었다. 그도 개화파의 한사람으로 김옥균, 서광범, 박영효, 홍영식 등과 어울려 개화사상에 깊이 빠져 있었다. 그들은 묵은 제도를 뜯어고치고 근대화를 이룩하려고 정열을 바쳤다. 곧 청년지식인 그룹의 한 사람으로 또는 그중의 최연소자로 활동을 벌였다.

1884년 그들은 끝내 쿠데타를 시도하여 갑신정변을 일으켰다. 그의 집이 김옥균의 집과 이웃해 있어서 거사 당일 주모자들은 모두 그의 집에 모여 있다가 우정국으로 가서 행동을 개시했다.

갑신정변을 거사한 뒤 그는 정령관正領官(지금의 대령급) 겸 병조참판의 자리를 얻었다. 그가 비록 3일 동안 이 자리를 차지하고 있었으나 스물두 살의 나이로 과거에 합격한 지 2년 만에 고관의 대열을 차지한 것이다.

갑신정변의 실패로 그의 가족은 음독자살하는 비극을 연출했고, 그 자신은 일단 박영효 등과 일본으로 망명했다. 특히 그때 그의 두 살 된 아들이 굶어죽게 되어 그는 그 뒤 조선 아내의 피를 받은 아들을 두지 못하는 신세가 되었다.

그가 비록 역적으로 몰려 이런 참담한 고난을 겪었으나 재주 있는 문사文士, 의식 있는 청년, 모험심이 있는 정객으로 널리 알

서재필 그가 진정한 독립운동가였던가? 대단한 독립운동가인양 이미지 조작된 서재필, 그의 행적을 돌아보면 역사인물에 대한 정확한 평가가 얼마나 어려운 것인가를 새삼 깨닫게 한다.

려졌다. 그는 일본에서 약 5개월 동안 망명생활을 하다가 개화파 동지들과 헤어져 혼자 미국으로 건너갔다. 그는 미국에서 어렵사리 고등학교 과정을 마치고 의학공부를 하여 면허를 취득하고 인턴 생활도 했으나 정식 의사는 아니었다.

그는 1890년 미국으로 귀화하여 정식으로 '필립 제이슨'이 되었고, 의사 노릇이 아니라 박물관에서 동양서적의 번역 일을 맡아보며 생계를 꾸려나갔다.(주진오 「서재필자서전」, 『역사비평』 1991년 가을호) 그는 1894년 미국 여인 뮤리엘 암스트롱과 결혼했고 병원을 개업했으나 백인의 인종차별로 생계를 꾸려나가기 힘들었다.

다시 조선에 돌아오다

1894년 동학농민전쟁이 일어났을 때에 일본은 경복궁 쿠데타를 일으켜 친일 개화정권을 수립했다. 그리하여 박영효를 다시 불러들였다. 박영효는 일본의 힘을 배경으로 하여 권력을 잡아나갔는데, 이때 옛 동료 서재필을 국내로 불러들였다.

그는 고국을 떠나 망명한 지 11년 만에 미국 국적을 갖고 필립 제이슨이라는 이름을 가지고 의젓하게 돌아왔고 더욱이 미국인 아내를 꽁무니에 달고 왔다. 그는 고국에 돌아와 중추원고문이 되어 막대한 월급을 받으며 미국인 행세를 했다. 특히 그는 당시 '서재필'로 행세하지 않았고 '제손 박사'로 기명하며 미국인의 풍습을 강조하면서 생활도 미국인처럼 했다. 더욱이 자신은 변명했지만 고종에게 외신外臣(외국 출신의 신하 곧 외교관을 뜻함)이라 불러 많은 비난을 샀다.

서재필은 미국의 신문물을 익혀 온 사람이었다. 그는 조선에도 신문을 발행하여 자기들의 뜻을 펴는 언론 매체로 활용해야 한다고 생각했다. 마침 당시 정부에서는 근대적인 신문 발간을 준비하고 있었다. 그래서 이 일을 그가 맡고 나섰다. 이렇게 하여 정부의 출자금 5천 원으로 「독립신문」이 발간되어 정부 기관지 또는 독립협회 기관지로 활용되었다. 그는 이를 개인 소유로 등록했고 주택구입비도 받고 월급도 후하게 받았다. 그는 신문을 발행하면서 어느 고관보다도 윤택한 생활을 누렸다.(신용하 『독립협회 연구』)

또한 신문을 발행하면서 자신이 논설을 자주 썼는데, 위장인지는 모르겠으나 우리말을 거의 잊어버려서 영어로 쓰고 이를 번역해 게재했다. 그 뒤 1899년 서재필은 대한제국 정부로부터 4천 원을 받고 「독립신문」을 팔았다. 처음 정부가 출자한 신문사를 자신의 명의로 등록했다가 팔 적에는 개인의 자산으로 인정을 받은 것이다. 이것은 미국 시민으로서 미국공사관의 작용이 컸던 탓이었다.

국내에서 벌인 그의 업적 중에 독립협회의 결성과 독립문의 건립이 두드러진다. 먼저 독립협회의 결성을 보자. 서재필은 독립협회를 결성하여 정부정책의 시비를 가리고 민중이 참여한 개혁운동을 펼치는 기관으로 삼으려 했다. 고종이 러시아공사관으로 옮긴 지 5개월이 지난 1896년 7월 2일 광화문 거리에 있는 외부에 명사들이 모여들었다. 독립협회 총립총회에서는 사업목표로 독립문을 짓고 독립공원을 조성하기로 결의했다. 임원진은 회장에 안경수, 위원장에 이완용, 위원에 이상재 등 8명이었다. 서재필은 미국 시민권을 가졌다고 하여 임원에 들지 않고 고문을 맡았다.

이 일에 그가 주동자의 한 사람이었음은 분명한 일이다. 독립협회에는 여러 세력이 참여했다. 이들은 무엇보다 독립문 건립을 서둘러 1897년 말경에 완공을 보았다.

그런데 문제가 있었다. 그는 자서전에서 '나는 돌아오는 길로 영은문을 헐고 독립문을 세웠다'고 했으며, 또 독립문을 세울 적에 그 비용을 모두 자신이 냈다고 쓰고 있다. 이 기록에 따라 그 뒤의 국내 역사기록 대부분은 이를 믿고 기술하고 있다. 따라서 그는 독립의지가 강한 인물로 부각되고 있는 것이다. 그러나 이 두 가지 기록은 모두 틀렸을 뿐만 아니라 자기 과시에 지나지 않는다.

첫째로 영은문은 청일전쟁 당시 일본군에 의해 일부 헐려 있었다. 영은문은 명나라 때부터 중국 사신을 맞이하는 사대모화의 상징물이었다. 그런 탓으로 일본은 '조선이 청나라로부터 독립해야 한다'는 구실을 붙여 청나라의 입김을 배제하고 조선을 그네들 마음대로 요리하려는 책동의 하나로 영은문을 파괴했던 것이다.

서재필은 귀국한 뒤 서대문 언저리에 거처를 마련했다. 그 집 바로 뒤에 영은문이 있었다. 그는 아침저녁으로 이 문을 바라보다 아이디어가 떠올랐다. 그 자리에 프랑스의 개선문 같은 조선 독립의 상징물을 세워야겠다고 생각한 것이다.

그리하여 서재필의 제의로 독립문을 세우려는 운동이 독립협회를 중심으로 활발히 벌어졌는데, 구한말의 황실과 각계각층에서 돈을 거두어 그 경비를 충당했다. 「독립신문」에도 그 모금명단이 기록되어 있다. 고관인 이완용도 거금을 낸 명단에 올라 있다. 그러니 그가 이 경비를 모두 냈다는 기록은 전혀 얼토당토않거니와 당시 열화같은 건립 참여의 학생·관료·시민의 의지를 모두 자신의 공으로 돌린 꼴이 된다.

『한국인명대사전』(신구문화사 발간)에는 이 대목에 대해 그가 "1897년 영은문을 헐고 그 자리에 독립문을 세웠으나 수구파와 일부 외국인의 책동으로 출국이 강요되어 미국으로 되돌아갔다"
고 쓰고 있다. 또 다른 그에 관한 글이나 심지어 교과서에조차
이렇게 기술되어 있는 것이다.

아무튼 독립문은 자금이 모자라 개선문의 규모로 짓지 못했
다. 설계도는 스위스 사람, 공사는 교회를 지은 경험이 있는 목
수를 동원했으나 개선문과 같이 대리석을 쓰지도 못했고 규모도
축소했다. 하지만 그의 의지는 나무랄 일이 아닐 것이다. 그런데
여기의 독립은 청나라의 간섭을 배제한다는 뜻을 지니고 있다.
그러니 일본으로부터 독립하겠다는 후기의 독립의 의미와는 상
당한 거리가 있었다.

미국은 나의 나라

한편 그는 미국의 입장에서 「독립신문」의 논조를 펴나갔다.
그런데 러시아는 남하정책을 펴면서 고종의 아관파천을 이용해
친러정권을 수립했다. 이에 따라 그를 중추원 고문직에서 해고
시키려 했다. 그는 미국의 정책을 옹호했을 뿐만 아니라, 30대
중반의 나이인데도 고관이나 나이 많은 사람들에게 아주 건방지
게 굴어서 미움을 받았다고 한다.

그에게 고문직의 사임이 강요되자, 그는 10년 계약의 남은 기
간의 월급을 모두 지불한다면 사퇴하겠다는 의사를 나타냈다.
그리하여 계약의 남은 기간인 7년 10개월분의 봉급 2만 8천 2백

원과 미국으로 돌아갈 여비 6백 원까지 챙겨 받아냈다(당시의 환율
은 동일하였음). 대한제국의 재정형편이 말이 아니었는데 그는 미국
식 계약과 미국의 힘을 내세워 이를 몽땅 받아낸 것이다. 이에
대해 주진오 교수는 이렇게 쓰고 있다.

> 엄격하게 말해서 그는 중추원고문에서 해고된 것일 뿐 출국해야
> 할 의무를 지닌 것이 아닐 뿐 아니라 대한제국 정부가 미국인을 추
> 방할 수는 더욱더 없었다. 이 점은 그가 "나를 추방시킬 수 있는 것
> 은 미국 정부뿐이며 미국 정부가 그런 일을 할 리 없다"고 분명히
> 밝힌 바 있었다. 따라서 자신이 추방되었다는 서재필의 회고는 사
> 실이 아니다.
>
> 『한국인명대사전』

이와 함께 그는 미국으로 가는 것을 만류하는 사람들에게 "귀
국 정부가 나를 필요 없다고 하여 가는 것"이라고 말했다 한다.
곧 조선은 남의 나라, 미국이 자기 나라라는 말투였던 것이다.
아무튼 그는 독립협의 토론회와 만민공동회의 집회를 벌이면서
많은 공헌을 했는데, 중간에 본의 아니게 미국으로 돌아갔다. 그
는 미국에서 미국이 아시아에 식민지를 갖는 것을 열렬히 환영
한다고도 주장했고, 3·1운동 직후 한인연합대회를 가질 때에 애
국가가 아닌 미국 국가를 부르게 했다 한다.

그는 이처럼 완전히 미국인으로 살면서 우리나라에서 챙겨간
돈으로 사업을 벌이며 잘 살았다. 앞에서 시사한 대로 그는 의사

개업에서 재미를 못보고 다른 사업을 벌였다. 그가 때로 이승만과 연결하여 국제회의 등에 독립청원을 하기도 했으나, 어디까지나 형식에 그쳤을 뿐 자기희생을 감내한 것이 아니었다. 그는 이승만과는 달리 미국에서 미국 여인과 함께 단란하게 살면서 독립운동에 나서지도 않았다.

그가 다시 고국에 돌아온 것은 1947년이었다. 미군정에서 그를 정무관政務官으로 초청했던 것이다. 철저한 친미파인 그를 미군정에서는 활용할 가치가 있었을 것이다. 그러나 그는 정무관으로 별 역할도 못하다가 1년 만에 다시 미국으로 돌아갔다. 그는 당시 우리글과 우리말이 아주 서툴러 의사소통을 제대로 못했다 한다. 한국인들과 거의 접촉을 끊었으니 우리글과 말을 잊어먹었던 것이다. 이 점에 있어서도 그는 이승만보다 훨씬 못했다.

그에 대한 엇갈린 평가

그러면 우리 근대사에서 그를 어떻게 평가해야 하는가?

첫째, 그는 우리나라가 식민지 상황을 겪을 때에 미국에서 편안히 살았다. 미국에서 망명생활을 한 인사들이 생업에 종사하면서 생명의 위협을 느끼지 않고 적당한 선에서 독립운동을 벌인 것은 익히 아는 사실이다. 그러나 만주와 국내에서 많은 독립지사들은 목숨을 잃거나 감옥생활을 했다.

둘째, 그는 친미파로서도 너무나 지나쳤다. 이름을 바꾸고 미국 시민권을 얻은 것은 그렇다 치더라도 완전히 미국인 행세를 했던 것이 문제이다. 더욱이 그는 모든 조선 사람의 생활풍습이나 가치관도 미국식으로 바꾸어야 한다고 주장했다. 민족혼이나 민족전통을 깡그리 부정했던 것이다.

셋째, 그는 자신의 이익을 너무 밝혔다. 어려운 대한제국을 상대로 온갖 이익을 모두 챙겨갔다. 그리고 모든 일을 벌일 때에 적당히 끼어들었다가 정세가 여의치 않으면 물러나서는, 모든 지원과 경비가 자신의 주선으로 이루어졌다고 둘러댄 것이다.

그러면 이런 그가 왜 우리 역사에서 부각되었는가? 무엇보다도 미군정 당국이나 친미파들이 그를 대단한 독립운동가로 이미지 조작을 한 것이다. 그리고 또 그가 언론인이었던 탓으로 언론계에서 지나치게 그의 활동을 떠벌린 때문이기도 하다. 이런 탓으로 지금도 그의 고향 보성에는 기념관이 설립되어 있고 동상도 세워져 있다. 더욱이 교과서 같은 데에서 그의 활동을 지나치게 기술한 탓으로 대중들의 머릿속에는 그가 대단한 독립운동가로 자리 잡고 있다.

우리는 바른 역사를 위해 진실의 토대 위에서 역사인물에 대한 정확한 평가를 내려야 할 것이다.

최인

극적인 변절의 상징

청년 정객으로 활동하다

우리나라는 일제의 식민통치 기간을 거치면서 많은 독립투사를 배출하기도 했고, 나라를 팔아먹은 부역배의 출현을 보기도 했다. 이 속에서 처음에는 열렬한 독립투사였다가 중간에 변절하여 역사에 오명을 남긴 부류들도 있다. 이런 인물 중 하나로 최인崔麟(1878~납북)을 들 수가 있다. 그는 분명 3·1운동의 주역이었으나 그 뒤 민족반역자로 변신했다. 왜 그랬을까? 일신의 안일을 위해서인가, 어떤 뚜렷한 동기가 있어서인가?

그는 함흥 출신이다. 조선시대의 함흥 사람들은 온갖 핍박을 받았다. 그의 가문도 예외는 아니겠으나 상당한 자산가요, 유지인 아버지 최덕언崔德彦의 보호 아래 어린 시절을 안락하게 보낼 수 있었다. 그가 고향에서 한학을 배우고 있는 동안, 나라는 어수선하여 동학농민전쟁과 1차의병(을미의병)을 겪었다. 그는 열여덟 살에 홀연히 집을 떠나 각지를 방랑했다.

그만한 나이에 갖기 쉬운 인생에 대한 허무와 시대에 대한 번민 등이 작용했을 것으로 짐작된다. 그리하여 그는 서울로 올라와 나라 돌아가는 꼴을 엿보기도 하고 금강산 장안사에 들어가 중이 되려고도 했다. 그는 암울한 기분으로 고향에 돌아와서는 당시 개화파 정권에 줄을 대고 있던 아버지의 권유로 새로 설치된 함흥관찰부의 집사執事(서기와 같은 직책)가 되었다(1896년 전국을 13도로 나누어 각기 관찰부를 두었다).

그는 당시 이런 벼슬살이가 일본의 꼭두각시에 지나지 않음을 곧 알았다. 그리하여 활빈당투쟁에 가담했다. 활빈당이란 일제의 탄압으로 독립협회, 만민공동회 등을 통한 합법적인 방법으로 독립투쟁을 할 수 없게 되자, 조선조 중기 이후부터 은밀히 이어온 비합법적 방법으로 관권에 저항하는 단체였다(일부는 합법투쟁도 병행했음).

또 일본 육사 출신의 소장장교 모임인 일심회一心會에 가담하기도 했다. 그리하여 일심회 성원들이 정부의 개혁을 추진하며 친위 쿠데타의 방법을 쓰려 한 사건이 발각되자, 1902년 일본으로 몸을 피했다. 이때부터 그는 청년 정객으로 이름을 올린 것이다. 일본에서 그는 개화파로서 친러파에 쫓겨 일본에 망명해 있던 이진호李軫鎬(뒤에 총독부 학무국장, 도지사 등을 지내어 친일부역배의 거두가 되었다)의 집에 머물렀다. 이 만남은 그의 운명을 결정짓는 첫

계기가 되었다.

이진호는 참령參領(지금의 소령) 출신으로 일심회 성원들과 줄이
닿아 있었다. 최인은 이때 도쿄에서 충청도 부자 이상헌李祥憲으
로 행세하며, 몰던 자동차가 고장 났다고 길가에 내버리며 호기
를 부리던 손병희를 만나게 되었다. 이 만남은 그에게 하나의 전
기를 마련해주었다. 손병희로부터 동학의 참뜻과 민족독립에 대
한 방법론을 듣기도 했다.

이듬해 일심회 사건 연루자들에 대한 특사령이 내려져 최인은
귀국했고, 개화파의 주선에 의해 외부주사로 발탁되었다. 그뿐
만 아니라 일제에 의해, 친일파를 양성할 목적으로 이루어진 황
실 유학생으로 뽑혔다. 그리하여 1904년 다시 도쿄로 건너가 동
경부립 제일중학교에 입학했다. 그러나 교장이 "조선인은 교육
시킬 필요가 없다"고 떠들어대자 동맹휴학을 일으켜 퇴교처분을
받았다. 이듬해 그는 또 일본유학생회를 조직하여 부회장을 거
쳐 회장이 되었다. 여기서 최남선을 만나게 된다.

3·1운동의 막후 역할을 하다

1906년 최인은 명치대 법과에 입학했고, 이때 또 한국 황실을
모독하는 공연장을 습격한 혐의로 체포되기도 했다. 아무튼 그
는 1906년에 졸업하고 귀국했다. 그는 귀국하자, 하나의 사회인
으로서 천도교에 정식으로 입도했다. 그리고 교주 손병희의 측

근이요 일급 참모로 활약하게 되었다. 신진기예하고 신지식으로 다져진 30대 중반의 최인을 손병희가 대단히 아꼈던 것이다.

천도교에서 교육기관을 사들이는 과정에서 보성중학교를 인수하자 최인은 교장이 되었고, 이어 중학교가 고등보통학교로 개편될 때에도 보성고등보통학교 교장으로 계속 근무했다. 9년간 교장 자리에 있으면서도 천도교 교단의 핵심성원으로 활약했고 다른 항일단체인 신민회에도 가입하여 구국운동에 앞장섰다. 이상이 3·1운동 이전까지의 최인의 행적이다. 이것이 그의 생애의 전반 부분이 될 것이다.

3·1운동은 천도교가 중심세력이 되었음은 말할 것도 없겠다. 또 천도교 중에서도 손병희와 최인의 역할이 가장 컸던 것도 어김없는 사실일 것이다. 여기에서 3·1운동의 진행과정은 굳이 설명할 필요가 없을 것이다. 다만 오늘날의 관점에서 그 결함이랄까, 투쟁노선에 몇 가지 지적할 사항들이 있다.

첫째, 그 노선을 말해보면 일제의 강압정치, 헌병통치 아래에서 비폭력적 노선을 표방했다는 점이다. 이에 대해 표면에 내건 구실은 '희생을 줄이기 위해서'였다. 그러나 민족 독립을 쟁취하려면서, 또 한국 독립에 대한 세계여론을 환기하려면서 어떻게 희생을 감수하지 않고 이를 달성할 수 있겠는가? 이것은 합법적 방법 또는 소요죄 정도로 적용될 만세시위를 벌여 일제 식민통치에 호소 또는 반성을 촉구하는 의미 이상의 것이 못 되며, 종교 기관의 운영이나 재산 따위를 고수하겠다는 뜻이 개재되어 있다고도 볼 수 있다.

둘째, 역량의 결집문제이다. 33인이 모두 종교인이라는 것과 또 일선의 행동 책임자들을 종교인과 학생 위주로 내세운 것은 전민족 역량의 결집일 수가 없다. 더욱이 종교 중에서도 당시 민중 대다수로 구성되어 있는 불교에서는 일부 세력만 참여했고 천주교는 배제되었다. 한편 지방유지로 아직도 영향력이 컸던 유교계통의 인사는 한 사람도 참여하지 않았다.

그들은 비록 친일파인 이완용, 윤용구, 박영효까지 3·1운동에 끌어들이려 교섭하면서도 위의 세력에 대해서는 별로 적극적이지 못했다. 또 이른바 일부 민족자본가들과 손을 잡으면서도 광범위한 상공업세력이나 노동자계층을 대표로 참여시키지 않았으며, 더욱이 일부 민족자본가와 김성수, 방일영 등 언론기관의 대표와 송진우, 현상윤 등 언론인 교육자들마저 각기 민족운동을 계속 추진하기 위해서라는 구실로 대표에서 빠졌던 것이다.

이를테면 타협적이고 온건한 민족주의 우파의 일부만이 대표로 참여하여 전민족적 역량의 결집의지가 뭉쳐지지 못했던 것이다. 그뿐만 아니라 33인은 독립선언을 한 뒤, 각기 지역이나 소속단체로 돌아가 만세시위를 주도하기보다는 가만히 앉아서 순순히 일제 경찰에 투항하고 있었다.

이것은 '비밀을 지키기 위해서', 또는 '비폭력적, 평화적 시위'라는 이름만으로는 그 결함을 벗어날 수가 없을 것이다. 이것은 33인이 일제의 법에 의해 최고 3년 정도의 징역형에 처해진 데 비해 시위 참가자들이 3만여 명의 사상자를 낸 사정에서도 알 수 있을 것이다.

최인은 일급 주동자로 3년형을 언도받았다. 그리고 이른바 일제의 문화정치에 힘입어 3년을 다 채우지 않고 풀려나왔다. 이 가석방이야말로 일제의 제2단계 전략에서 나온 것이다. 3·1운동 뒤 천도교는 침체일로를 걸었고 차츰 일제의 회유의 마수가 교단에 은밀히 뻗치고 있었다. 이리하여 천도교 혁신운동이 벌어질 적에 최인은 종무사宗務師가 되어 교단의 지도자로 참여했다.

1922년 5월 손병희가 죽자, 최인은 일제 경찰에 호소하여 교단장으로 장례식을 치를 것을 허가받기도 했다. 이때는 천도교가 신·구파로 갈라져 혁신에 이견을 보이고 있었는데, 최인은 중도파(한때는 신파)로 자처하고 신·구 타협에 나섰다. 그리하여 박인호朴寅浩 교주 아래에서 그는 서무과 주임으로 임명되었다.

1923년에 들어 그는 천도교를 주름잡기 시작했다. 그는 일제의 힘을 빌려 청년당을 창당하거나 잡지『개벽』을 창간하는 데 중심 역할을 했으며, 혁신파들이 '대중해방'을 외치고 나왔을 때에는 이들을 천도교의 이단으로 몰고 나섰다.(오진영『동학사』)

이때 이미 최인은 일제와 은밀히 손을 잡고 있었다. 강동진은 이렇게 쓰고 있다.

당국이 최남선, 최인을 가출옥시킴으로써 민족개량주의를 퍼뜨리게 하고 민족주의자의 타협적 경향을 촉진시키는 데에 이용하려 했다.……최인은 천도교의 분열에 간여하고 나중에는 자치론을 앞세워 민족주의자의 대일 타협화를 부채질하는 데에 크게 한몫 했다.

강동진『일제의 한국침략정책사』

변절의 길을 가다

그러면 여기에 나오는 '민족개량주의'니 '자치론'이라는 것의 정체는 무엇인가? 민족개량주의라는 것은 우리 민족이 열등하다는 것, 그러기에 독립유지의 힘이 없다는 것이다. 그러므로 내선일체로 민족성을 고쳐야 한다는 것이다. 이것을 맨 먼저 공식으로 떠든 것은 저 유명한 이광수였다. 이광수는 일제에 매수되어 당시의 신문과 최인이 경영하는 『개벽』 등에 이와 같은 글을 연이어 발표했다.

또 최남선은 『동명』이라는 잡지를 만들어 「조선민시론朝鮮民是論」이라는 글을 통해 '우리 민족은 독립을 유지할 수 없다'는 것을 암시하는 글을 썼을 뿐만 아니라 여러 신문을 통해 조선 자치론과 같은 논조를 폈다. 최인도 1924년 연정회研政會를 결성하여 자치론을 주장했다. 자치론은 곧 일본의 법률이 허용하는 한에서 정치·교육·산업에 걸쳐 자치할 뿐, 독립투쟁의 불필요성을 강조한 것이다.

연이어 등장한 것이 참정권의 문제였다. 이 정체는 바로 일본의 헌법 아래 조선의 의회를 만들어 여기에 참여하여 자치제를 구체화한다는 것이다. 민족 개조→자치제→참정권의 순차는 바로 민족분열 책동이었고 무력항쟁을 막아보자는 총독정치의 음모였는데, 여기에 하수인으로 이광수, 최남선, 최인이 주역으로 등장했고 이른바 민족지를 표방하는 일부 언론기관이 동조세력으로 나섰던 것이다.

최인 반민특위로 압송되어가는 최인. 앞의 흰 두루마기 차림은 경성방직 사장을 지낸 김연수.

1926년에 들어 최인은 더욱 구체적인 행동을 벌였다. 곧 조선민족의 자치론·참정권에 대한 후원을 얻기 위해 이승만, 안창호 등을 만나러 미국에 갔던 것이다. 그뿐만 아니라 유럽을 돌아 소련까지 가서 국제회의에 참석하는 등 위장전술을 펴면서 해외의 독립투사들을 무마·회유하는 일에 나서기도 했다. 또 이에 맞서 신간회가 결성되어 좌우합작과 민족진영의 단결을 도모하자 이의 파괴공작에 나서기도 했다. 이때부터 그는 민족주의자들의 끊임없는 경멸을 받았다. 그리하여 그의 이름을 쓸 적에 '麟'으로 쓰지 않고 '獜'으로 썼다. 개 견 변으로 '獜'을 쓴 것은 개를 뜻했다.

1934년, 그는 자치론·참정권의 일환으로 태어난 중추원의 참의가 되었다. 이어 일제의 어용언론인 「매일신보」의 사장이 되었고 임전보국단 단장이 되었다. 그는 자치론 따위에서 한걸음 나아가 황국신민화정책에 발 벗고 나섰다. 그는 1931년 만주사변 이후 태평양전쟁에 이르기까지 우리의 청년들을 전쟁터로 나가라고 외쳤으며, 여성들을 정신대로 내모는 데 앞장섰다. 또한 온갖 물자를 수탈해가는 이른바 공출에 모범을 보였고, 모든 시민이 전쟁에 참여해야 한다는 국민개로國民皆勞운동을 주도했다. 그는 이것들을 위해 부민관에서 열변을 토했고 종로에서 띠를 두르고 민중들을 선동했다.(임종국 『일제침략과 친일파』)

이것이 그의 생애 후반 부분이다. 인간은 길지 않은 생애를 살면서 몇 차례 전기와 기복이 있게 마련이지만, 최인과 같은 극적인 변신도 보기 드문 예일 것이다. 8·15광복 뒤 그는 반민특위에 잡혀왔다. 떵떵거리며 세도를 부리고 기름진 음식과 비단옷으로 살아온 말로였다. 멀쩡히 살아 있는 그를 두고 '죽은 사람'이라고 통곡을 하며 조문했던 한용운이 모진 가난에 시달리다가 조국의 광복도 보지 못하고 죽은 뒤에도 그는 목숨을 부지하고 민족의 심판을 받게 된 것이다.

그러나 요행히 민족의 심판을 제대로 받지 않고 있다가 6·25전쟁 때 이북으로 끌려갔다. 그리고 그곳에서는 일제주구가 된 것을 후회하여 결코 조선인민공화국 정권에 협조하지 않았다고 하나 그것이 사실인지, 또는 무슨 생각이 있었는지 모를 일이다. 한 인간을 통해 역사의 거울에 우리 자신을 한번 비추어볼 만하다.

이능화

일제가 주도한 『조선사』 편찬의 핵심학자

우리가 아는 역사학자 이능화

대개 이능화李能和(1869~1943)를 사학자로 아는 사람들도 그의 친일 행각에 대해서는 별로 아는 것이 없는 듯하다. 동국대학교에서 불교사를 연구한 안계현은 이렇게 쓰고 있다.

일찍부터 보다 넓게 한국을 찾고 민족을 빛낼 국학國學의 길을 택해왔던 그는 때마침 1922년 조선총독부에서 조선사편찬위원회가 조직되어 그 위원회의 한 사람으로서 위촉받았을 때 기꺼이 이를 수락했었으나 이는 다름 아닌 일인日人들의 『조선사』 편찬에 직접 참여함으로써 우리의 국사를 조금이라도 올바르게 잡고 나아가서는 희귀한 사료와 전적도 손쉽게 섭렵할 기회를 얻으려는 속셈에서였다. 이로부터 15년간을 위원 또는 편수관으로서 공적인『조선사』 편찬에 종사하는 한편, 종교를 비롯한 민족문화 각 분야에 걸쳐 수집한 자료를 정리 연구하고서는 이를 후학에 전수하고자 정력적인 원고 집필을 계속했다.

안계현『한국근대 인물 백인선』

이 글에서는 이능화가『조선사』 편찬에 참여하게 된 동기에 관해 우리 역사 편찬을 일본인 손에만 맡겨놓지 않고 조금이라도 옳게 잡아나가고 이어 이 일을 통해 자료 같은 것을 수집해 개인의 이 관계 저술에 활용하려는 데에서 나왔다고 쓰고 있다. 이 지적이 과연 역사학자 이능화를 제대로 평가한 것일까?

아마 이런 해석과 평가가 그동안 그를 소개하는 기준이 되어온 듯하다. 그리고 그가 편찬해 남긴『조선불교통사朝鮮佛敎通史』나『조선도교사朝鮮道敎史』를 이용해왔던 것이다. 그의 개인저술에 대한 평가는 일단 뒤로 미루고, 그가 15년간이나 봉직했던 조선사편수회의 설립 목적과 이곳에서 편찬·간행한『조선사』의 내용을 검토해보아야 그에 대한 평가를 제대로 내릴 수 있을 듯하다.

식민사학을 확립하려 하다

일제 조선총독부는 1922년 12월, 조선의 역사를 학술적으로 연구해놓은 것이 없고 수천 년에 걸치는 문화 변화의 자취를 더 듬어볼 수 있는 사서를 찾아볼 수 없음이 실로 유감스러운 일이라고 하여 조선의 역사를 집대성하여 간행한다고 발표했다. 또 그 기준 정신을 이렇게 기술하고 있다.

> 끝까지 그들을 교화하여 인문의 영역으로 나아가게 하고 일치합동—治合同의 단합된 힘으로 제국 일본의 앞날의 융성을 도모하게 함은 만세의 양책으로서 병합倂合의 큰 뜻이 실로 여기 있다 할 것이다. 그러므로 이미 조선의 인민을 교화함을 목적으로 하는 이상 처음부터 그들의 이목耳目을 가리는 계책으로 나와서는 안 될 뿐만 아니라 더욱이 교화의 본뜻이 어디에 있는가를 분명하게 밝혀두지 않으면 안 될 것이다. 조선은 여타의 식민지의 야만 미개한 민족과 달라서 독서와 문장에서 조금도 문명인에 뒤떨어질 바 없는 민족이다.
>
> '조선반도사의 편찬', 「조선사편수회 사업내용」 제2장

반도사(한국사)를 편찬하는 목적이 이 글에 분명히 드러나고 있다. 식민지정책을 원활히 하기 위해서이다. 또 기존의 한국사 관계 저술에 대해 이렇게 기술하고 있다.

> 고래로 사서가 많고 또 새로이 저작에 착수한 것도 적지 않다. 그리하여 전자는 독립시대의 저술로서 현대인의 관계를 결하고 있어 헛되이 독립국 시절의 옛꿈에 연연하게 하는 폐단이 있다. 후자

는 근대조선에 있어서의 일로日露·일청日淸간의 세력경쟁을 서술하여 조선의 나아갈 바를 설파하고, 혹은 『한국통사』라고 일컫는 한 재외在外 조선인의 저서 같은 것은 진상을 규명하지는 않고 함부로 망언을 드러내 보이고 있는 것이다.

'조선반도사의 편찬',「조선사편수회 사업내용」제2장

여기에서는 기존의 자주사관을 토대로 한 역사책이 식민사관에 맞지 않고 또 박은식의 『한국통사』가 사실을 날조하는 현실을 타개하기 위해 새로이 근대사학의 방법으로 편술해야 한다는 것이다. 이런 기본정신으로 보면 『조선사』의 편술목적이 처음부터 너무나도 뚜렷했다. 원래 일제는 반도사의 편찬에 뜻을 두어 조선총독부에 편수과를 두고 약 2년간 자료를 수집했다. 그 뒤 1918년 반도사의 편찬에 한층 더 권위를 부여하고 또 사료수집에 발맞추어 중추원에 편찬과를 설치하여 이를 담당하게 했다.

그 결과 삼한·삼국·통일신라·조선 등 4편은 완성되었으나 고려와 조선 그리고 최근대사 등 2편의 내용이 이루어지지 않았다. 그러다가 1922년에 새로이 조선사편찬위원회가 조선총독부 직속으로 설치됨에 따라 반도사 편찬의 모든 업무가 이곳으로 이관된 것이다.

조선사편찬위원회는 조선총독부 정무총감이 위원장을 맡게 되어 있고 고문과 위원 그리고 실무로 서기와 간사, 집필자로 촉탁을 두었다. 또 1925년부터는 '조선사편수회'로 명칭을 바꾸고 기존의 직제 이외에 수사관修史官, 수사관보를 새로이 두었다. 처음 발족 당시 고문으로 추대된 세 사람은 중추원부의장 이완용과 중추원고문 박영효, 실직이 없는 자작 권중현 등이었다. 그 위원에는 중추원, 총독부, 경학원經學院의 관계 인사와 『조선사』 연구교수 19명이 임명되었다. 한마디로 말해서 친일파의 거두들과 이름 있는 친일사학자들이 망라되어 있었던 것이다.

식민사관에 철저히 동조하다

조선사편찬위원회가 이런 기본방향과 진용을 갖추고 출발했는데도 명망 있는 학자인 이능화는 천명天命을 알 나이로 과연 자신의 역사연구에 도움을 얻기 위해 여기에 가담했던가? 민족사를 왜곡하고 식민사학을 확립하는 선봉에 섰으면서 이 따위 구실로 자위할 수 있었겠는가? 어쨌든 이능화는 조선총독부 편수관 자격으로 일진회의 이론가이던 유맹劉猛 등과 함께 위원이 되었다. 그는 또 유맹, 어윤적魚允迪, 정만조 등이 실질적인 역할을 제대로 못할 적에 젊은 현채玄采, 홍희洪憙 등을 이끌고 참여했다.

또 1925년 조선사편수회로 개편될 적에는 일시 겸직인 촉탁에서 해촉되었으나 이는 절차상의 형식에 지나지 않았다. 이후로 이능화는 까마득한 후배들인 최남선, 신석호申奭鎬, 이병도李丙燾와 같은 유능한 학자들이 들어오자 이들을 데리고 원로의 자격으로 이들을 지도했다.

이능화는 『조선사』를 전7편 중에 조선시대 중기(광해군부터 영조

까지)에 해당하는 제5편과 조선시대 후기(정조부터 갑오개혁까지)에 해당하는 제7편을 담당하여 집필했다. 다시 말해서 조선시대에서 당쟁이 가장 치열하던 시기와 근대사의 분기점까지 맡았던 것이다. 즉 조선사편수회로 개편되어 사무분담이 새로 이루어진 1927년까지 6편과 7편의 편찬을 주도한 것이요, 그 뒤에도 촉탁으로 가장 주요한 집필자가 되었다.

1923년에서 1935년까지 조선사편수회는 9차의 회의를 가졌다. 이능화는 거의 빠짐없이 그 참석자로 이름이 적혀 있는데, 이때의 발언내용이 바로 위원들의 견해나 태도에 직접 관련이 된다.

1차 위원회 회의 때 이능화는 "조선의 상대에는 단군조선, 기자조선 그리고 위만조선이 있으므로 삼국이 된즉 고대조선으로 병칭하는 것이 좋겠다"는 의견을 내고, "발해사를 어디에 포함시키느냐" 그리고 "건국신화는 민족의 정신을 발휘하는 내용이므로 수록하는 것이 좋겠다"는 말을 했다.

그러나 이런 질의에 대답하던 고문 구로이타黑板晴美가 단군과 기자에 관한 사실을 수록할 생각이라고 하자 이능화는 "이번에 공평하고도 완벽한 조선사가 편찬되는 일은 우리들이 크게 만족할 만한 일입니다"고 감격해하면서 예전 신라 이후 우리나라 역사편찬 사실과 비교하고 있다(결국에는 단군 관계는 사실이 부정확하다고 했으며 발해사는 신라에 포함시키고 말았다). 『조선사』의 기본틀이 짜인 무렵인 1934년의 8차 위원회에서 이능화는 이런 발언을 했다.

단군과 기자에 관한 사상은 매우 중요한 문제인데도 불구하고 그 연대가 불명하기 때문에 본편에 수록되지 않았으므로 이제 별편을 만들자는 논의가 있습니다만 그것에 관한 사료가 매우 적기 때문에 저는 별편은 어떨까 생각합니다. 저의 생각으로는 『삼국유사』와 『동국통감』과 기타 중국인의 학설 등을 모아서 좀 전에 이나바稻葉 간사가 말씀하셨던 고려 백문보白文寶의 항이나 이조 세종의 항에 수록하면 좋겠습니다.

시인사 편집부 역, 「조선사편수회사업개요」

그는 단군문제에 있어 이나바 이와키치稻葉岩吉 등 일인 사학자들의 방침에 동의하면서 구차한 방법을 제시하고 있다. 곧 1363년 홍건적의 침입으로 고려의 사초와 실록이 없어져 공민왕이 남은 국사를 해인사로 옮기려 하자 백문보는 민심이 동요한다고 항의해 중지토록 했고, 또 세종은 고려사를 편찬하게 하면서 명분에 어긋난다고 삭제하지 말고 사실대로 기술하게 했던 것이다. 이 과정을 설명하면서 단군과 기자 시기의 사실을 끼워 넣자는 것이다.

이런 어설픈 태도를 두고 "건국신화는 민족정신을 발휘하는 것이므로 반드시 수재收載하여야 한다고 주장한 바도 있어 민족적 주체의식의 뚜렷함을 볼 수 있다"(이기영, '이능화 항목' 『한국민족문화대백과사전』)는 평가를 내릴 수가 있는가?

일본 학자와 종교인들은 단군을 일본 신의 대표격인 아마테라스 오미카미와 형제 사이라고 주장하면서 이 둘의 후신인 일본족과 조선족은 한 민족이므로 통합해야 한다는 괴상한 논리를 폈다. 국조 단군을 후기 사실에 끼워 넣는 편법을 쓰려 했으니 이것이 정상적인 역사기술이라 볼 수 있는가?

그에게 조금이라도 역사학자로서의 양식이 있었다면 마땅히 이때쯤에라도 사표를 던지고 나왔어야 옳은 것이 아닌가? 결국 완성된 『조선사』는 동조동근론同祖同根論(단군과 아마테라스 오미카미를 말함)의 서술, 임나일본부설任那日本府說(일본이 김해지역에 일본부를 두고 식민지경영을 했다는 주장)의 수용, 조선 중세의 정체성과 타율성론을 기저에 깔고 저술되어 식민사관을 여실히 드러냈다. 더욱이 한국근대사의 시작을 갑오개혁으로 보아 이 사항에서 끝을 맺었다.

다시 말하면 1894년 동학농민전쟁이 일어나고 일본군의 경복궁 쿠데타로 개화정권을 수립하여 갑오개혁을 발표한 일련의 사실을 일본에 의해 근대를 열었다는 의미를 부여하면서 뒤이어 일어난 불법적 청일전쟁과 일본에 항거하여 일어난 동학농민군 2차봉기를 기술하지 않았던 것이다. 거듭 말하거니와 이 부분을 이능화가 담당했다.

신념 없는 학문적 태도로 친일학자의 오명을 쓰다

이능화의 내력은 어떠했던가? 그는 너무나 평탄하게 살았다고 볼 수 있다.

이능화는 충북 괴산 출신이었다. 그의 아버지 이원긍李源兢은 개화파로 법무협판을 지냈고 독립협회운동에 가담하여 3년의

이능화 국학연구에 남긴 학문적 저술에도 불구하고, 식민사관에 철저하게 동조한 오류는 결코 지워지지 않을 것이다.

옥고를 치르기도 했다. 이 무렵 그의 아버지는 기독교신자가 되었는데 불교를 신봉하던 그와는 심한 갈등을 겪은 것으로 알려졌다. 이런 탓인지 불교계 학자들은 그를 주체적 사관을 지녔다고 하거나 역사자료를 입수하려 편수회에 가담했다느니 하는 따위의 되지 못한 평가를 내린다.

이능화는 한학을 익힌 바탕에서 영어, 중국어, 불어, 일어를 차례로 배웠고 관립 법어학교의 교장이 되기도 했고 농공상부의 주사가 되기도 했다. 이런 지식과 경력을 지니고 있었으나 국학에 본격적으로 관심을 기울인 것은 정부에서 설립한 국문연구소의 위원이 된 1907년으로 보인다. 국문연구소에서 그는 어윤적, 주시경 등과 한글에 관해 토론을 벌이며 연구에 참여했다. 1910년 나라가 일제에 망하자, 그는 교육사업을 벌이기도 하고 불교운동에 나서기도 했으나 민족운동이나 독립운동에는 나선 적이 없었던 것으로 알려졌다. 3·1운동 때에는 조용한 날을 보냈다.

이런 온건한 그의 행동노선이 끝내 그를 조선총독부 편수과와 조선사편찬위원회에 참여하게 만들었던 것이요, 그 자신은 여기에 참여하면서 적당한 변명의 꼬투리를 남겨두려 했으나 결과적으로 친일파의 대열에 끼어 일신의 편안을 누리고 살았다. 그는 『조선사』 편찬에 참여하는 기간에 『조선여속고朝鮮女俗考』, 『조선해어화사朝鮮解語花史』 등 불교·유교·도교·기독교 그리고 사회사·여성사 등 국학 전반에 걸친 저술들을 내놓았다.

이들 여러 분야의 저서들은 엄밀한 의미에서 독자적 저술이라고 볼 수 없다. 실록 등 여러 전적에서 그 분야의 자료를 순서에 따라 모아 놓은 것이다. 그가 가장 해박한 지식을 가지고 모은 『조선불교통사』만 하더라도 여러 고승의 비명, 조정의 조치를 나열한 수준에 머물렀다. 그러나 자료적 성격의 저술이라 하더라도 종전에 관심을 두지 않았던 여성의 풍속, 기생의 여러 사정, 무속의 내력 등에 관련한 자료를 모은 것은 상당한 이용가치가 있었다. 그가 이런 국학 관계 연구에 몰두했던 것은 엄연한 사실이다. 따라서 그중에 상당수는 오늘날에도 아주 유용하게 이용되고 있다.

결국 그는 학문적 태도가 불투명한 탓으로 친일파로 전락했다. 앞에 언급한 그의 국학 관계 저술도 따져보면 조국의 독립, 민족국가의 건설 또는 직접적인 현실문제와는 거리가 먼 내용들로 채워져 있다. 그는 같은 시대에 산 박은식, 신채호와 길을 달리했던 것이다.

그는 일본학자들과 어울려 청구학회靑丘學會에 참여하며 그 평의원이 되었고 또 다른 조선총독부의 사업에 협조하여 1932년 『고순종실록高純宗實錄』의 편찬에 참여했으며 이어 보물고적보존회의 위원이 되기도 했다. 이런 활동이 모두 학술 관계이니 민족문화 수호에 앞장섰다는 해석이 나올 수도 있을 것이다. 아무튼 『조선사』 편찬이 끝난 뒤 그에게 이왕직李王職의 새로운 일자리가 주어져서 일흔이 넘은 나이인데도 이를 받아 봉직했다.

이능화의 행적을 더듬어보면 『조선사』 편수에 참여한 일 이외에 적극적으로 친일한 흔적은 드러나지 않는다. 다시 말해 지원병 권유라든지, 정신대동원 권유라든지 따위의 일에는 참여하지 않았다. 학자를 표방한 탓이었을 게다. 그리고 그가 이런 활동을 벌이며 고뇌한 글을 접할 수가 없음도 안타깝다.

그렇지만 그가 식민사관에 철저하게 동조한 오류는 결코 지워지지 않을 것이다. 또 별로 회의도 갖지 않고 독립운동을 외면한 것도 역사학자로서 인정을 받을 수 없을 것이다.

서유구 176

서일 186

서재창 43

서재필 43, 45, 118, 231, 232, 235, 236, 257, 261, 267, 270, 271, 272

세종 14, 68, 121, 292

손병희 248, 265, 279, 280, 282

손진태 148

송병준 221, 237, 240~242, 244, 245

송시열 162, 212

송진우 281

숙종 212

순종 245, 247

슈펠트 205

신건식 128

신광식 128

신규식 102, 104, 128, 129, 131, 141, 186, 221

신기선 129, 229

신백우 128, 129

신석우 128

신석호 290

신성우 128

신숙주 128

신용개 128

신중환 48

신채호 73, 96, 101, 104, 124, 126~130, 132, 133, 137, 296

신헌 28, 29, 35, 172, 173

신홍우 118

심순택 229

ㅇ

아스톤 265

안경수 233, 235, 271

안재홍 221

안중근 102, 246

안효제 108

알렌 230, 232~234

야마사키 261

양계초 121

양기탁 129

어약우 198

어윤적 121, 290, 294

어윤중 24, 35, 43, 62, 91, 93, 198, 200~203, 206~211, 234, 256

어재연 200

여규형 229

여서창 33

여운형 221

여원미 34

영혜옹주 254

오경석 41, 43, 44, 167, 168, 172, 173,